浙江交通运输发展制约因素分析及对策研究

浙江省交通运输科学研究院　著

人民交通出版社股份有限公司
China Communications Press Co.,Ltd.

内 容 提 要

本书共分4篇:基础概念原理篇,主要阐述了相关基础概念及制约的分类与相关原理;生产要素制约篇,从土地、资本、劳动、企业家和技术5个方面分析了生产要素对交通运输发展的制约成因,并给出了相应的对策和建议;产业环境制约篇,从体制、文化、创新和生态4个方面分析了产业环境对交通运输发展的制约成因,并给出了相应的对策和建议;交通发展长效制约因素篇,利用交通区位理论,分析了浙江交通运输发展的长效制约因素,并给出了相应的对策和建议。

本书可供从事交通运输规划与管理、交通政策研究的人员工作参考,亦可供交通规划方向的研究生及高年级本科生教学参考。

图书在版编目(CIP)数据

浙江交通运输发展制约因素分析及对策研究 / 浙江省交通运输科学研究院著. — 北京 :人民交通出版社股份有限公司, 2018.10

ISBN 978-7-114-15005-0

Ⅰ. ①浙… Ⅱ. ①浙… Ⅲ. ①交通运输发展—制约因素—研究—浙江 Ⅳ. ①F512.755

中国版本图书馆CIP数据核字(2018)第210661号

书　　名: 浙江交通运输发展制约因素分析及对策研究
著 作 者: 浙江省交通运输科学研究院
责任编辑: 刘永超　侯蓓蓓
责任校对: 刘　芹
责任印制: 张　凯
出版发行: 人民交通出版社股份有限公司
地　　址: (100011)北京市朝阳区安定门外外馆斜街3号
网　　址: http://www.ccpress.com.cn
销售电话: (010)59757973
总 经 销: 人民交通出版社股份有限公司发行部
经　　销: 各地新华书店
印　　刷: 北京虎彩文化传播有限公司
开　　本: 787×1092　1/16
印　　张: 14.25
字　　数: 274千
版　　次: 2018年10月　第1版
印　　次: 2018年10月　第1版　第1次印刷
书　　号: ISBN 978-7-114-15005-0
定　　价: 65.00元

浙江交通运输发展制约因素分析及对策研究

课　题　组

组　　长：金小平

成　　员：魏守月　曹更永　寿奇晗　张玉军　白鸿宇

　　　　　李媛媛　柳月玲　傅炯杰　吴建伟

特邀顾问：许云飞　管楚度　马川生

前言

本书主要内容来源于浙江省交通运输厅2012年科技计划项目《浙江交通运输发展制约因素分析及对策研究》(2012T10)。2012年浙江省主要领导视察交通时,提出“没有交通就没有发展”,浙江交通发展“离现代化要求还差得远”,浙江要通过大投入建设“大港口、大路网、大航空、大水运”,进而构筑大物流体系等观点,传递了浙江交通要大投入大发展的强烈信号。同时,浙江交通和全国一样,正处于一个既陌生又关键的转型发展时期。资金、土地、人才、技术和环保等问题成为重要制约因素,亟待从理论和实践的基础上分析制约成因,提出化解和使“制约”成为新发展动力的具体办法。为此,我院集中力量开展了专题研究,并以此为基础编写了本书。

本书通过对浙江交通发展现状的分析,研究了资本、土地、技术、企业家、劳动、生态,以及体制、创新、文化等强相关因素的制约成因和制约机理,并分析了制约浙江交通发展的长效因素——交通区位,提出了交通运输发展制约理论,以及缓解、化解制约的思路举措。主要包括但不限于:提出了事物与背景同构、人工事物硬软件同构、事物内部各层次同构时,交通发展受制最小的规律性原理;提出了短板制约、阻滞制约、指数增长极限制约、密度制约、老化制约、多样性减少的制约等制约交通发展的经济学原理;提出了三层次分析法、同构分析法、大背景分析法、政策解读法等交通发展制约分析法;提出了交通发展受益者理应回报交通建设、高附加值货物应按体积计费等观点;提出了建设永(康)/缙(云)、温(峤镇)/乐(清湾)运河使浙江内河全省联网,“改船不改桥”等建议;提出宁波舟山港及嘉兴港群“藤攀树”发展思路,将温台港群打造成太平洋－印度洋东“桥头堡港”。

受编者研究水平所限,书中内容难免出现疏漏和偏颇的地方,在此致以诚挚歉意,也欢迎大家提出交流意见建议。希望本书能够为国内交通发展提供一定参考借鉴。

作　者

2018年4月

目录

Ⅰ　基础概念原理篇

Ⅱ　生产要素制约篇

Ⅲ　产业环境制约篇

Ⅳ　交通发展长效制约因素篇

I　基础概念原理篇

1 基础概念释义、意义及制约分类

1.1 基础概念释义

1.1.1 “交通运输”概念

(1)运输——完成客货空间位移的行业或产业。其中包含5个子系统,或5种运输方式:铁路运输、公路运输、水路运输、航空运输和管道运输。

(2)通信——完成信息空间位移的行业或产业。其中包含两个子系统:邮政和电信(有线、无线等)。

(3)交通——运输与通信的合称。

(4)交通运输——公路运输、水路运输和民航运输的合称。该称谓源于新中国成立时,国务院成立交通部,管理公路运输和水路运输两项业务。其时铁路运输由铁道部管理;航空运输由民航总局管理;邮政与电信则由邮电部管理。2008年,根据国务院机构改革方案,在原交通部的基础上组建交通运输部,将国家民用航空局、国家邮政局等部门划归交通运输部管理。2013年不再保留铁道部,其拟订铁路发展规划和政策的行政职责划入交通运输部,组建国家铁路局,承担铁道部其他行政职责,由交通运输部管理。组建中国铁路总公司,承担铁道部的企业职责。至此,我国大交通部基本形成。

但新中国成立以来,因国家将交通运输的业务划分给国务院所属不同部委管理时,对这些部委的命名,对其通俗性考量过多,而未能充分考虑交通运输类专业名词的学术规定性。如对交通部、铁道部的命名就欠周全,交通与铁道二词在学术概念上就是全称与单称的上下级关系,然而交通部与铁道部却为国务院所辖的同一级别的主管部门。这种现实与学术的“双轨”内容的存在,而使交通运输类专业名词术语概念含混不清、歧义丛生,给管理文件和学术论文的遣词用字造成很大麻烦。正因为如此,本报告一开始就有必要厘清这些概念与含义。

“交通运输”是因为工作需要而衍生出的专业术语,今日出现的“大交通”对交通本义而言,其外延内容不是扩大了,而是缩小了,因为在学术上交通是运输与通信的合称,而大交通只是5种运输方式的合称,因此,现在称谓的“大交通”其实是“大运输”。

(5)综合交通、综合运输、综合交通运输概念比较。

这三者是一组近义词,而非同义词。

综合又可称相干。这是一对同义词,是对同一事物的两种表述。即综合是外部描述,是现象的表征,观察性好,多用于管理。而相干是内部描述,是本质的表征,操作性好,多用于实践操作。因此,我们对以下包含综合的一些重要概念,为了更好地理解其本质,还须用相干一词进行内部描述,以便实践操作。

①综合交通。其语义学的实质,就是将 5 种运输方式产业与信息产业相干起来进行体系化运作。

②综合运输。其语义学的实质,就是将 5 种运输方式产业相干起来,进行体系化运作。

③综合交通运输。交通运输系“大部制”改革之前交通运输部所管辖的两种运输方式。由此可知,其语义学的实质,就是将公路运输方式产业与水路运输方式产业相干起来的体系化运作。

需说明的是:产业相干运作,与产业相干需求某种技术是有经济学区别的。例如:综合交通中,信息是作为一种产业加入其中,参与运作的。而综合运输与综合交通运输中,信息只不过是作为一种必不可少的技术加入其中,参与运作的。

综上所述,上述概念范围大小的关系是:

综合交通 > 综合运输 > 综合交通运输

(6)虽然有些概念为了方便行事,衍生普及了不能反映实质的概念,但又不能去纠正,只能从俗使用。正如俗称的“熊猫”,其正确称谓应为“猫熊”。因它是熊科动物,而不是猫科动物。如果要纠正,不仅群众不认同,还可能引出不必要的政治纷扰。

1.1.2 “发展”概念

(1)“发展”的哲学含义是指事物不断走向自己反面的过程。虽然此含义有些不吉利,但却是真理,是客观存在。

(2)生物学中的生物个体“发展”(更常用的词是“成长”)系指生物个体的生长和发育过程。其中“生长”指生物体规模的增长过程;“发育”指生物体(性器官)成熟过程。前者是生物使其生命系统达到单位功能能耗最小的过程。此概念与经济学的规模经济概念同构。而“发育”是生物体维持种族生存的必要过程。本质是使生命系统的诸器官系统(子系统)完备联系性的过程。生长必须在先,发育在后。因为生物种族生存必须建立在其个体生存的基础之上。概而言之,“生长”是实现系统规模效益的过程;“发育”是完备子系统间联系性(协调性),使系统效益最大化的过程。生物体的发展过程就是生长与发育的相干过程。这个过程呈现的是生物体的寿命周期现象,完成从“生”到“死”的过程,即哲学含义的走向反面的过程。

了解生物个体的发展概念,对企业的发展是有启示作用的,因为其间存在同构性。

(3)生态学中的“发展”系指生物种群形成、壮大、稳定、衰落、消亡的过程,呈现的是种群的寿命周期现象。

了解生态学的发展概念,对产业发展也有启示作用,这两者之间亦存在同构性。

(4)现在经济学领域中,对企业或产业“发展”概念,人们将注意力只集中在对其寿命周期中稳定期之前各阶段的研究,而未注意到其后阶段所发生的问题。或言之,只讨论企业、产业经济中兴旺时的问题,而对其衰败过程讨论较少。出现这种现象的根源,是当企业、产业进入衰败阶段时,已无利可图,只能放弃(破产),或向比较利益高的临近产业转移。从而可以说,在经济学中对事物的发展只研究对象的“青壮年”时代,而不讨论其“老年”时代。

(5)系统科学中的“发展”,实际上指的是一种长时间条件下的进步或进化,由进步到进化有一个积累过程。对这一过程的理解,直到20世纪70年代,才由德国科学家(生物化学家)M·艾根阐述清楚。这就是他创立的“超循环理论”。其核心内容是关于非平衡态系统的自组织现象的理论。在生命现象中,包含由许多酶的催化作用推动的各种循环,这种基础循环又可复制组成较高层次的循环(即超循环),进一步还可复制组成更高层次的超循环。也就是说,超循环系统是由循环将自催化或自复制单元联系起来的系统。在此系统中,每一个复制单元既能进行自我复制,又能对下一个中间物的产生提供催化作用。为此,艾根建立了一个通过自我复制、自然选择而进化到具有高度有序水平的组织系统模型。此举无疑将系统科学研究推进了一大步。最简单的超循环至少要由3个环节组成,如图1-1所示。

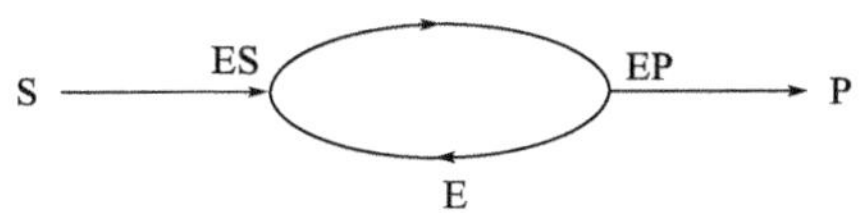

图1-1 超循环概念模型

S-底物;P-产物;E-催化剂;ES-催化剂与底物复合体;EP-催化剂与产物复合体

需要指出的是,这里的催化剂作用不仅包括加快超循环反应的速度,而且包括增进组织进化过程中超循环的精度。

包括交通运输业在内的“发展”,其本质就是一种超循环过程。例如投资效率低下,其本质就是货币投入没有变成资本积累,没有形成资金流的超循环过程。

1.1.3 制约概念

(1)制约的近义词有限制、约束等。但它们使用的场合有别。

①限制——通过“制”(原理、规律或法规、标准等)的方式,给出可活动空间。多用于自然科学、法律法规和工程技术标准等属性的场合。

②约束——通过“约”(价值、合约、规范等)的方式,给出可活动空间。多用于社会人文科学,各种生产、生活活动,规范等属性的场合。

③限制比约束更严厉。

(2)制约的含义。

“制”有裁判、制止(或控制)、规定、制度、帝王的命令(如制书、制诰)等的含义。

“约”有缠束、订立共守条件、邀请、阻止、紧缩、简约、大概等含义。

“制约”一词通常用在经济与管理学科中。由于经济、管理现象均是一种复杂的社会现象。之所以复杂,不仅是因为作用这类事务的因素多,更是因为支配这类事物运作的是两类逻辑(因果和价值)的叠加,其间又没有统一两者的元逻辑。而价值逻辑的根源又是源于传统文化观念。因此,经济、管理中所受的制约常常是柔性制约。一般地讲,因果逻辑属性的制约呈现刚性特点,价值逻辑属性的制约呈现柔性特点。

综上所述:“制约”一词的含义可理解为“不可行性”;“限制”一词的含义可理解为“不可能性”。

1.2 制约分类

1.2.1 分类的科学理论意义

分类不仅是语义学中的问题,它也是一种科学研究的基础方法。这种方法如同将标签贴在储物盒上,人们就可知其盒中装有什么东西。通过分类,可建立一种秩序,能有效地为我们组织概念,使之成为逻辑体系。不过,事物总是存在一分为二,分类也限制了我们去发现、认识不同理念间的新关联性。

1.2.2 按制约因素特性分类

制约是事物呈现的一种现象,一切事物的运作或行为的发生总是有原因的。原因类型化即为事物产生这种现象的因素。作用因素不同,现象所呈现的特点(或特征)亦不同。对现象进行分类,即为对同一现象按其特点(或特征)进行分类,其本质是对其作用因素进行分类。

(1)按制约因素来自事物内部或外部分类

①外部制约、阻滞系统发展(或运动)的因素,因来自外部环境故称为外因制约。如交通运输系统发展的制约因素主要来自社会经济环境(法律、法规、就业、通胀等)、社会政治环境(社会动荡、战争危机等)和生态环境(污染、生物多样性等)等方面。

②内部制约、阻滞发展(或运动)的因素,来自系统内部或系统的结构,故称为内因制约。交通运输系统发展的内部制约因素主要来自其系统的技术、财务和经济等因素。

③外、内因双重制约的因素。由于外部与内部的界限并非由“0”或“1”两态逻辑决定

的，其中必定存在"模糊"地带。因此制约因素也兼有内外两种性质。如经济制约因素就是典型的双重制约因素，有时属于社会经济属性，有时属于技术经济属性。

(2)按制约因素产生的响应、效应分类

①制约因素作用于事物后，事物可能会立即发生行为变化或产生反应，且后效应较小，称为响应制约。响应过程常是可逆过程。故一般而言，在以事件史测度的短时间区间生成、消失的制约现象，常为响应型制约。例如银行贷款高利率的出现，对交通基础设施建设发展产生的就是一种暂时的、可逆的制约。一般情况下，在经济管理领域出现的响应制约对社会心理产生的影响大，对社会经济发展的影响小，其后效应有限。

②当事物受到制约因素的作用、特别是持续作用后，事物可能会发生形态、状态、相态变化，此时的制约为效应制约。效应过程常是不可逆的过程。在以统计史测度的长时间区间生成、消失的制约现象，常为效应制约。例如地方经济的发展，必引起土地地租（地价形成的本因）的大涨，这就将制约其发展。地租的上涨是无法退回原点的，是不可逆的，这就是效应制约。虽然效应制约对社会心理的影响平缓，但对社会经济发展造成的危害严重，不易解决。

(3)按制约因素制约的必要与充分条件分类

①刚性制约。这种制约作用一出现，事物受制约的现象立即发生。例如资金流突然中断，事物发展立即受制、停摆。故资金流的连续供给是事物发展的必要条件。即中断就是事物受制约的必要条件。

②柔性制约。当受到制约作用时，事物受制约的情况是逐渐出现的，而不是以"0"或"1"的状态呈现，这种制约为柔性制约。但这种柔性制约也可转变为刚性制约，这是因为产生制约的原因是多因素的，只有当多因素聚集完备时（充分），才会出现刚性制约。例如劳动力素质低下，对发展产生的制约就为柔性制约。

管理学科中刚性与硬性同义（物理学中为两个概念），柔性与韧性同义（物理学中亦为两个概念）。故刚性制约又称硬制约，柔性制约又称软制约。

甄别制约是刚性的还是柔性的，除分析制约因素是产生制约的必要还是充分条件外，还可以根据制约生成响应图像的前沿去分析：一般情况下，响应图像前沿部分"陡峭"时，多为刚性制约；表现平缓时，则为柔性制约，如图 1-2 所示。

(4)按制约因素产生制约的确定程度分类

①因果性制约，又可称确定性制约。其中"因"指制约因素，"果"指制约现象。两者呈偶对关系，有因必有果。

②风险性制约，又可称不确定性制约。在经济学中，风险的对应概念是不确定。在数学中概率的对应概念是不确定性的测度。由此可知风险制约是一种或然制约，或者说是一种可能发生，也可能不发生的制约现象。

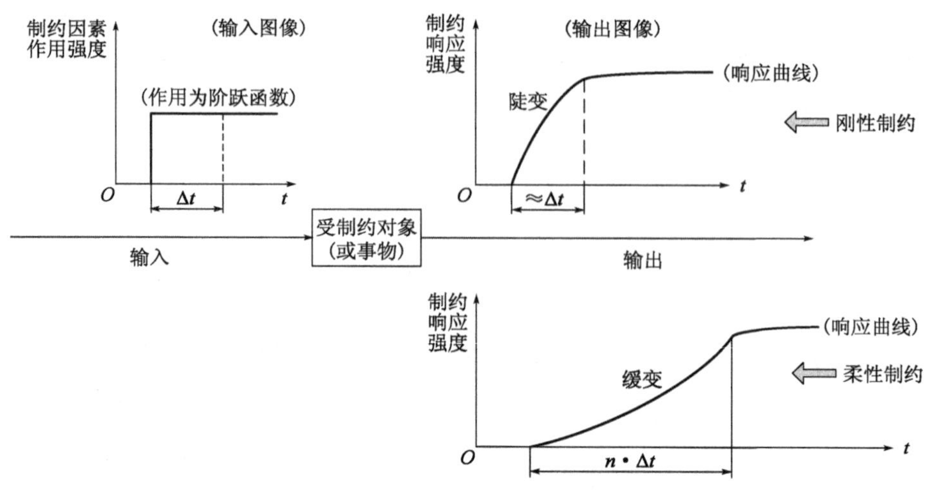

图 1-2 制约因素响应强度变化示意图

1.2.3 按制约因素的经济学属性分类

交通运输发展是经济学属性的生产类事物，对生产类制约因素的分类，按其生产要素可分为土地制约、资本制约、劳动制约和企业家制约等 4 类制约因素。

1.3 发展的层次性

1.3.1 发展主体的层次性

(1)按地理空间范围可划分为：全球、经济共同体（欧盟等）、国家、地方（中国还可划分为省、市、县等）等层次。

(2)按生产组织方式可划分为：形态产业（工业、农业、服务业）、产业集群、产业、行业、企业等层次。

1.3.2 本书研究的发展层次

(1)发展主体为省级（浙江省为主例）、产业（交通运输产业）层次。故分析时，应抽象出省产业层次的制约因素对省产业的制约进行分析。因此，在本书的研究中要注意，不要不加甄别地将企业或市县级层次的制约因素移植到本研究中来，以保持制约因素的层次与制约层次相匹配。通俗言之，在建立制约的因果确定性或统计确定性关系时，因与果的"辈分"要对应，不能乱逻辑"辈分"。否则，可能出现大道理变成小道理，或小道理变为大道理的情况。

(2)发展、产业等都是经济学属性的概念。因此，对交通运输发展制约因素的分析，宜按照经济学中的生产要素划分去展开。只有如此,方可避免制约因素分析时出现互扰、遗漏或重复等情况。在进行分析时,不但可得到经济学原理的支撑,还可达到完备、不互扰的目的。

(3)在进行制约因素对发展的制约影响分析时,必须紧扣现实的急切需求。这种着眼现实性就是突出针对性。社会对制约的认知,多是从管理学的视域来审视、归纳、概括的。因此,本书的分析必须采用“双轨制”展开,也就是说,在按经济学的逻辑框架展开时,还要按管理学的价值观针对性地展开分析。这样,不但有利于分析的严谨性,又能保证实践的针对性。

1.4 本书的核心论点

(1)交通运输发展中出现的制约现象为经济学属性范畴的事物,故其机理的解析性、操作的有效性源自经济学的理论。

(2)书中为增强理论的逻辑构造性和无悖性,首先要消除其基础概念的歧义,故在每章节中对其基础、重点概念进行界定与释义。

(3)在阐述交通运输发展制约理论时,按照马克思主义3个组成部分(哲学、政治经济学和科学社会主义)理论构建的方法,从3个层次展开研究:与哲学层次对应的是制约规律性原理论述;与政治经济学层次对应的是制约的经济学原理分析;与科学社会主义对应的是制约和制约的化解思路研究。

(4)制约规律性原理核心论点:系统运作时,其耗散水平要低于同类系统运作耗散水平的平均值,才可能持续存在和发展。其保障方法是:系统与环境间,系统的上下层次间,以及构成系统的硬件和软件间都要具有同构性和同指向性。

(5)制约经济学原理分析的核心论点:系统早期发展必按指数增长模式演化,而指数增长方式则必导致资源稀缺性的加剧,从而形成制约。

(6)交通运输发展中的制约可分为内因与外因两类型。

①内因制约又称直接制约。交通运输中的“细胞”是交通运输企业。企业存在的本义是生产。因此,交通运输发展受到的内因制约:首先是表现在生产要素的短缺。微观经济学中将其生产要素归并为4大类:土地、资本、劳动和企业家才能。为管理实践的方便,特将属于资本范畴的技术也作为与4大生产要素并列的要素,进行4+1类制约现象分析。“4+1”内因制约是在交通运输生产线上发生的,故称为生产线内的制约现象,其分析则称为生产线内制约分析。

②外因制约又称间接制约。交通运输发展中同时还存在生产线外的(或产生企业环境中的)制约,包括体制、文化、创新和环保等方面的制约,我们称其为生产线外制约,其分

析为生产线外分析。

有人建议将风险也归为一类发展制约现象。但本书不设章单列，因为风险的本质是对事物运动不确定性程度的经济学属性表征。事物运动都存在不确定性，但本书讨论的都是确定性事物架构形成的制约，故风险与这种制约不是同一层次上的问题，而是这种制约下一层次的问题。正如容差是特征参数特征层次下属的内容（容差的规定只是一种对安全的考虑）。

（7）制约化解的思路：制约的生成不外是生产线的内、外（环境）条件，与生产线需求间矛盾作用的结果。一般讲：对企业内部制约的化解，要充分发挥企业的主观能动性。而对外部制约的化解，企业发挥主观能动性解决问题的空间极为有限，只能适应之。当适应迫近极限时，只有靠创新，才能突出重围。所以，创新是化解制约的最后法宝。

1.5 制约因素与制约现象间的关系归纳

（1）制约因素与其作用产生的制约现象，为经济学属性。即时间属性的制约因素，其产生的制约现象是时间属性经济学的；空间属性的制约因素，产生的线上与线外制约现象是空间属性经济学的；物性制约因素产生的是经济学属性的物性现象。

（2）交通运输产业中的线上与线外制约因素所产生的制约现象的类型是不同的。交通运输业是国民经济属性产业，其生产必须在生产线上实现。这种生产的可实现性或可成立性就是要完备必需的生产要素，否则生产就不能完成。因此，其制约属性属生产线属性的（例如土地、资本、劳动、企业家、技术），多是一种刚性制约因素或硬制约因素。即线上生产要素缺项时，生产停止，线上生产要素出现量上的短缺时，同样将制约生产。这时生产线不能满负荷运转，劳动生产率下降。生产线外的制约因素（例如体制、文化、创新、生态等）多属于柔性制约因素，或软制约因素。它们“短缺”时，生产线虽不致停止运转，但将对生产力的发展产生桎梏，即严重影响发展的可持续性。由此看来，生产线上的制约因素影响的是“眼下”生产的可实现性；生产线外的制约因素影响的是“未来”生产发展的可持续性。因此，企业家关心的是线上制约因素的影响，经济学关心的则是线外制约因素的影响。

（3）制约现象虽是一种复杂事物但其规律却是简单的。复杂事物之所以复杂，就是其中的作用因素数量很多，其中某些因素叠加作用时，还会出现非线性问题。虽然如此，复杂事物的运动还是存在规律性的，这种规律的特点是：其运动是按序发展，并且各序历经。其中的每一序列，都对应事物运动中的一种相对稳定状态。事物之所以能处在相对稳定的序态，就是因为支配此序态的支配因素就位存在，在这一序态中支配事物运动。或者说，支配因素处在支配事物状态变化的地位。由哈肯支配定律知：对事物运动起支配作用的因素,或者起本质作用的因素,一定是一种慢变的因素。支配因素通常只有一个,偶尔为极少数几个。此定律可提示我们,在研究交通运输发展的制约因素分类时,(以生产线或企业为参照系)除按内因制约因素和外因制约因素进行分类研究外,还要进行因素变化速度快慢的研究。

(4)交通运输发展中的制约现象是一种十分复杂的科学现象。本书在分析这种现象时,采用了组合式的创新方法,包括下述几点:

①分析制约因素的种类,区分产生制约现象的制约因素是内部性的还是外部性(环境)的。种类不同产生的制约性质也是不同的。对于外部(因)制约因素产生的制约可视其为相当于高等数学函数论中的"定义域"性质的制约。应对方法:调整自我适应外部要求。内部(内因)制约则可视为"函数"性质的制约。应对方法:遵从因素所属学科理论、原理去作为。本书的篇章就是按此编排的。

②确定制约因素的学科属性,按其学科理论原理去分析制约现象。这样分析不仅逻辑展开力强,折服性好,而且发现、创新性好。站在前人的成果高处,可穷更远处。因此,本书强调按经济学属性去分类制约因素的深层原因,是因为经济学理论已是范型理论,而非一家或数家之言。

③深入研究专业术语名词的精确含义,特别是学科含义。这是增强逻辑展开力的第一步。逻辑思维依靠概念组合展开,没有概念也就不存在思维与逻辑。概念精确的目的是防止歧义产生,有歧义就会动摇逻辑的基础。因此在本书每章的开始常会对概念进行讨论,并明确与专业术语名词的含义。

④交通运输发展中的制约现象是一种十分复杂的科学/人文现象。复杂现象的研究方向,就是要从简驭繁,将复杂问题简单化的研究(正好相反的是物理学是将简单问题复杂化的研究)。研究中的"简化"必须要有科学依据。目前有共识的简化问题的方法,就是利用系统科学中的协同学原理:慢变量支配快变量,即事物的本质就是受慢变量支配的原理去简化复杂事物的。在本书中,遇到由多个制约因素叠加产生的制约现象时,分析中就是按制约因素变化的快慢来确定谁主谁从,进行排序的。

⑤交通运输中的制约现象是一种多层次混杂的科学/人文学科问题。其中科学研究的结论指向的是因果,人文研究的结论指向是价值。因而制约研究始终绕不开价值判断的解。在统一多个层次的制约问题时,如需要进行价值判断,要注意用"两个相邻层次的价值是背反的"原理去统一(例如羊与狼的关系:在农业背景层次,两者之间是你死我活的敌对关系;而上升到生态背景层次,两者的关系将转化为协同进化关系)。

2 制约的规律性原理

2.1 概　　述

2.1.1 规律性原理概念

(1)原理、规律的含义。

①原理与定理的含义。通常,原理是指科学的某一领域或部门中,具有普遍意义的基本原则。科学原理从大量的实践中析出,其正确性为实践所检验与确定。从科学原理出发,可以推演出各种具体的定理、命题,从而可进一步对实践起指导作用。因此,定理的机制清楚,定理的描述亦很清楚,说明某学科中的原则具有刚性。若定理的机制清楚,但描述不甚清楚,说明某学科中的原则具有柔性。

②规律——亦称为法则。它是事物发展过程中运动的本质联系和必然趋势,具有普遍性、重复性等特点。它是看不见、摸不着的,只有从感性认识上升到理性认识,才能抽象出规律。

(2)原理、规律、规律性原理的差别。

①原理是对某学科中某类事物必然性的概括,是以感性认识为依据的科学范畴中的概念。

②规律是包括某学科事物在内的所有事物运动的本质联系,是以理性认识为依据的哲学范畴中的概念。

③规律性原理。是将某学科中的原理,抽象泛化为多学科(客观存在所涵盖的范畴)中的规律,故规律性原理是科学“出身”,属哲学“家族”。但其涵盖范围小于规律所涵盖范围。

(3)综上所述可知,定理、原理、规律性原理的抽象程度、应用的有效域次序由小到大为:

定理 < 原理 < 规律性原理 < 规律

(4)为防近义概念的混淆,此处简单介绍定律与定理的概念。

①定律:对客观规律的一种表述形式,是通过大量具体事实归纳而成的结论,例如能量守恒定律。

②定理:从公理出发、演绎推导出的真实命题,例如勾股定理。

(5)本章以下各节的内容,虽然“出身”于系统科学,但因上升为规律性原理,属哲学“家族”。在众多学科中具有放之而皆准的性质。在本书的立论运用中是有效的,且有逻辑展开力。

2.1.2 制约原理需从反面(驱动)入手进行研究

(1)交通安全理论的研究就是从交通事故着手研究的。因为交通安全是一个容易意会,而难以言传的观念、概念,很少有人能讲清其准确含义,然而交通事故却是一个易理解、易说清的概念。因此,交通安全学中研究的内容都是交通事故学的内容。因交通事故又极其复杂,甚至人们“永远”不可能清楚其具象的全集内容的边界。故需从具象(事故)的“反面”——安全去抽象其概念和命题,所以人们才“故弄玄虚”地称其为交通安全学,而不是“单刀直入”地称其为交通事故学。

(2)可靠性理论研究也是因可靠性(理论、设计等)是一个极难讲清、说明的概念,同样从其反面——故障进行分析研究的。

(3)制约原理研究也是如此,因制约与驱动是相伴相随的,一定是先有驱动,才会有制约,其关系如同供需关系,有需求才存在供给。撇开驱动,制约就成为无源之水,所以其研究也要从驱动着手。经济中的制约现象,须从发展现象中去思考。

2.2 研究制约发展的规律性原理

2.2.1 事物(系统)与背景同构,发展受制最小原理解说

任何事物都是在一定的背景(环境)中存在、运动的,当支配事物变化的特性与背景对应特性的运动趋势保持一致情况下,事物运动时耗散水平最低。即特性间具有同构性时,事物可在其背景中持续发展。也就是说:这时事物发展或运动时受到的制约最小。因此,我们只要分析支配事物变化的特性与背景对应特性的运动趋势是否保持一致,就可知事物是否与背景同构,从而得出事物是否可持续发展。

至于事物运动的支配特性是否与背景对应特性运动趋势保持一致,我们可通过大背景分析法(见2.2.3)得出,从而就可得出事物发展是否受到制约。

此原理在交通运输发展制约理论中的应用:

(1)交通运输产业的最直接背景是社会产业形态,故交通运输产业何去何从,需从社会主义生产力发展趋势中去发现。

(2)通过大背景分析发现交通运输发展的趋势(驱动的或制约的)。

(3)从产业发展中找出化解制约交通运输发展的办法。

(4)此原理是各类发展的制约分析及其对策思路的源与宿。

2.2.2 事物(系统)与背景同构时,发展受制最小原理的抽象

(1)事物与背景间的自组织过程。任何事物都是背景中的事物,因此,事物可视为是背景这个大系统中的子系统。事物在背景中的运动实际上是一种受背景约束、被其"拖动"的自组织运动。事物被背景"拖动",可以视为是事物与背景间的相互"磨合","磨合"的结果可能成功,这时事物就被背景接纳,并成为其中的一部分,即事物以"原级"形态整入背景这个大系统,而成为其中的一个子系统。这时背景系统因为增加了新的子系统而变得更复杂,即事物为背景贡献了复杂性。这是一种新质属性。倘若"磨合"过程中耗散呈递增趋势,则意味着"磨合"失败。这时就事物本身而言,也就是从事物的寿命周期的角度出发看,事物将被淘汰,寿命终结。但对整个背景系统而言,也就是从系统寿命周期的角度出发,实际上这种被淘汰的事物将被背景"降解",而变成一种资源,被系统吸收。因而被淘汰的事物虽然不能为背景系统贡献复杂性,但可增加其所需的资源容量,贡献其规模性。这部分规模具有新量属性。

(2)事物与背景可统一的判据。当事物在背景之中被背景"拖动",二者之间"磨合"成功,事物将以"原级"形态整入背景系统,将这种有别于原背景系统的新背景系统称为对象/背景系统,事物以原级结构整入背景的这一特性称为统一性。在社会实践之中,对某些社会经济属性的事物,常常希望在它们出现之初就能通过某些征兆去判断、预知其能否可持续存在,这些征兆就是观察判断的判据。本书认为对象与背景能否统一的判据是:支配事物主特性的运动趋势与背景中对应特性的运动趋势具有同构特征,或具有自相似的征兆。因为,只要符合这一判据,事物与背景之间就具有可统一性。

事物某种特性运动趋势是由事物之中某种产生这种特性的结构贡献的,而这种特性运动的波动则是由对应结构受到的内扰动或外扰动所贡献的。因此,当事物与背景的同种特性间的趋势具有自相似性时,就可以说二者之中产生对应特性的结构是同构的。另外无论是特性运动趋势的实现,还是特性波动的产生都需要耗散能量。由于波动具有快变性,故对其耗散可以不作主要问题来考虑,只考虑趋势实现产生的耗散即可。当事物与背景"磨合",而事物、背景间的同种特性的变化趋势又高度自相似,说明事物特性趋势的耗散水平与背景对应特性趋势的耗散水平也是趋同的,事物就会被背景整合为一体,整合后不会使背景的耗散水平提高,这说明事物与背景的"磨合"能成功。但是若两者的同种特性间的趋势变化不一样,也就是趋势的耗散水平不一样。当事物的耗散水平高于系统的耗散水平,就不可能与系统"磨合"成功,因为它的整入会使系统的耗散水平提高,破坏系统的稳定状态,故只能被背景淘汰。

综上,可抽象得出事物与背景同构时,发展受制最小原理。

2.2.3 大背景分析法操作

我们知道“背景”的近义词中有“环境”一词,实际上任何事物都是环境中的事物。在此之所以弃用“环境”一词,而选用“背景”一词的原因是:“背景”一词中潜藏强调历史过程的成分多一些;而“环境”一词之中则强调空间因素的成分多些,而本分析法中强调历史过程的成分多于空间成分,故用“背景”一词。

在分析中是以事物所在的时间、空间、特性的三维坐标为基础,在此基础上,各维再扩大两个层次而组成考察域,即为大背景。事物背景每外推一个层次,事物就增加一大批约束条件。约束条件的增加,就意味着事物可能通过路径的减少。当背景连续外推扩大两层次后,事物运动路径减少水平将是一个由两个概率单元组成的串联结构的概率决定。也就是说:事物在外推两层次后所引起运动路径减少的概率将是两个外推层次所引起路径减少概率的乘积。而由该乘积就可以将事物运动路径数减少到符合分析的要求。

利用扩大事物背景的方法分析事物特性之所以有效是因为:

(1)扩大背景增加约束,可以将事物可能运动的路径数大大减少,故由此分析抽象出的事物运动、发展规律更具有解释性,更符合客观规律。

(2)事物与背景可统一的判据就是事物在背景这个大系统中可持续存在的条件,也就是事物运动的趋势要与背景的运动趋势保持一致。通过扩大背景才能找出事物与背景的关系,然后,才可使所得出的事物运动的趋势更符合背景运动的要求,两者的趋势才能更好地保持一致,事物才可能持续发展下去。

2.2.4 推论Ⅰ:人工事物硬件、软件同构发展受制最小

任何人工事物都有存在的目标价值,其发展必须使事物运作过程中释放出的功能指向期望的价值目标。其中功能的有无来自事物的硬件(或结构),而功能释放的程度则是来自事物的软件特性。当事物的硬件、软件完全同构、匹配时,其运动过程的耗散水平最低,即受制程度最低。

(1)此原理在交通运输发展制约理论中的运用

①交通运输业的管理系统的适应性分析、设计必须与交通运输业的硬件(特别是路网)系统同构。

②交通运输业的信息系统设计也必须与其硬件系统同构。

③此原理亦可用于技术创新方向研究之中。

(2)人工事物硬件、软件同构发展受制最小解说

此原理最早应是德国马克斯·韦伯在其经典名著《新教伦理与资本主义精神》一书中

提出的。他在回答资本主义生产方式为何最早是在英国发生时,指出英国不仅具备了资本主义生产方式的生产工具——蒸汽机(硬件),还具备了与资本主义精神同构的新教伦理(软件),所以英国最先产生了资本主义。

这个原理可以用两轮同构车车载能力可数倍于独轮车的喻理来说明。以前农村的独轮车(又称鸡公车)载物质量很少达到100kg,但两轮的平板车(又称板车或架子车)载物可达1 000kg。为什么平板车载物可达独轮车的数倍呢?显而易见的原因,就是平板车具有两个完全同构的轮子。设想一下,两个轮子的直径不一致,车子不仅不能载运那么多的货物,而且也不能直线前进,并总是向一侧拐弯作圆弧形轨迹运动;如两轮一方一圆,这时车子的运动就会颠簸到使人无法忍受,更不用说载运那么多的货物了。又如我们在全面质量管理中,不但采用科学的统计方法(硬件),同时还要强调全员质量意识(软件)的作用。在科学研究中,也要强调科学方法与科学精神的统一,才能得到事半功倍之效。

2.2.5 推论Ⅱ:事物内部各层次同构,发展受制最小

(1)事物内部各层次同构的自相似现象

①事物的结构是分层次展开的。

②事物各层次的分形以自相似的形式展开。在一定程度上分形的部分都是整体的再现或缩影。我们不妨将分形的部分称为局部,故分形的局部与整体在形态间是同构或相似的。我们将局部与整体间的相似性称之为自相似。分形有自然、时间、社会和思维等4类。

③局部与整体间自相似水平的发展与受制存在反变关系。其中的自相似水平就是同构水平,其本质仍是系统运作时的耗散水平。综合耗散水平最低,系统定可持续发展,即为可持续发展的依据。例如要使交通运输发展持续,就要保证其系统中分形层次间具有尽可能高的自相似性。

(2)自相似原理在交通运输发展制约理论中的应用

①设计交通运输业中的各级组织,必须按自相似方法展开。

②交通运输业在组织生产时,是否存在步调不协同的制约现象,通过层次间的自相似研究,一定能有所启发。

③一个产业,一个行业大战略、大方针如何影响具体行业、企业的战略方针,亦要根据分形理论展开。

(3)分形概念

分形(fractus)的内涵就是自相似性。而所谓自相似性就是局部(自然的、时间的、社会的、思维的)形态与整体形态相似。分形理论揭示出整体与部分间存在信息同构现象。人们因此找到了整体与部分间过渡的“舟桥”思想方法。这是一种认识世界的新方法论。

它丰富和深化了唯物辩证法中的“关于普遍联系和世界统一性”的原理。分形理论的核心理论是分形几何学,现发展成系统科学的方法论。

分形大体上可分为四大类:①自然分形;②时间分形;③社会分形;④思维分形。后3类分形都是由①引申而来的。

①自然分形。对事物局部与整体自相似分形原理的抽象就是源于自然分形。研究指出,凡是自然界客观存在的,或经过抽象而得出的具有自相似性的几何对象均称之为自然分形。现代数学分形几何学就是定量分析分形几何学现象。

在形态和结构上存在自相似性的几何对象(对高速公路而言,国家、省、市、县都有对应的射线、纵横线),在功能、信息上也存在自相似性(交通运输部就下设有对应的厅、局、处、科等)。另外在能量传播上也存在自相似性的体系,这称之为能量分形结构。

②时间分形。在时间轴上具有自相似性称之为时间分形,亦可称为过程分形、一维时间分形或重演分形。这种分形主要呈现在事物发展和进化之中。事物螺旋式、波浪式的发展规律就是时间分形在管理学中的表现。

③社会分形。凡是在人类社会活动和社会现象中表现出的自相似性,均称之为社会分形。例如通过《红楼梦》贾府的兴衰就可揭示清乾隆时的社会矛盾结构,贾府就是当时社会的局部缩影。也就是说了解分析他国、他省交通运输发展的受制约情况,就能预知本省今日之存在的问题。

④思维分形。是人类在思维认识过程中,在认识、意识方面所表现出来的自相似性。例如,马克思说:“无产阶级要最终解放自己,首先要解放全人类”。其中呈现的就是一种思维的分形结构。

正是分形凿通了事物整体与局部间的隔离,找到了从局部到整体,或从整体到局部的舟桥,就在于整体与局部间各种信息的同构。使人们对整体与局部关系的思维,已由线性展开,发展到了非线性展开阶段,从而使整体与局部间的辩证关系清晰明了。

分形理论为人们从有限认识无限提供了根据和方法,使之成为可能,分形理论也丰富、深化了辩证法中关于普遍联系和世界统一性的原理。

3　制约的经济学原理

3.1　概　　述

在第1章中从语义学视角讨论了制约的含义与分类，在第2章讨论了产业制约的哲学原理。本章将从发展经济学的视角讨论制约经济发展的原理。这种原理与哲学原理的异同之处是：

（1）逻辑关系上：哲学原理是全称命题，本节原理是单称命题。

（2）认知关系：前者是规律性原理，后者是学科性原理。

3.1.1　经济学角度的制约

（1）经济发展的语义中包含有两项内容：量与质，或规模与进化（或先进）。规模用统计数量表征，进化用状态序位表征。国内生产总值（GDP）是表征经济规模最常用的统计指标。资源或资金密集型产业是表征社会产业先进性序位的指标。

（2）发展阶段不同，制约发展的因素也不同。包括经济发展在内的任何复杂系统发展过程中，无一例外的，早期是以规模发展为主（或生长），后期则是以进化发展（或系统完善）为主。即是在规模发展到"规模经济"后，转向以系统完善性发展为主。这是因为实现规模经济后，单位产生的资源耗散水平才趋于最小，此后去完善系统的发展最为有利。例如，企业参与市场竞争，首先采用的是规模竞争战略，其实质是顾客用低廉的价格可在市场上买到同质产品。到第二个竞争序列时，采用的是质量竞争战略，实质是让顾客用单位价格买到更多功能的优质产品。这两种竞争反映在企业生产中是：首先使生产线实现规模经济生产，然后再使生产线能生产优质的产品。因此，对经济的规模发展与经济形态进化的制约因素是显异的。

（3）制约与发展对经济而言是一对反义词。反义集中体现在两者的方向是背反的。发展就是一种去除制约的过程。

3.1.2　分类

制约是经济学属性的概念，因此，凡是用经济学概念讨论的制约问题、形成的命题，皆为经济学层次的原理，而不是规律性原理，这是本章与上章的区别。为了更好地"扫描"，

以提供一个全集空间,防范内容的缺漏,故将其原理进行如下分类:

(1)外因制约原理。系指交通运输业的发展受到外部制约的原理,此制约产生的原因,最常见的是外部资源的短缺。

(2)内因制约原理。系指交通运输业发展受到自身制约的原理,此制约多是受内部资源短缺所致。

(3)风险制约原理。系指交通运输业发展路径不确定性使发展受制约原理。发展路径的不确定,必然影响决策的价值判断,为了防止判断失误,有些决策往往会对发展产生制约。需说明的是,虽风险类制约不能平起平坐地参与内、外制约分类,但不能无视其原理的存在。

3.2 木桶原理

3.2.1 木桶制约原理

一只水桶中盛水的多少是由最短的那块木板决定的,而不是由最长的那块决定,这是一条比喻性原理。其中水桶比喻的是系统,木板是子系统,是组成系统(桶)的要素。水桶功能就是盛水,也就是说,一个系统的核心功能是由组成系统要素最短缺的子系统所决定的。

此原理在交通运输发展制约理论中的应用:

(1)在资源、资金、技术、人才等诸多制约因素同时存在制约发展时,可为应对这些制约因素进行决策时提供依据。

(2)制订发展战略时,不能一概而论地追求充分发挥优势,或许应采取弥补劣势的战略。也就是说,应根据具体情况具体分析,以求合适的结论。

3.2.2 短板制约属外因制约

(1)外因制约。是由生产线外的制约因素对生产产生的制约。应对方法:适应之。企业、产业应对这类制约,不能采用改变外部环境,使之利多于我的策略,否则将付出巨大的沉没成本(含风险成本)。管理学中有一句口头禅“适应市场、控制成本”,就道出了处理外部或内部问题的哲理或思路。市场是外部的,只能用适应去应对;成本是内部的,必须用控制方法去应对。

(2)外因性制约可能是刚性,也可能是柔性(弹性)的。

①刚性的:企业生产线上需投入不可或缺的无替代性的资源(例如土地、淡水),这类资源越来越稀缺时,就会形成制约,这种制约是刚性的。这种不满足需求条件,就相当于

高等数学中的不满足“定义域”条件。

②柔性的:生产线短缺资源有替代品,但替代品会影响生产成本,这种形成的制约就是柔性制约。例如劳动与资本就存在可替代性。自动化的生产线可以替代劳动资源短缺的制约。需要指出的是,资本与企业家间就不存在替代性。故本书将劳动(人力资源)与企业家的制约分章论述。

③柔性、刚性的转变:企业、产业生产过程不可避免地要生产某些有害的经济物品(如污染物),其释放受到国家法律、行政法规的限制,而形成制约。这种制约,有些早期可能是柔性的,后期则可能是刚性的。如早期排污量小时,地球有自净能力,那时的标准、规范较宽松,故而制约是柔性的。后期规模大后,污染严重了,标准要求也严了,制约就成为刚性的了。汽车尾气的排放就是典型案例。

3.2.3 缓解资源短板制约的建议

通过对资源谱系错峰利用,去缓解资源短板制约。

在生产中经常出现两(或多)个企业、产业利用同一资源,或同一企业的两(或多)种产品利用同一资源,或产业集群中,多种产业需要用同一资源的竞争现象。资源又通常是以谱系的状态存在于客观世界。例如:铁矿资源是以不同的含铁量存在于自然界。又如个人可支配的收入也是以谱系状分布于社会。这是因为在同一生态种群中,各物种通过对资源谱系的错峰利用,不仅使均需的资源得到充分利用,又可规避物种间对资源需求的竞争,还能使种群的多样性得到发展。将此产品移植到产品、产业发展中,当其发展受到某一均需资源的制约时,也可通过根据资源谱系的错峰利用,去缓解制约。在资源谱系错峰利用时,通过调整谱系中资源利用幅度或宽度,去规避资源利用中的“残酷”竞争。图3-1是需求利用同一种资源时,测度竞争程度模型。

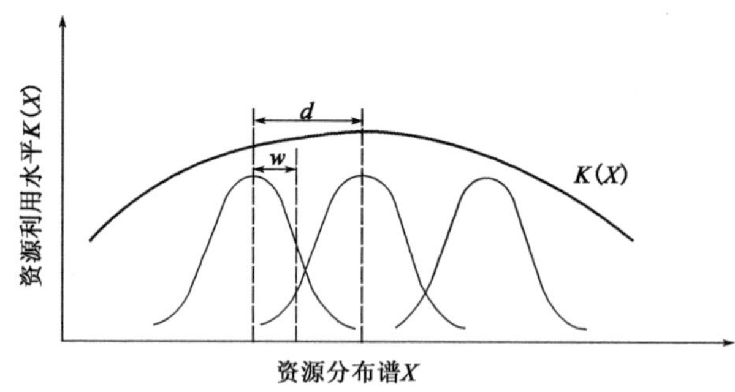

图 3-1 资源错峰利用原理示意图

图 3-1 横轴是资源分布谱系 X,纵轴是资源利用水平 K。图中所示曲线是 3 种产品或 3 种产业等,在利用同一种核心资源的简单分布状态(视为正态分布)。其中 d 成为分离测度距离。w 为利用资源标准差。比值 d/w 称之为资源分离比率,表示资源利用的潜在

竞争程度。图3-2是资源错峰利用中的极端分布情况示意图。

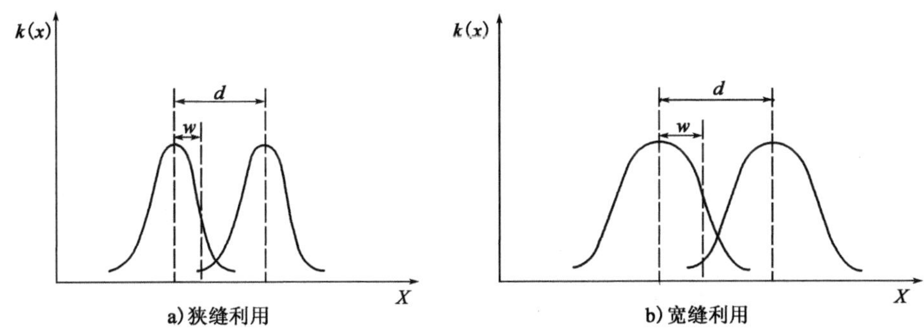

图3-2 狭峰利用与宽峰利用的d/w值比较

狭峰时的 d/w 大于等于宽峰时的 d/w 值。即 $(d/w)_{狭} \geqslant (d/w)_{宽}$。

现对狭、宽的分界点还无经验值,这时可借用生态学中的研究成果,$d/w=3$ 去逐步逼近合理值。

可见在同一种资源的利用中,可用提高资源分离系数的方法,使其利用错峰和狭峰化,去规避短板资源利用中的竞争内耗。因此,此方法也可用于产业集群规划时,定量规范对稀缺资源的开发、利用。

3.3 阻滞制约原理

3.3.1 阻滞制约属内因制约

(1)阻滞增长,又称S形增长。其中阻滞增长表征的是内特性,S形表征的是外特征。本章讨论制约原理,故择用较为生僻的名称——阻滞增长。

(2)阻滞制约属内因制约,其制约是由于增长空间中资源是定数,是受限制的。增长主体通过自身内部的反馈机制,制约增长总量不能按比例常数增长,而是按非线性的S形方式增长。实际这种增长对有非线性观点的人来说,是一种常态增长方式。而对缺乏非线性观点的人而言,这是一种发展中的制约。

(3)S形增长模式,只是指数增长模式中的一种最简单、最"温和"的模式。这种模式属于自然界自适应、自平衡模型。而后面要讨论的指数增长方式则是一种人为价值作用参与增长的结果,它破坏了自适应、自平衡过程,将产生巨大的危机。对这种危机的阐释,曾在20世纪70~80年代罗马俱乐部的研究名著《增长的极限》中得到集中的反映。

3.3.2 阻滞现象的产生

包括交通运输发展在内的任一事物,在其发展中都可能由于资源有限,或受其内部深度负反馈的作用,或因衍生物而“中毒”等原因,造成发展阻滞,不能持续增长。现设 y 为某事物发展指数,$y(t)$ 为事物发展过程函数。

$$\frac{\mathrm{d}y}{\mathrm{d}t} \text{——发展速度}$$

$$\frac{\frac{\mathrm{d}y}{\mathrm{d}t}}{y} \text{——相对发展速度}$$

事物受种种因素影响,产生阻滞现象,使发展中的增长速度受到阻滞。今假设这种发展速度为 y 的线性递减函数。即有

$$\frac{1}{y}\frac{\mathrm{d}y}{\mathrm{d}t} = \gamma - \frac{\gamma}{R}y \tag{3-1}$$

式中:γ——给定环境限制因数,在此限制条件下,y 可能达到的最大速度 $\gamma = \max\left(\frac{1}{y}\frac{\mathrm{d}y}{\mathrm{d}t}\right)$;

R——给定环境限制条件下,y 能达到的最高发展水平或 $R = \max(y)$。

式(3-1)为事物的逻辑斯蒂函数(Logistic 曲线)的微分方程。此方程即为系统(事物)受阻滞的发展模型。方程解为

$$y(t) = \frac{R}{1 + ce^{-\gamma t}} \tag{3-2}$$

$$c = \frac{R - y_0}{y_0} \tag{3-3}$$

式中:γ——固有增长率;

R——环境负载容量或饱和水平。

由式(3-3)得

$$\lim_{t\to\infty} y(t) = \lim_{t\to\infty}\frac{R}{1 + ce^{-\gamma t}} = R \tag{3-4}$$

由式(3-4)知:$y(t)$ 以指数率速度收敛于 R。应注意:此阻滞模型只适应于事物为封闭系统时的发展情况。当事物有外力作用加入时需修正。以往的研究中往往忽视了这一点。

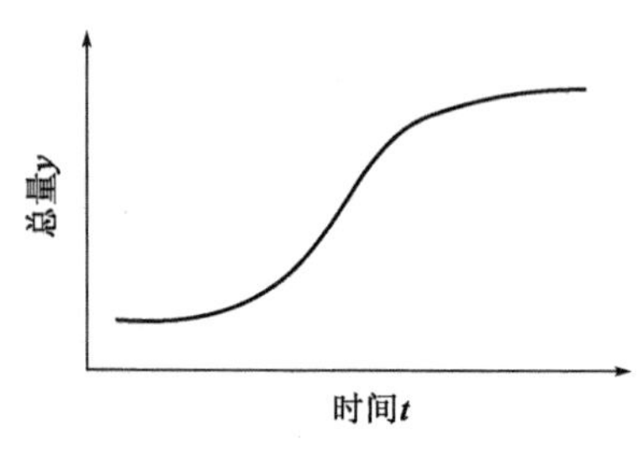

图 3-3 增长的逻辑斯蒂(Logistic)曲线

阻滞发展(或逻辑斯蒂)模型特征点的位置分布如图 3-3 所示。

图 3-4 是对图 3-3 的分析说明。图 3-4a)是增长规模 y 与增长速度 $\dot{y}$ 的关系。当增长速度为零时,增长规模为饱和值状态(R),图 3-4b)是式(3-1)典型解曲线。

上述阻滞模型知:

(1)阻滞模型实质上反映的是事物存在于世界上

的“生”与“死”的平衡过程。平衡的约束条件:环境空间是有限的,或资源是有限的。换言之,增长可持续发展的极限或饱和值(R)是以环境空间中的资源(包括藏污纳垢的能力)为定义域(或存在域)的。

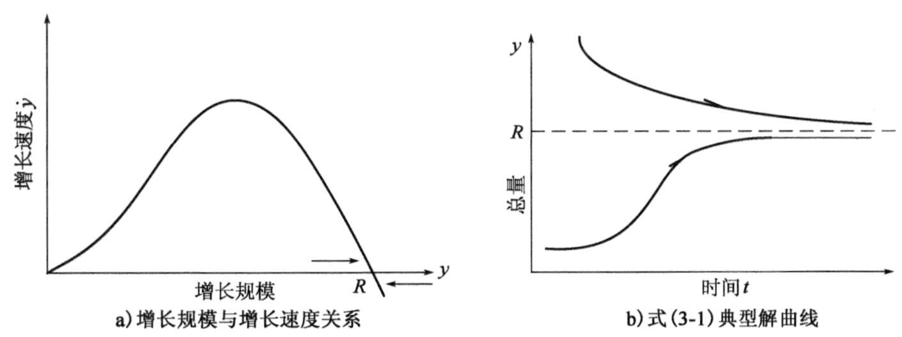

图3-4 阻滞发展(或逻辑斯蒂)模型

(2)式(3-1)中,增长总量与增长速度间存在反馈,它使发展的增长速度 $\dot{y}$ 不为常数,而是一个线性递减函数$\left(\gamma-\frac{\gamma}{R}y\text{ 是递减的}\right)$。换言之,总量的增加受总量增长的制约。

3.3.3 阻滞制约化解方法

由图3-3Logistic曲线可知:事物发展中,由于存在阻滞,将出现饱和现象。如一个区域的经济发展系统中,存在阻滞,系统就不能无限发展而出现饱和,即出现增长极限。系统要可持续发展,就必须克服阻滞。这时就应根据不同的发展阶段,不断适时地、人为地促使各阶段中支配发展的支配因素换元。因为事物发展中,支配每一个发展阶段的支配因素是不同的。在发展阶段末期,若支配因素不能及时换元,它就将变成制约发展的因素,而阻滞发展,使发展饱和而不可持续。所以,只有及时促使支配因素换元,才能克服阻滞、饱和,才可将制约发展的阻滞模型变为可持续发展的模型,如图3-5所示。可见在事物发展过程中,及时换元也是一种创新,使系统不致受到阻滞制约、阻滞发展,而是可持续发展。

考虑到支配变量换元可能出现的一些情况,阻滞发展存在4种类型:可持续发展、循环发展、发展停滞以及负增长发展(倒退)。具体如图3-6所示。

可见阻滞原理是一条普适原理,在经济发展中迟早都会发生阻滞现象。在发展经济中我们最关心的是:

(1)分析在什么时候出现阻滞现象,其停滞水平有多严重。

(2)找出将阻滞发展变成可持续发展的方法。

因此,阻滞分析中的要害部分是对发展中边际效应$\left(\text{即 }y'\text{或}\frac{\mathrm{d}y}{\mathrm{d}t}\right)$的分析。

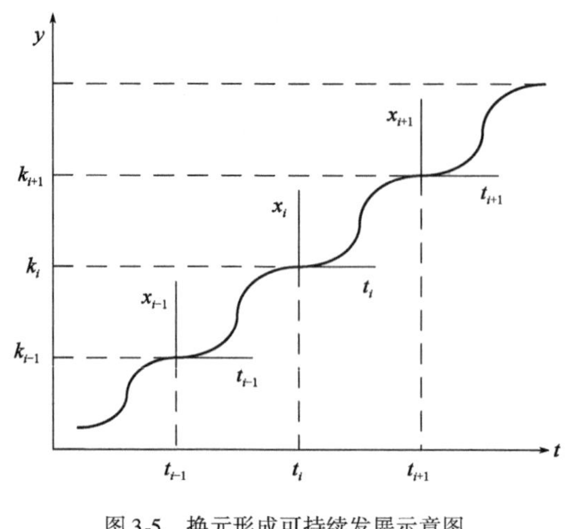

图 3-5　换元形成可持续发展示意图

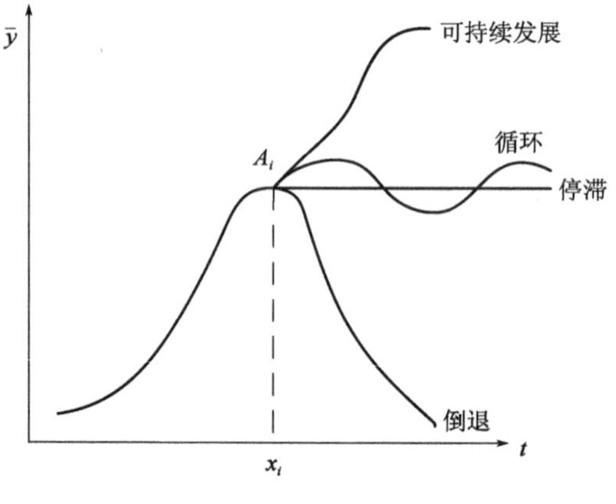

图 3-6　发展演化模型示意图

3.4　指数增长极限制约原理

3.4.1　指数模式增长

经济属性的事物在发展中均按指数规律增长。需指出的是，指数在经济学中有两种显别的含义，统计学中反映不同时期某一社会现象变动时的指标数字，简称为指数。数学中系指 n 个 a 相乘的积称为“a 的 n 次幂”或“a 的 n 次乘方”，记为 a^n。a 为底数，n 为指数。高等数学中又扩充了 a 的含义。指数 n 可以是分数、负数，也可是任意实数或复数。

这里说的指数增长就是数学中的按数学指数规律的增长。实际上 3.3 节的阻滞增长模型就是指数增长模型。它是一种最简单的、逻辑过程十分清楚的指数增长模型。而本节要讨论的指数增长模型却是一类复杂的、逻辑过程尚未完全明晰的指数增长模型。此类模型虽不能提供精准的解释性，但其增长图像表征的是各种指数增长形式的集合，可方便思考。之所以如此就是因为前者的阻滞模型的系统是封闭系统，而本节呈指数增长的系统是开放的。系统开放的表现就是使系统产生增长的资源要素都可不受限制地供给。显然，系统发展需求的资源不可能是无穷大，故其指数增长就产生了极限。这也就是本节取名为“指数增长极限制约”原因所在。

产业革命以来社会所有重要的经济指标，例如国内生产总值（GDP）、工业生产、人口、石油、煤铁矿产、电力、粮食、教育乃至污染、生物多样性的消失等指标，无一例外都是按指数增长的。但这种增长是持续不了的。国内生产总值（GDP）的增长，带来环境污染的严重；工业的发展，使水资源枯竭；人口膨胀，使粮食危机警钟频响；……这意味着，指数增长的极限已跨入世界发展的大门。

指数增长之所以有极限,根源就是“只有一个地球”。地球只是宇宙中的一个小行星,它所提供的耕地、淡水、能源、矿产品等资源是有限的,同时自我调节能力也是有限的。总之,它为人类经济活动需求提供的资源都是有限的。人类的经济活动只可能在有限资源参数的定义域运作。

3.4.2 指数增长模型

在阻滞增长模式中,给定环境限制因数 γ 为常数,但在经济增长过程中 γ 并非常数,而是变数,且其变化的速度 $\left(-\frac{d\gamma}{dt}\right)$ 与 γ 的大小相关,最简单的相关就是成比例关系。于是有方程组

$$\begin{cases}\dfrac{d\gamma}{dt}=\lambda y & (3\text{-}5)\\[2ex] -\dfrac{d\gamma}{dt}=\beta\gamma & (3\text{-}6)\end{cases}$$

式中:y——某经济指标值;

t——时间;

γ——与 3.3 节中的 γ 同义,只不过原为常数,现为变量;

β——比例常数。

由式(3-6)得

$$\gamma=Ae^{-\beta t} \tag{3-7}$$

式中:A——$t=0$ 时的 γ 值。

式(3-7)代入式(3-5)中:$dy=Ae^{-\beta t}y$ 或 $\frac{dy}{y}=Ae^{-\beta t}dt$

积分

$$y=y_0e^{\frac{A}{B}(1-e^{-\beta t})} \tag{3-8}$$

式中:y_0——$t=0$ 时的 y 值。

图 3-7 是式(3-8)的曲线族图。

(1)当 βt 足够小时,$e^{-\beta t}\approx 1-\beta t$,式(3-8)可简化为

$$y=y_0e^{At} \tag{3-9}$$

当 $\beta\neq 0$ 的有限值时,t 足够小。经济呈指数增长,生长速度为常数 A。

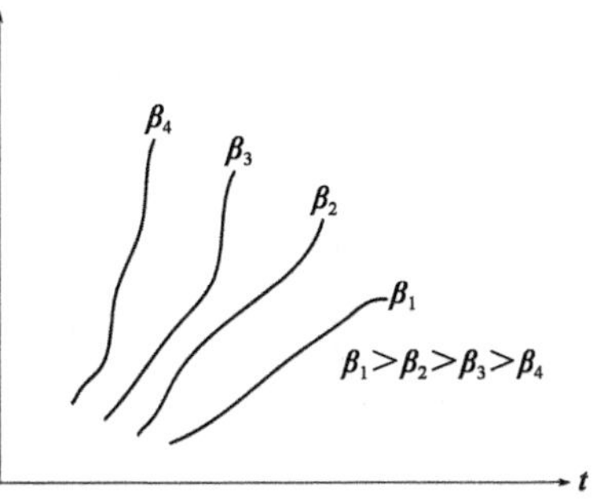

图 3-7 式(3-8)曲线族图

当$\beta=0$时，方程组蜕化为一个方程，即在整个经济增长期，经济呈指数增长。

(2)当t充分大，$e^{-\beta t}=0$，式(3-8)得y的最大值

$$y_{\max}=y_0e^{\frac{A}{B}} \tag{3-10}$$

从式(3-9)、式(3-10)知式(3-8)恒以e的正指数方式增长。

3.4.3 指数增长的启示

(1)无论是整个世界，还是一个国家或地区的经济发展，都要有"只有一个地球"的观念。既然地球资源有限，那么国家、地区的资源更为有限。因此发展中不能满足于指数增长的赏心悦目，千万别忘记其增长的极限。

(2)发展中指数增长有极限，则任何一种发展方式都会受制约，是有寿命周期的。因此，要想持续发展，必须不断改变增长方式。正如人体生命是短暂的，但家族、种族的繁衍是持续的。在一种指数增长方式发展的"青壮年"时期，就要培养下一轮指数的增长方式。

(3)怎样将有极限的指数增长设法转变成没有极限的增长，是研究发展战略中应冥思苦想的大课题。

(4)全球资源价格上涨已是大趋势。推动此趋势的原因主要是资源的不断耗用，致使蕴藏量减少。某种资源总量的减少，即为其稀缺性加剧。也就是说，经济发展按指数增长，同时对应资源的储量亦按指数递减。因此，资源稀缺性加剧发展受制原理，也可以说是对发展指数增长极限受制机理的说明。

3.5 密度制约原理

3.5.1 密度对总量依赖类型

在某地域范围内，某经济事物的发展规模和水平(或总量)与其事物的分布密度间存在3类依赖(或函数)关系：

(1)密度驱动。事物发展规律与其密度间存在相互"促进"的作用。这是因密度形成了内正反馈机制。

(2)密度制约。事物发展规模与其密度间存在相互"促退"的作用。这是因密度形成了内负反馈机制。

(3)密度无关。事物发展的规模与密度无关。

图3-8是上述密度影响增长的3种关系概念曲线。其中图a)与图b)的含义完全相

同。不同之处是 a)中的纵坐标为制约水平,是用百分数表示的,b)中是用绝对数量表示的。

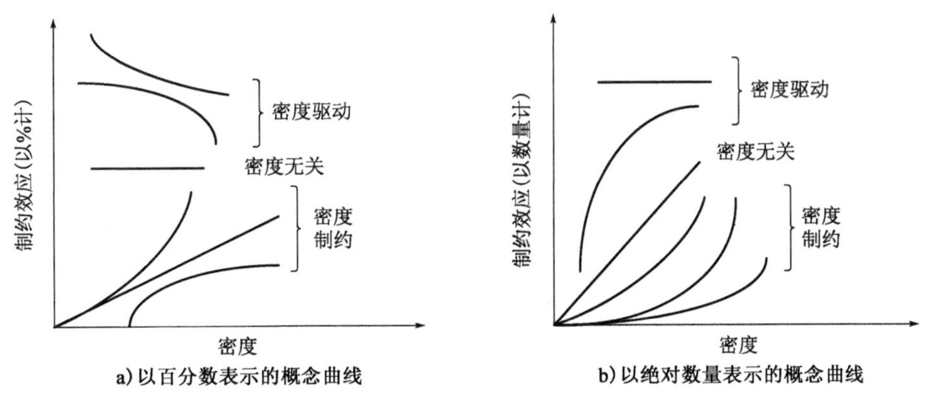

图 3-8 密度影响增长的 3 种概念曲线

3.5.2 原理的普适性

这是一条因影响事物因素的密度变化而导致其因素本身由驱动性变为制约性的原理。这条原理可谓中国成语"物极必反"在发展经济领域中的注释,也是唯物辩证法中"量变到质变"的说明案例。也就是说,这条原理不仅存在于自然科学现象中,也存在于社会科学现象中。例如,由分子物理学知:密封容器中,分子密度小时,分子间呈现出吸引力。密度大时,分子间将呈现排斥力(分子间呈现吸引力与排斥力的分子密度分界点,为临界点参数)。而在发展经济学中,也存在类似现象,如人口密度因素,在其较低时是某事物发展的驱动因素,当过大时,则将翻转变为发展的制约因素。

3.5.3 此原理的启示

(1)编制包括路网在内的各种交通运输的长期发展规划时,要对规模与密度这两个重要指标同时进行状态控制。例如:各级路网规划中,不能认为只要有资金,高速公路就可以建设的越多越好,当其规模超过某一密度(此值虽与国情有关,但其间的偏差也不会很大),就会出现由密度驱动转变为密度制约。

(2)发展中出现因制约因素所致的制约,很可能是暂态现象。要全面、深入地研究一种因素所起的作用,应将其放到相应的存在域的谱系中去考量、分析,清晰其域内是否存在作用的反转现象,万万不可在"只见树木不见森林"时就下结论。

(3)因素作用的翻转点,习惯称为临界点,其位置的确定对制约研究的作用重大。因临界点既是自然现象中两种互邻自然状态的分界点,亦是社会现象中两种价值互异状态的判据点。制约管理的实质就是研究期望状态就位和持续有效的操作。

3.6 老化制约原理

3.6.1 概念

(1)老化是一种普遍存在的现象,作为科学名词出现在高分子化学中,将高分子化合物的性能逐渐变坏的过程称为老化。工程界对老化研究最为全面的是在可靠性技术中,特别是电子器件的老化。而对老化研究最为深刻的是系统科学,特别是生命科学。

(2)硬、软科学对老化的认识区别很大。硬科学(如材料、电子元器件、生命等科学)认为老化是一种不可逆过程。而软科学(人才学、技术管理等)在潜意识中就认为老化是可逆的。

(3)本书的老化是指系统老化,即系统功能逐渐变坏的过程。系统功能最核心的内容是效率,在生命、经济、管理类系统中尤为如此。因此,老化制约是名副其实的内因制约。经济管理类系统中常见的老化现象就是人才老化、技术老化、资金流动效率下降等。

3.6.2 经济管理类系统老化成因

(1)病因老化。这是老化的基本原因。系统的机制功能随着系统长期工作而出现老化现象,影响系统功能发挥。例如,系统中弃旧创新不够、人事吐故纳新不畅、资金周转效率下降等,都是企业、生产中出现的病因老化现象,其产生归根到底就是"通"出现了"淤"。

(2)局部老化。是某些功能子系统局部循环参与系统大循环的份额降低,而使系统大循环效率下降。原因是参与大循环的局部循环出现了"淤",故而其本质仍是病因老化,不过只是局部的问题。

(3)"免疫物"的缺乏。管理系统与人体血液循环系统一样需有免疫物参与循环,只不过人体血液免疫物是白细胞等,而企业管理系统就是职业道德。

3.6.3 老化制约的化解

(1)人才老化。目前人才退出机制不畅,是人才老化的主因。化解重点是加强人才退出机制建设。

(2)技术老化。技术资产折旧应与经济发展水平相匹配。折旧水平低将造成技术老化。化解思路:加速技术资产的折旧及管理。

(3)资金流动效率下降。主要是银行利率与社会生产力条件下的资金时间增值率相距甚大,使资金流动不畅。化解:在法律、政策许可范围内,加强融资、集资功能。

(4)企业机制中要进行免疫建设。人的免疫系统出现大毛病,某种污染就可能使人致命。企业也一样,因此,要加强企业免疫建设:主要是职业道德培养和开放舆论建设,现在企业也开始重视职业道德培养,但相当程度上却忽视了开放舆论建设。包括企业职工在内的任何社会人都只能在法律、道德、舆论的三角控制网中活动,不能网开一面。如企业中屡见不鲜的"痞"现象,就是企业管理方面出现老化的现象。

3.7 多样性减少制约原理

3.7.1 多样性减少制约的产生

(1)多样性减少的危害最早是由生态学阐述清楚的。它最大、最深远的危害是使生态系统逐渐失去自行修复的能力,而使生态系统脆弱、甚至失稳。其根源就是生物的多样性不能够再为生态系统提供更多的适应性机会了。

(2)上述生态系统的现象,也存在于社会(经济、管理)系统中。例如,官本位制使人才多样性受制约。市场急需人才短缺,而人才市场同时又出现一般人才就业难的问题。

(3)适应性机会是一种不确定性。而风险本质就是不确定性引起的。因此,多样性减少,使适应机会减少是一种风险制约。

3.7.2 多样性减少制约的几点建议

(1)人才管理去官本位制。

(2)技术管理中正确、科学处理标准化与创新的矛盾。没有标准化,社会生产力上不去。产业社会中空前的生产力靠的就是集中化、同步化、标准化。后者是前两者的基础。但过分的标准化又会严重影响创新。化解方法:及时修订标准,其间要强调新旧标准的兼容过渡。

(3)高校加快完成从应试教育到素质教育的转型。应试教育就是流水线生产的翻版,与其完全同构,是一种使人才多样性减少的教育模式。而素质教育是与柔性生产线同构的,就是要适应资金密集型产业对人才多样性和小批量性需求的。这也就是交通运输专业教育与交通运输产业人才需求对接的本质所在。

(4)时任浙江省委书记夏宝龙2012年2月2日在视察交通运输厅机关讲话中指出:"下一步你们要在大投入上做文章,畅通各种渠道,民营也行,银行也行,发债券也行"。其目的就是化解浙江交通运输建设资金制约的问题。化解方法的理论本质:用增加融资方式的多样性,提供更多的适应性机会。

Ⅱ　生产要素制约篇

4 交通运输发展中的土地制约

4.1 土地在生产中的意义、地租与地价

4.1.1 意义

现引用马克思的几句关于土地方面的语录(《马克思恩格斯全集》第二十三卷第三篇第五章:劳动过程和价值增殖过程)说明其意义。

“土地(在经济学上也包括水)最初以食物、现成的生活资料供给人类,它未经人的协助,就作为人类劳动的一般对象而存在。所有那些通过劳动才和大地脱离直接关系的东西,都是天然存在的劳动对象”。

“土地既是人类原始的食物仓库,也是原始的劳动资料库。例如,人类用来投、磨、压、切等等的石块,就是土地供给的”。

“土地本身又是这类一般的劳动资料,因为它给劳动者提供立足之地,给他的劳动过程提供活动场所”。

从上述语录可知:土地已被引申为一般自然资源。首先,它是天然存在,是大自然的产物。再者它又以现成的形式满足人类的需求,天然地具备向人类提供生产、生活资料,以及生产、生活活动场所的属性功能。或者说,土地等自然资源,对人类和人类社会具有使用价值和物质效用。这也清楚告诉我们:人类的生产活动,只能遵从利用自然资源、自然条件所固有的属性与功能。因此,马克思说:“撇开社会生产的不同程度不说,劳动生产率是同自然条件相联系的”(《马克思恩格斯全集》第二十三卷第三篇第十四章:绝对剩余价值和相对剩余价值)。

正是土地的上述意义,经济学把土地专门列为一项生产要素,而不列入资源之中。所以土地才是各种自然资源之母,是“父母辈”的“资源”,所有其他资源对土地而言都是“儿孙辈”的。

4.1.2 地价

(1)土地是第一生产要素。在现代经济活动中,无论是何种土地,其所有、使用形态,都存在租用他人土地,利用土地生产的现象。这样,就必须付给相当的报酬,这种报酬就

称之为地租。

(2)地租:即土地所有权借以实现的经济形式,指土地所有者依靠土地所有权从使用其土地者那里获得的收益。市场经济条件下的地租,是租佃者交给土地所有者的超过平均利润的那部分剩余价值。从中体现了土地所有者和租佃者间,在土地产生财富中的分配关系(或生产关系)。

(3)地价:即土地价格。原生土地不是劳动产品,是没有价值的,但成为买卖对象时,就具有了价格。在土地可以自由买卖的制度下,地价的大小取决于地租的大小和利息的高低。例如某块地的地租为3 000元/年,此时的银行年利息率为4%。地价就是3 000/4% =75 000(元)。此时,这块土地出租的收入与75 000元存入银行的收入是相等的。换言之,这块地的名义价格为75 000元。由此可见,地价就是资本化的地租,它随着地租的增加或利息的下降而上涨。

4.1.3 土地位置对地租的影响

土地是世界稀缺的生产要素。"寸土必争,寸土不让"的政治理念就是这种稀缺性的折射。在国土面积有限的状态下,随着土地开发的广化、深化,地租则必呈不可逆转的上涨势态,从而导致地价上涨。因自然地理和经济发展的不均质性,又导致不同地理位置土地地租的差别性。显然,土地位置的不同会导致地租、地价的不同。

不同地理位置对地租、地价的影响很大,其中,影响最大的地理位置条件是:

(1)城市化水平。

(2)交通运输发达水平。

(3)给水条件。

上述3个条件构成了土地区位地租的3要素。其中,交通运输条件是祖源条件,城市化水平是交通运输因素驱动效应积淀的结果,给水条件又是城市化的制约条件。

4.2 土地与交通运输发展的关系

4.2.1 土地是交通运输产业不可或缺条件

交通运输产业的生产是实现货、客空间的位移,产品就是位移服务。其中位移是地理尺度空间上的位移。这种位移活动的范畴具有其他非此类产品不可入的特性。通俗言之,完成货、客空间位移的用地是专用的。又因货、客位移是在世界、全国范围进行的,因此,交通运输产业需求用地的面积数量,相对其他行业、产业而言是巨大的。交通运输产业用的土地,主要用于运输线路、交通枢纽客货站点、物流仓库、城市停车场所等方面。

4.2.2 土地稀缺程度的加剧源于经济发展

现代化、工业化、城市化是经济发达的集中表现。现代化的深刻含义就是空前的社会生产力的外化显现。空前的社会生产力又是来自工业化。工业化生产的基本特征是社会化大生产。它靠集中化、同步化、标准化的方法来实现。集中化实现空间规模效益,同步化实现时间规模效益,而标准化则是集中化、同步化实现的前提与保障。工业生产发达地区,因就业使人口聚集,这里不仅生产成本低,生活成本也低廉,从而使人口再聚集形成的城市化进程成为历史的趋势。由于社会化大生产伴生出的规模效应、集聚效应和乘数效应(即超循环效应)的联合作用,形成滚雪球趋势,使城市规模不断扩大,人口不断在有限空间内聚集,致使城市人口不断聚集,必然导致土地稀缺加剧,于是地租飞涨,连锁反应使地价亦飞涨。

综上所述,城市的大小与工业规模是强正相关关系。而工业规模又是由交通运输条件和给水条件决定。即工业规模由工业区位决定,交通运输因素和水因素又是决定工业区位因素中的支配因素。工业区位需求的交通运输条件是要有聚集型的路网,这样不但有利于生产要素从广袤地域聚集到生产线上去,完备生产要素,又能将生产线生产的产品辐射到消费地域。这一切都是为了大幅度降低生产成本和交易成本。从而可知:城市、工业、交通枢纽是一种互为影响的三位一体的经济地理现象,是经济发展的产物。所以经济发展是导致土地稀缺不断加剧的主要原因。

4.3 推高地租、地价的重要因素

4.3.1 粮食因素

由于全球环境日益恶化,世界产粮区爆发罕见干旱或洪水以及持续高温等极端天气事件,加之石油价格上涨,生物燃料生产加温,已开始引发一场全球性的粮食减产危机,致使粮食价格上涨,人们生活水平下降,低收入者可自由支配的开支减少,甚至返回贫困状态。

世界人口不断膨胀,粮食消费不断增加,而使粮食储备锐减。例如,1984—2001 年,世界粮食库存一直维持在 100 天的储备量,但 2002 年以后,仅有 72 天的储备,2012 年为 75 天,已濒临安全底线。全球饥饿人口已超过 10 亿,接近 20 亿。2011 年世界人口已达 70 亿,但同期全球耕地增加无几,人均耕地面积下降到了 20 世纪 60 年代初期的 50%,也就是说,将有越来越多国家的粮食要依赖进口,世界粮价将因此而暴涨。

我国是一个近 13.9 亿人口的大国,在相当长的历史时期,粮食需求的大头必然要立足于自给自足,但波动性短缺的粮食部分将由进口补充。要立足粮食自给就必须保证 18

亿亩耕地面积不被蚕食。

全球粮价飞涨,在粮食进出口贸易时,国内粮价就必须与世界粮价同"凉热"。这样一来,中国耕地的地租水平就将由世界统计粮价的水平决定。例如:浙江省10.55万km^2的陆域面积,因具"七山、一水、二分田"的地形特点,又有5 000多万人口,其农业用地相对中国中西部而言,更显稀缺。地租、地价将成为"羊群"中的"骆驼"。这样一来,浙江省交通运输建设用地受制约的强度,必将名列"前茅"。

4.3.2 石油因素

在过去相当长的一段历史时期内,人们一致认为石油就要枯竭。但由于技术的进步,最近,有不少人却作出了新的预测,认为不久的将来出现的不是石油危机,而是石油过剩。至于谁对谁错,尚处于不确定之中。故石油因素对交通运输产业是起制约还是能转化为驱动作用,还不能下定论。因此,只能对目前所起的制约作用,称之为风险制约。当然,由此因石油制约造成交通运输对土地需求的影响,也是属风险性质的。

这就是近些年来,由于发明了水平钻法和水力压裂法等新技术,似乎使全球石油迈入一个拥有充足的石油资源的新时代。新技术使加拿大的油砂、美国的页岩油和巴西的盐下层石油都将成为大量的"新石油",并即将进入使用阶段。而我国拥有世界上最大的页岩气储量,正以每年投入数十亿美元的建设规模,采用压裂法进行大规模开采。有预测:至2020年,世界石油日产量可能超过1.1亿桶,较现在提高20%,从而可能导致油价大幅下跌,甚至"暴跌"。

新一轮的石油革命甚至还将扰动地缘政治的平衡,并加剧气候的变化。当然这已不属本书研究的问题。我们感兴趣的是:到石油充足时代,市场功利主义会使汽车产量飙升,高速公路拥挤不堪,建设新高速公路需求的压力陡增,必将传递到对土地需求量的陡增。至于不久的将来"石油过剩"将如何扰动交通运输产业的发展,是福还是祸,还需另行专门研究。

4.3.3 保障农民土地财产权因素

2011年12月27日,时任总理温家宝指出:"土地承包经营权、宅基地使用权、集体收益分配权等,是法律赋予农民的合法财产权利,无论他们是否还需要以此来作基本保障,也无论他们是留在农村还是进入城镇,任何人都无权剥夺。推进集体土地征收制度改革,关键在于保障农民的土地财产权,分配好土地非农化和城镇化产生的增值收益。应该看到,我国经济发展水平有了很大提高,不能再靠牺牲农民土地财产权利降低工业化城镇化成本,有必要、也有条件大幅度提高农民在土地增值收益中的分配比例。要精心设计征地制度改革方案,加快开展相关工作,明年一定要出台相应法规。积极创造条件,妥善解决好农村留守儿童、妇女、老人问题。”

2013 年党的十八届三中全会通过的《中共中央关于全面深化改革若干重大问题的决定》(以下简称《决定》)明确提出:“建立城乡统一的建设用地市场。在符合规划和用途管制前提下,允许农村集体经营性建设用地出让、租赁、入股,实行与国有土地同等入市、同权同价。缩小征地范围,规范征地程序,完善对被征地农民合理、规范、多元保障机制。扩大国有土地有偿使用范围,减少非公益性用地划拨。建立兼顾国家、集体、个人的土地增值收益分配机制,合理提高个人收益。完善土地租赁、转让、抵押二级市场”。《决定》进一步扩大了土地的权能,不仅允许土地承包经营权抵押、担保,而且赋予了农村集体经营性建设用地与国有建设用地平等的地位和相同的权能。

在现行制度下,公平征用土地还非常困难。因为农村的土地是属于“集体”的,农民只有承包土地经营权,并没有真正的土地所有权。所有土地的转征都须先由国家低价征用变为国有,然后再按市场价出售。这种征地办法,使得农民既不能决定土地的卖与不卖,也不能与买方平等地谈判价值。实际就是将农民排斥在土地增值分配体系之外。而随着全面深化改革的深入推进,这种不合理、不公平的土地现状必将改变。

可以预计,未来交通运输产业用地,不能再按过去惯用的方法和较低的地价来征用。一旦农民参加到土地增值分配体系中去,必将推高地租地价。那么对交通运输产业的发展一定会起制约作用。如何深入评估,亦有待另项研究,本书只能提皮毛之见。

4.3.4 土地财政一时难以完全扭转

自国税、地税“分灶后”,普遍存在地方财政资源严重短缺,只好靠出卖土地给房地产商来弥补地方财政赤字。但此法只可应急,若持续只会造成地价暴涨。且因政府所辖的土地有限,长此以往,必将造成土地越来越稀缺,地价越来越高的恶性循环。

4.3.5 城市饮水水源地的保护因素

以浙江省为例分析:浙江省陆域面积小(10.55 万 km^2),人口多(5 600 万),经济发达,城市化水平高。另一方面,浙江省除属长江水系的浙北平原地区以外,其他各地区的河流均独立成水系入海。这些独立水系的集水面积小、河流径流量小。如果在人口众多、经济发达、城市化水平高的情况下,还采取任其工业遍地开花式的发展,浙江沿海地带(即城市化水平最高的地带)将会出现水危机或者是安全饮水危机。那时必将从法律、制度、舆论等方面多管齐下进行治理。为此,现在就必须采取措施,最简单的方法是在富春江、曹娥江、奉化江、椒江、瓯江、飞云江等水系的上游建立水源地保护区。保护区除限制污染水资源的生产企业选址建设以外,还应严格限制交通运输线路通过。因为线路上出现交通事故是不可避免的,装有剧毒(含放射性等)货物的运输车辆一旦翻入山谷、河流等处,后果将极为严重,必将成为社会事件甚至政治事件。因此,对这种靠近水源地的交通运输线路的规划立项,必须慎之又慎。如遇到舍此就不可能时,那只能用工程方法减灾,其成本必将大增。所以对水源地的保护,也必将推高周边的地租地价,从而压缩交通运输基础设施的可行空间,制约交通运输产业的发展,尤其浙江的水源地是四散分布的。

4.4 缓解土地制约思路

用"缓解"而不是"化解",是因缓解或化解中的"解"均有脱去、废除、消除、停止之意。而"缓"为延期、延迟或逐渐之意,"化"则为融解、消化之意,也就是两组词消除事物的程度是不一样的。缓解系指不能逐渐清除事物发展中的负效应,只能使负效应延缓。之所以用此词,就是明确指出,土地制约问题在相当长的历史时期是不能化解消除的,只能缓和一点。这就是"只有一个地球"和中国 13 亿人口要发展之间的矛盾。因此,所提出的对策全为缓解性对策,而非化解性对策,故其有效性十分有限。

办法:开源、节约、守土、置换(占一补一)。

(1)开源。即增加可供交通发展使用的土地。在土地的开源中,人们的能动性发挥空间很小,主要有填海造地、无人地区有人化(例如:无人岛的有人化、沙漠戈壁的绿洲化)。

(2)节约。即充分利用已有的交通发展用地。在土地节约中人们能动的空间较大,可以直接节约土地,也可交易置换土地。节约的方法是提高土地利用效率,包括:"尽性"利用土地,即是什么性质类型的土地就做什么用;"尽力"利用土地,即土地使用强度要足够,戒"小马拉大车";"尽情"利用土地,即土地利用要利民而不能扰民。

(3)守土。即守住已有的交通发展用地,防止土地流失。例如守住各种运输方式的"路产",严格建筑控制区的管理;非交通部门不得染指岸线等。

(4)置换。即通过置换得到交通用地或者用较少的交通用地置换到较多的交通用地。主要是解决土地不可移动性带来的用地困难。实施此方法的要害,就是要有"补一"的储备。土地的储备则可来自开源与节约。

4.5 缓解土地制约对策

4.5.1 填海造地

浙江"七山二水一分田"中的"二水",是指淡水,而不是海水。浙江有全国最长的海岸线、广阔无垠,若能充分利用,将极大地拓展浙江的土地发展空间,因此填海造地是可为之举。填海造地之所以可行,是因领海之外是公海,地球上海洋与陆地面积之比为7:3,不可行的原因是有破坏生态环境和妨碍海运等的风险。浙江省境内海岸为岩岸，且群岛链布，可为填海造地提供就地取材的优势。如台州临海的头门港，围垦工程首期面积就达 $22km^2$ 之多，相当于半个临海城区的面积；二期围垦 $34km^2$，加上一期，比临海整个城区还大。两大优势叠加起来，目前国内唯一能够与之比拟的是天津港。作为远景预留的三期，用地面积有 $91km^2$。到三期完工，有可能成为世界上港区最大的港口。填海，将破坏性地使用海岸岸线，而岸线由交通运输部门管辖，所以在填海造地过程中，有关交通运输部门应获得一定的份额，作为置换储备用地。

4.5.2 到水域建城镇

到水域进行城镇建设，就是对于海上的小岛、无人岛，运用高新科技和最新的建筑材料、建筑工艺，以现有的岛、礁为支撑点，扩大面积，形成一个现代化的岛屿。浙江应该充分利用海岸线长、岛礁无数的优势，用这个办法克服陆域面积少的劣势。譬如，我国不久前成立的南沙区，顾名思义是广州最南面的一片珠江冲积而成的沙洲，人迹罕至，被称为广州的“西伯利亚”。随着 2001 年 8 月，广州在这里成立了南沙开发区建设指挥部，造船厂、汽车厂等一个个重大项目争相落户，时至今日，这里已经发展成常住人口达 26 万人的新城区。

可采用方法包括：

(1)群岛半岛化。群岛半岛化和填海造地是缓降沿海人口密度的方法之一。所指“群岛”一词，意味着岛屿众多，且扎堆分布。这样有利于通过公路桥、隧或筑堤等方式将其串联成半岛。如此，将有效提高岛上的人口密度和总量。有利于港口区位优势的提升。群岛半岛化要做相关项目研究：海底输水、海底电力电缆输电，污水垃圾处理等。浙江群岛半岛化的交通区位线如图 4-1 所示。交通运输部门可以在群岛半岛化过程中，将区位条件好的小岛买下，改变其交通条件，使土地增值，作为置换用储备用地。

(2)将远离陆地的较大型荒岛开发为有人岛。我国有大量远离大陆的岛屿，因无水、电等交通因素而无人居住，未能为我国领海外拓做贡献，如果这些岛屿能得以开发、居住，不仅可缓解土地供给紧张，还可为外拓领海做贡献。其中的关键是远距离海底输水、输电技术要突破，这是通过无人岛有人化去增强国家海洋权益设想落实的必需工作。在将无人岛开发成有人岛的过程中，交通运输部门的支持是必不可少的，为此，交通运输部门应把握机会，以此储备置换用地。

4.5.3 “平山钻洞”

浙江“七山二水一分田”，可见浙江“山”占了绝大部分，因此向“七山”要地是顺理成章的。显见的增地方法有二：一是平山；二是挖洞、钻洞。二法各有利弊。平山，优点是投资较省，而且“平山”往往和“填壑”相结合，所以一落一升，造地效果明显；缺点是对原有生态损害明显。在实际运用中,这种方法可结合采石取土进行,所以经济性较好,但环境破坏性也大。钻洞,优点是对原生态(尤其是外形)破坏较少,而且具有很好的隐蔽性,战备性好,这样挖出的洞作为危险品仓库等很适宜;缺点是投资相对较大,而且施工也有一定的危险性。不过,“投资大”的缺点现在越来越不明显了。一方面隧道施工的技术越来越成熟,造价不断降低;另一方面,地价节节攀升,这一降一升,就使得购买土地再搞建筑的投资和挖隧道的投资相差无几了。而在这两者相差无几的情况下,挖隧道就显得比征地搞建设更环保、生态、绿色和节约土地了。所以,对山多田少地区的某些交通设施(如危险品仓库)的建设而言,“平山钻洞”是可行的开源节地之举。

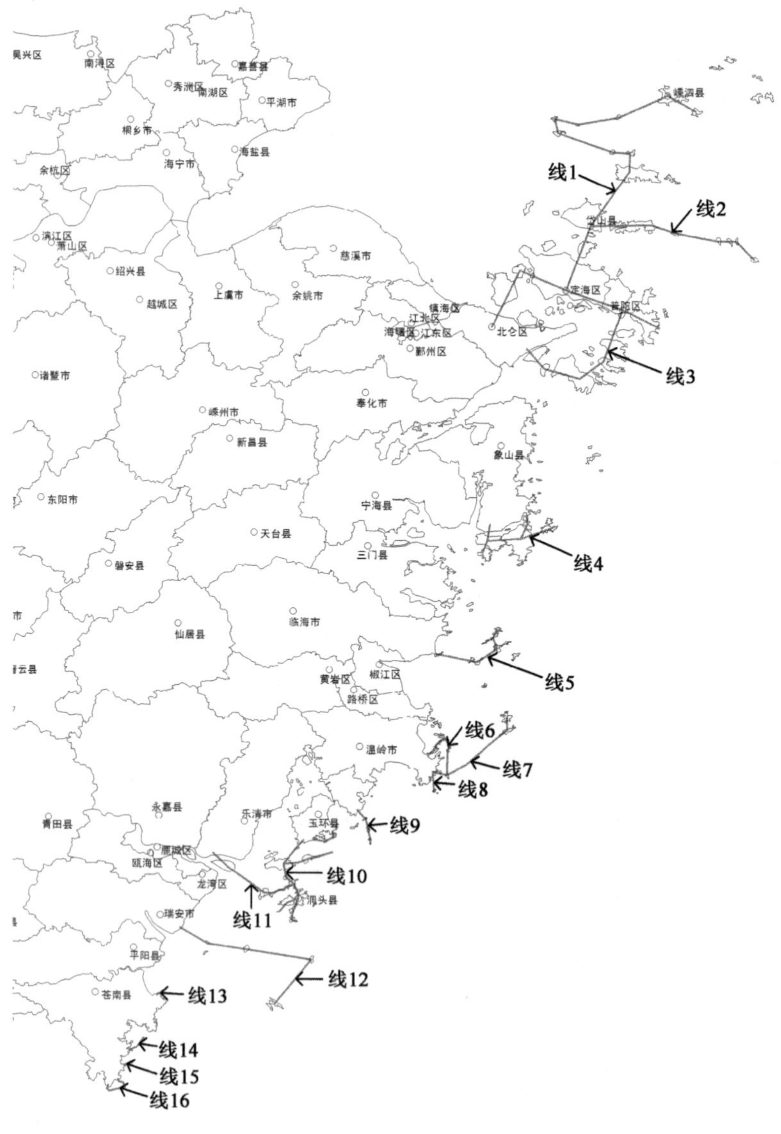

图 4-1　浙江省群岛半岛化交通区位线图

4.5.4 “入地上天”

入地上天就是向地上和地下要土地。既然土地资源紧张,就应该考虑在同等土地面积的条件下最大限度地提高单位面积的土地利用效率。在新型城镇化发展中,要制定专门的文件和规范规定,在物流园区、服务区、运输站场等交通基础设施建设中,必须立体、多层地建设和使用,停车场、仓库、各种商务贸易中心的建筑除特殊的外,都必须在3层以上。不仅向空间发展,还要向地下发展。以前,园区用地不能用来商业开发,结果大片的园区都建成一层的简装房,造成大片土地的浪费。现在,这种规定应该改变,允许一块土地的立体开发可以有多种土地属性。鼓励工业用地、商业用地、园区用地等混合开发,按照实际情况执行相关政策。向地下和地上要土地资源,需要有高科技的配合,因此,向空间要土地资源的本质是向高科技要土地资源。

4.5.5 集约开发和经营土地

在现行的综合运输通道、干线路网规划中,缺乏或没有集约经营土地的观念和要求。就是在各种运输路网布局时,应彼此“靠拢”,集约经营各种运输方式的路网用地。新增用地项目尽量利用原线路的占用地,以节约新增用地。尽量利用山地、荒坡地、荒滩地等非农耕地,布设高速公路,合理确定互通间距,路幅布置尽可能采用标准规范中的占地最小者,并减少护坡道宽度等。若在规划中考虑到这一点,不仅可大大强化各种运输方式之间的衔接性,为各种“零衔接”提供结构保障。而且,还可大大节约交通运输的用地。虽然各种运输方式路网的直接用地是彼此独立无关的,但相关用地(例如安全、维修养护、防灾、减灾、扩容、增容等)是可以彼此借用的(相关用地的时间常常又是彼此错期的)。这样一来可节约用地,亦可舒缓土地供应紧张的压力。特别是铁道部相关行政职责划入交通运输部后,为集约经营土地提供利多环境。比如:

(1)在立项阶段综合考虑土地、环境、资金等技术经济条件,根据地区社会和经济发展的需要、现有路网状况和未来交通需求,确定项目是否应该立项建设、按照什么等级建设,避免重复建设、浪费土地资源。如:神宜公路项目在立项之初,当地政府强烈要求修建高速公路。但修建高速公路肯定会对神农架自然保护区的自然环境造成难以恢复的破坏。公路建设决策者经过充分论证和科学分析,最终将原规划的高速公路调整为二级公路。这一科学决策,不仅使工程概算由原来的20多亿元减少到3.84亿元,符合该区域的发展实际,而且大大节约了土地资源,新征用地从4 130亩减少为620亩。

(2)尽可能地利用老路升级、增容、技改。公路改扩建工程充分利用老路,尽可能提高老路回采利用率。此举不但节约土地资源,还不改变老路周边地区的社会、产业等的交通格局。例如高速公路“四改六”设计,就是省投资、省土地的方法。28m路基布设六车道简称“四改六”,在云南、陕西、福建、山西和河南等省有不少先例。实施“四改六”后,在不增加占地、每公里造价增加很小的情况下(每公里约增加40万元),可大大提高公路通行能力。四改六后路基宽仍为28m,相对于正常的六车道路基宽34.5m,假设路基高3m,每公里可减少土方2万多方,占地减少约10亩。如果取土坑按深2m计算,每公里减少土石2万多方,还可减少临时占地15亩。

(3)交通方式间的零换乘、零换装工程,尽可能采用立体化、紧凑式设计,实现零衔接。如何发挥大型交通枢纽工程的利用效率,实现多种交通方式高效对接是关键,如南京火车站新站通过设施用地的立体化实现土地利用的立体化,具有良好的借鉴意义。南京站新站房运用立体化的交通组织,旅客进出站采用“高进低出”流线,进站可以乘车通过高架环形车道直达二层平台进入候车大厅,地下出站大厅与地铁南京站及停车场相连,旅客可以选择地铁、出租车、社会车及公交车换乘,在国内铁路站房建设中首次实现了真正意义上的“零距离”换乘。

(4)向高速公路服务区要土地资源。将高速公路服务区拓展兼作为物流中心,提高土地利用强度。服务区紧靠高速公路,拥有硕大的停车场和汽车维修、保养设施,有实用、价廉、舒适、安全的住宿条件。因此,只要和附近的村镇联络,让他们通过上级领导的支持和自己的努力,推出停车场,建起大仓库,铺就连接路;再辅以货物装卸、配送和货源组织、配载等功能,就可拓展成为物流中心。这样做既方便了大批人生地不熟的驾驶员,提高了运输车辆运行效率,又帮助了当地乡村致富,还可拓展服务区的服务功能,提高了服务区的土地利用强度。

(5)向高速公路技术性要求的闲杂用地要土地资源。譬如有些高速公路互通立交不仅数量多,而且占用了大片的土地,现在一般用于绿化,本书认为将其改作互通立交地区的建设养护施救基地更为合理。将其改作养护基地的优点:首先,不需另行征地;其次,上下高速公路方便,而且容易建设与地方公路网相接的通道而节能省时;第三,在这里建设这种基地还可将原来以线覆盖为主的基地改变为以面覆盖为主的基地,而大大提高养护效率。现浙江已有申嘉湖项目部的成功案例,证明其具有很好的可行性(申嘉湖项目部养护施救基地位于湖州东收费站出口的枢纽地带)。同时在有条件的地方还可考虑在保持绿化不变或少变的前提下,建成物流园区。在这里建物流园区具备交通便利、交通区位优越等突出优势。

(6)向高科技要土地资源。大力推进信息化建设,实现小仓储、零仓储,小停车场、零停车场和仓储、停车场分散,统一、集中调度的形式,来最大限度地减少物流用地紧张的问题。要把建物流就一定要征大面积土地的思维方式,转变为建物流一定要花重金建设现代化信息共享平台的思维方式。通过“虚连实用”起到增加土地使用面积的效果。

(7)进行以节约土地为指向的公路结构与技术参数优化设计。在结构设计上推荐采用裁弯取直、桥隧相连、以桥(隧)代路、半路半桥、挡墙替代边坡等设计手法,如杭徽高速公路余杭区段沿线均为良田、耕地,为保护这一区域宝贵的土地资源,设计者放弃了开辟新线建设高速公路的方案,而是采用在现有省道路基上架设12.5km的高架桥方案。这一方案虽然工程投资增加约1.2亿元,但减少土地占用约1 500亩。在技术参数设计上推荐采用合理降低路基高度的设计手法,例如河北青银高速公路通过3次路基设计的变更,将路基填土高度从3.61m降低为2.6m,使永久占地减少1 152亩,取土占地减少8 802亩,降低总投资4.4亿元。技术参数优化设计推荐采用正交法择优计算。

4.5.6 用速度(或能量)换土地

在一些严重易堵的路段(也包括高速公路收费站)采用诸如传送带不停车收费等硬软技术,进行强迫性疏堵,而不是采用增加车道数量等增大土地投入的传统疏堵方法,此法除可节约土地外,还带来了新市场。不仅可获利,还可增加就业岗位。但有关方法技术还待另立项研究。

4.5.7 路网尽可能布线在低品质土地地区

编制各种运输方式的路网规划时,路网的布线虽然应恪守在交通区位网络上进行。但在土地紧缺的地区,可以进行交通区位线的偏离设计,将线路布局在低品质的地段。

(1)沿海岸临海筑路。编制各种运输方式的路网规划时,路网的布线虽然应恪守布局在交通区位线网络上。但在土地紧缺的地区,可以偏离交通区位线的设计,将线路布局在低质量的地段。海边土地质量极差,如此可减轻“路”、“粮”争地的矛盾;有利于沿海中小海港、渔港的发展;有利于小规模填海造地的开发;有利于海疆海防建设。例如(上海)金山卫镇—乍浦镇—海盐县—海宁市的铁路(图4-2)就可尽量靠近海岸线布线,只要潮汐不危害路基即可。

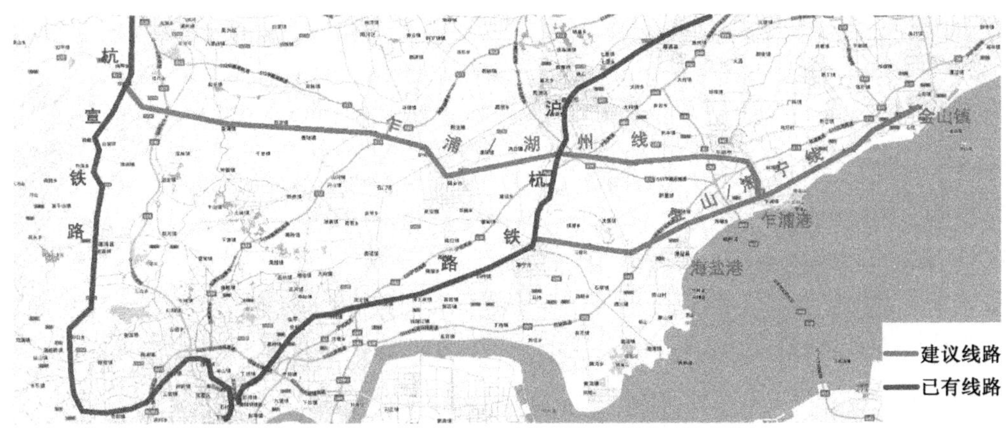

图4-2 金山—乍浦—海宁铁路线路示意图

(2)在山麓筑路。山麓地带是农耕、城建用地相对利用较少的地带。水源地不在水,而在山。故只有尽量减少进山筑路,才可有效保护水源地。路不进山而近山的措施,有利于山区各种自然、人文遗产的保护。否则就会出现过度开发,而导致新的土地短缺。所以,在山区交通干线规划建设时,采用近而不进的措施,以达到保护与开发兼容的目的。

同时,加强建设阶段科学管理,减少施工用地。根据公路沿线地形、地貌,充分利用荒山调配土石方,将取土坑、弃渣场和土地整理结合起来。

当前的筑路技术已经非常成熟,能够满足因濒海、沿山麓筑路出现的洪水、沉陷、泥石流等病害的防治要求。

4.5.8 守护路产

本书建议,各种运输方式的路产,特别是公路的路产,必须通过全国人大立法确保。此举可杜绝将国有的交通运输专有土地潜移默化地转化为房地产开发用地,或违规移作他用,以此规范地方政府与房地产开发商的开发行为。

做好各种运输方式建筑控制区的管理工作,控制区的区划细则及图纸、书面文件不但要在各级政府备案,还要周期性地在网上公示。这是借鉴历史经验,古代老宅为确保宅基地不被蚕食,在山墙的关键处,砌有“此墙无寄缝”的告示牌,形成路人尽知的事实。

4.5.9 加强岸线管理

岸线是一种交通稀缺资源,从国家行政管理的角度出发,归属交通运输部门管理是理所当然的。而交通运输部门则要牢牢掌握此权,严防地方政府置喙其中。因为资源稀缺性带来的利益是丰厚的。为此,交通运输厅应着手立项研究、编制岸线管理和岸线定价办法。成立后,推荐交通运输部照准颁行。其中尤其要严防地方政府填海、破坏地方岸线稀缺的交通特性。

4.5.10 “占一补一”和“裁弯取直”

置换缓解交通发展制约有两种情况:一种是“占一补一”,土地是在不同地点完成,另一种是交通线路进行“裁弯取直”的技术改造,因弯道占地多,直道占地少。这是就地实现“占一补一”的过程,而且还可节余土地,供下轮“占一补一”使用。

例如:拓宽开挖嘉兴市区南部的南郊运河,使王庙塘运河在此段直接与嘉于线贯通,而王庙塘运河的中、南段再回填造地,土地的收益颇佳,如图 4-3 所示。这是因为:

(1)南郊河段开挖为运河时,可利用既有的河床,需增加拓宽河道用的土地十分有限。虽然今天地价很高,投入的成本费也不会太高。

(2)南郊运河在沪杭高速公路以北位置。开挖时不存在桥梁位置需变更要立项新建的问题。

(3)南郊运河的开挖可优化嘉兴航道网络,使其布局更合理。

所以本书认为,嘉兴等水网航道密布的县市还可通过对内河航道的科学规划,使航道局收获许多储备用地,供交通发展所用。

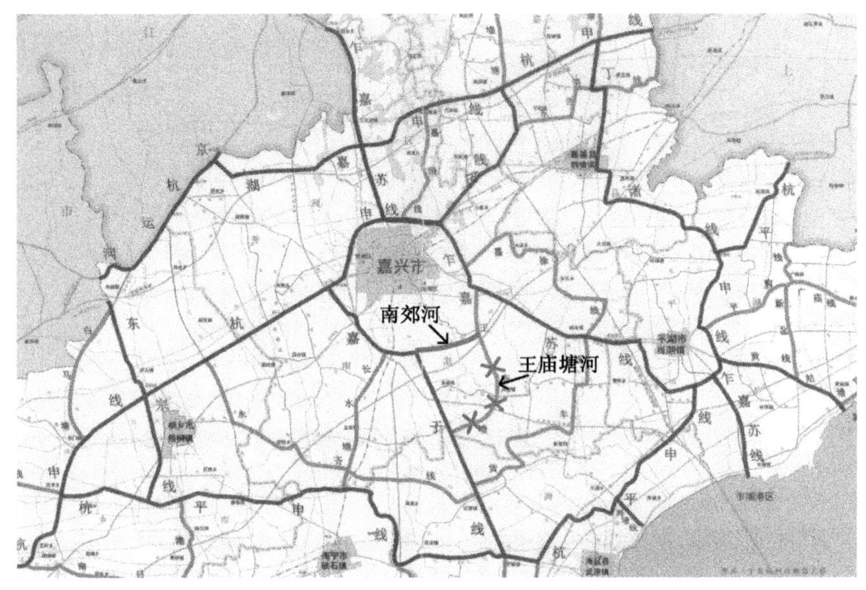

图 4-3 嘉兴南郊运河位置及王苗塘河填河造地位置示意图

4.5.11 其他相关对策

这些对策和建议不是从土地本身而言,而是希望通过一定的管理制度将问题缓解在萌发阶段。

(1)工业发展、城市化进程加速、全球石油供给可能过剩……这些因素都将大力促进交通对车与路的需求,从而增大交通用地。同时,粮、水、生态等条件的快速恶化都需求我们做好迎接未来挑战的准备,要为未来交通线路的增加、扩容做好发展用地的预留、立法等规划管理工作。但这都是规划期以外的长远需求变化问题,需用交通区位分析去发现、定位。故本书特增加了浙江交通区位分析内容。

(2)建议对现有公路网规划,特别是高速公路网规划进行周期性的滚动再规划,以适应急速变化的社会经济环境需求,并增设对高速公路通道网的研究,以便及早预告土地需求。

(3)交通运输部门要积极参与城镇化规划的编制工作。因为无论是提高县城集聚能力,或是培育中心城镇和小城镇,还是推进“美丽乡村”建设等内容都离不开交通这个硬条件的支持。也就是说,交通运输部门是提供此硬条件的主体单位,决不能若即若离地参与编制。否则,将丧失权威性,并为土地制约问题埋下隐患。

5 交通运输发展中的资本制约

5.1 资本在生产中的地位与意义

5.1.1 资本

资本就是生产剩余价值的价值，或者说是充当再生产用途的财富。

资本积累。就是使用一定量的资本进行生产获得利润后，再将部分利润去增大资本进行再生产。这种由利润增大资本的过程，称之为资本积累过程。

如果说：土地提供的是自然资源要素，那么资本提供的则是一种人创造的资源要素。需要指出的是本书使用的资本概念是指生产物品和服务中所需求的人创造的资源。而这种资源需要不断地在再生产中形成和增大。也就是说，货币、技术、生产设施可以是资本，也不一定成为资本，这要由它是否充当了作为再生产用途的生产要素来决定。

5.1.2 货币资本

运营货币的资本者，称之为资本家；运营资产者称之为企业家。将资本转变为资产称之为投资；将资产转换为资本称之为融资。货币从投资之门进入企业，然后从融资之门退出企业的过程称之为资本运营。

企业用于产品（或服务）经营的资金流，如同人体的静脉血，而运动的资金流如同动脉血。过分去投资的企业，实质就如同抽干静脉血，去供给动脉用，结果只能休克或死亡。

在研究交通运输发展中的资金制约时，必须对投资与融资进行一体两面的研究。

5.1.3 开源与节流是资本积累的两条腿

发展中的要害问题是资本的开源与节流。既然任何专门类别的社会经济发展过程，都是一种超循环的作用过程，那么事物发展的任务，就是要建立事物运作的超循环体系和机制，使事物持续运作。超循环过程，必须不断有底物 S（图 1-1）输入，同时由催化剂 E 与底物 S、催化剂 E 与产物 P 的复合物 ES、EP 形成回路循环，如此才能持久运作。在超循环过程中，使 S 持续增大的措施称之为开源，而能使 ES、EP 形成有效循环的措施则称之为节流。

一般而言,开源的作用意义和地位大于、高于节流(或节约)。因为一旦事物运作的超循环系统建立,若输入断流,事物耗散尽自身储存的养料后,事物就将死亡。因此本书将先讨论交通运输产业资本的开源问题,尔后再研究节流问题。在讨论交通运输产业资本的开源问题时,有一条历史经验是值得高度警惕的,那就是在日本和苏联都出现过这样一个问题:投资修建良好的基础设施,最终都出现回报逐渐减少的结果。这一问题也将会出现在交通运输的发展中,而造成新的制约。

5.2 交通运输产业资本的开源与节约

5.2.1 交通运输产业应参与周边土地增值财富的分配

任何生产都是由土地、资本、劳动和企业家四大要素联合作用的结果。所获利润,每种生产要素的所有者都要参加分配:土地所有者获得地租,资本家获得利息,劳动提供者获得工资,企业家获得红利。谁没有得到自己应有的那部分收益,谁就没有参与的积极性。但是其中土地的价值,并非是土地所有者能左右的。因为有些土地是能增值的,而对土地增值贡献最大的因素就是交通运输的路网、站点、枢纽的建设。它可使周边的土地大大增值。但恰恰是交通运输基础设施的所有者,并没有参加土地增值部分的分配。这部分财富都被地方政府、房地产开发商、商业企业、旅游业和某些事业单位“瓜分”(虽为贬义词,但用于形容交通运输业被排斥,而未参加分配还是很精当的)。其结果是交通运输产业的发展加速了其他行业、部门的发展,而自身的发展却受到制约,而且这是一种硬制约。

5.2.2 土地地租率与交通线路间距离的关系

土地地租率与距离交通线路(例如公路)远近关系的概念模型,如图5-1所示。

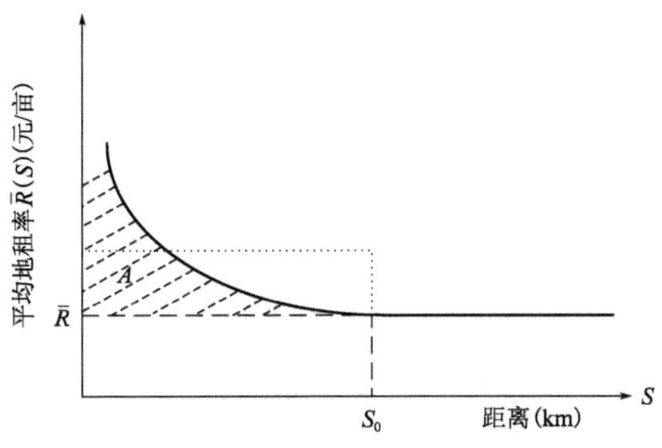

图5-1 土地地租率与交通线路距离关系概念模型

图中$\overline{R}$表示距公路S_0地区,农业用地的平均地租率。位于公路两侧的土地因交通运输方便,便于流通,有利于工商业的市场扩大、规模效益的发挥和降低交易成本,故土地的地租率高。随着距公路距离S的增加,平均地租率$\overline{R}(S)$呈下降的趋势。因此

$$\text{在没有公路运输时}, R(S)=\overline{R};$$

$$\text{有公路运输后}, R(S)\geqslant\overline{R};$$

可见图5-1中,面积A是交通运输建设投资者贡献的。A为单位长度公路一侧土地增值总额。

设P为国土范围内的公路两侧土地增值总额,则有

$$\sum\Delta P_i=2\sum_{i=0}^{n=4}L_{\Sigma i}\left[\frac{\int_0^{S_{i_0}}\overline{R_i}(S_i)\,\mathrm{d}S_i}{S_{i_0}}-\overline{R}\right] \tag{5.1}$$

式中:$\sum\Delta P_i$——全体等级公路两侧土地增值总额(万亿元);

i——i等级公路($i=0,1\cdots4$,其中$i=0$为高速公路);

$L_{\Sigma i}$——i级公路的总里程(km);

S_{i_0}——i级公路侧增值土地极限距离(km);

S_i——距i级公路的距离(km);

$\overline{R_i}(S_i)$——距i级公路的平均地租率;

$\overline{R}$——i级公路侧的农业用地平均地租率。

从空间经济学的观点出发,交通最大的效应就是使土地从农业地租增值为工商业地租和城市地租。可见公路(或交通)运输是土地增值的"掘井人",然而在现行的经济制度下,大家的碗里都有水喝,只有"掘井人"的碗里没水喝,使交通建设面临极大的尴尬:一方面它创造了巨大的社会财富,另一方面又不能自食其力地去建设看好的新项目。截至2017年底,我国有近434万km,浙江也有近64万km的等级公路,但对应的交通运输部门却从未参加过土地增值的分红,只能靠财政拨款或贷款修路、修桥等。所以本书认为交通运输部门参加分红比收取公路过路、过桥费的理由更正当、更合理、更公平。因为资本拥有者都应参与收取土地增值费。这符合马克思阐述的资本积累、扩大再生产的原理,也是在交通运输系统中建设超循环机制,使其可持续发展的必须。总之这些理由具有正义性。

交通运输部门收取因交通运输基础建设使土地增值的增值费是一项十分复杂细致的大工程,其理论还须进一步深入探讨,同时还涉及人大立法、制度拟订、操作细则、弊端的防范等。这些都不是本书所能讲述的,不过,若此举成立,交通运输产业从此就可翻身得"解放",不用一直用"还贷"的理由去收费,而失民心。

5.2.3 经济发展过程就是资本积累过程

提高资本的运作效率是最大的节流。

常言道:经济越发展就越有后劲。后劲的本质就是资本积累多了,投入再生产的能力就强。因此,在生产过程中要树立起尽力将可以支配的资源变成资本,并将其加入流通渠道,使其增值的观念。实践表明,将任何点滴资源转变成资本并投入再生产的过程,要靠"资本家"与企业家联手合作才能实现。就这一点而言,在交通运输产业中,还有巨大的可作为空间。

5.2.4 经济系统能迅速发展的本源是降低资金成本

经济系统迅速发展的本源是降低资金的耗散水平(或是降低资金成本)。但是,系统没有耗散就不可能自组织地发展,不可能成为"活"的系统。例如,汽车没有油耗,就不能运行;企业没有资金耗散(成本付出),就不能生产,就要停工或破产等。然而一个系统、一个企业耗散水平过高,也注定要"死亡"或被淘汰出局。因此,一个系统要想可持续发展,其要害就是要使系统各种特性的耗散水平,低于相对的这种社会特性的平均耗散水平。

交通运输产业资本的节流,就是要降低各种特性运作的耗散水平。其方法就是要降低各种特性运作的耗散水平(其中物属性的耗散就是能耗,经济属性的耗散就是成本,人生理属性的耗散就是精力)。耗散水平降低了,效率、效能就提高了。这就是民间所言"一块钱可当两块钱来用"的系统科学道理。

5.3 资金制约成因

为"从俗",本书将技术从资本中分离出来,另立章节。这样一来,资本制约问题就变为了货币资本制约问题,也就变成了资金制约问题。从本节5.3开始用资金制约置换资本制约办法来处理经济学范型概念,这是一个与社会现象中的概念不统一而衍生出来的问题。

5.3.1 市场融资机制不健全

这种资金制约的本质就是现行市场经济体制离资本化生产的水平还有差距。现行经济体制中缺少将社会游散货币、资金转化为交通运输生产和建设资金的有效机制。例如温州商人已原始积累了大量货币资金,而温州地区交通建设又急需大量的建设资金,但少见有温州商人去投资此类项目的报道,却频见他们去全国各地炒楼盘、买煤矿等消息。这说明我们的金融体制改革不到位,市场经济发育欠充分,民间游散资金缺少有效保值、增值的渠道。2012年2月2日时任浙江省委书记夏宝龙在交通运输厅讲话中就指出:"下一步,你们要在大投入上做文章,畅通各种投资渠道,民营也行、银行也行、发债券也行。"可谓一语中的。

5.3.2 交通运输的公用性及低回报难以吸引社会资金

交通运输业,特别是交通运输基础设施具有公用服务特性,它必须公平地为社会所有行业、所有成员服务。因而,不能像其他经济部门、行业、企业那样,单纯或过分突出以获得最大盈利为目标进行生产。正因为如此,交通运输经济初始,就是由福利经济学提出的,也正因为公用性,导致了政府对其进行高度管制。因交通运输是经济属性事物,对运价的管制就是经济活动中的最高级别的管制。所以政府对运价采取最高运价限制,然而正是运价有最高限价,就势必出现交通运输短缺现象。运输数量短缺,是运输能力短缺所致,运输能力的短缺又是投资不足造成的。投资不足又是投资回报率低于社会投资平均回报率水平所致。也就是交通运输建设资金短缺、发展受制的直接原因是运输限制最高价,而其公用性又不能不限价。这也为我们解决资金短缺提供了思路:交通运输投资的回报率至少要趋于社会回报率的平均水平。因为公用性而限价是使社会各行业、所有成员受益。实际上也应包括交通运输行业自身。因此,国家财政给交通运输业的拨款,其计算方法应按"找平"到社会投资回报率的平均值来调拨建设资金。

5.3.3 地方财政收入锐减补助交通运输乏力

地方财政近几年受房地产市场调控、结构性减税等刚性减收因素影响较大,而民生性支出又在不断加大,导致地方政府在资金安排上捉襟见肘,无力支持交通建设,有的支持政策有落空之虞。如,杭州市政府2011 年划出价值约42 亿元的5 个地块给杭州市交通投资公司,由该公司做成熟地后出让,收益用于交通建设,但受政策影响,公司一直无力做地,即使做地成功,出让也较困难;常山、江山等地的土地出让处于停滞状态,从高峰期的近1 个亿下降为几百万元,出让金的3% ~5% 用作交通建设的政策实效没有显现。

5.3.4 交通需求增加和成本攀升使资金缺口扩大

未来5 年,浙江交通建设仍将处于高潮持续期,而近几年交通建设成本快速增加,五年几乎翻番。根据交通质监部门的监测,受土地征迁、材料和劳动力价格、结构物加多的影响,交通建设成本呈持续上升趋势。经统计分析,2006 年以前浙江省高速公路每公里造价,年增长率为9.7%;2006 年以后年增长率为16.6%。2006 年为9 677 万元/km,而到2010 年其造价则攀升到28 717 万元/km。一、二级公路造价持续增长。经统计分析,在2009—2011 年期间,浙江省一级、二级公路每公里造价年增长率分别为15.6%、14.9%,2009 年一、二级公路造价分别为4 577 万元/km、1 552 万元/km,到2011 年一、二级公路分别为6 116 万元/km、2 048 万元/km。尤其是国家实施严格的土地保护政策,地方政府大幅提高了土地征地和房屋拆迁等补偿标准,导致征地拆迁补偿成本不断提高,高速公路征地拆迁补偿费都在2 000万元/km以上,个别项目已接近7 000万元/km。国省道公路征地拆迁补偿费一级公路在1 000万元/km以上,二级公路在300万元/km以上。根据保守测算,今后5年浙江交通建设总体规模将达到4 000亿元,而通过部省补助、地方筹措、市场融资等方式可筹措资金约3 700亿元,尚有300亿元的资金缺口。

5.3.5 交通发展融资途径越来越少

国家对地方政府性债务进行严格管理使得现行交通建设融资模式难以为继。中央先后以修订预算法和国发〔2014〕43号、〔2014〕45号文件等形式,明确对地方政府债务规模实行限额管理,地方政府举债采取政府债券方式,纳入预算管理,并剥离融资平台公司政府融资职能。这就意味着作为纯公益性质的普通公路水路项目的建设融资无法再通过各类融资平台筹措资金,对仍处于建设高潮持续期的交通行业提出了严峻考验。据了解,各市县上报的地方政府存量债务额度均较大,因此想通过增量债券解决续建新建交通项目的难度较大。

5.3.6 存量贷款大而新增融资难

取消政府还贷二级公路收费和收费公路专项清理后,原以收费公路政策建立的融资平台丧失,而且交通运输部门还要承担巨额的债务本息、人员安置费用和今后的改扩建、养护支出。据统计,截至2014年浙江省级债务余额900亿元(省交通投资集团653亿元,省公路局和港航局合计243亿元),其中省公路局和省港航局未来1年内需还本29亿元。其中取消政府还贷二级公路拥有债务余额近160亿元,收费公路专项清理中取消的普通公路拥有债务近100亿元,每年的利息支出就达16亿元左右,中央的56亿元补助资金如10年到位,还不足以支付利息支出。

从新增债务来看,各地受宏观政策影响,新增融资普遍较困难,特别是非收费公路建设融资很困难,一方面要承受到期还本付息的资金压力。另一方面,新增贷款又极其有限。浙江省近年来存量贷款也呈萎缩状态,省公、航两局的贷款余额比平台清理前净减少约20亿元,新增贷款只有8亿元。

5.3.7 转移支付资金总量相对减少

首先,燃油税改革以来,交通运输部门可供支配的转移支付资金总量受到一定影响。以2007年的征收总量作为基数,2008年实际征收量高于2007年,在增量规模上,浙江改革前一直保持较高的增量水平,改革前浙江的养护费等增量在15%以上,按此增长差额,2009—2012年浙江省平均每年减少可用资金30亿以上。目前,省、市、县保证基本支出的切块资金与实际需求之间的差距越来越明显。

其次，现行的车购税的分配机制已偏离本义，公路贡献车购税，但是返还公路却太少。据统计，2009年到2012年，浙江省累计上缴车购税收入达678.1亿元，但中央安排用于浙江省的建设资金只有83.61亿元。现车购税主要用于国道建设，而未来东部各省国道建设减少，这也意味着未来东部各省可享受的车购税额度更少。

第三，在资金使用方面的灵活度相比改革前已大大降低。如前文所述，改革前，交通运输部门可利用养路费等交通资金作为抵押进行贷款融资，改革后资金性质转为财政性资金，且改为国库集中支付，原抵押贷款模式已无法使用，交通运输部门融资能力大幅降低，乃至没有融资能力。

另外，近年来受规费减免政策因素影响，港航建设来源也大幅减少，经测算每年减少约4亿元。

5.3.8 新的融资机制尚未建立

虽然从法律层面上解决了今后政府投资项目的资金来源，但目前地方政府债务清理甄别尚未结束，规范后的地方政府债券额度尚是一个未知数，同时部分有收益权的项目采用PPP模式融资的财政补贴机制不明，使得地方政府一般债和专项债政策以及鼓励社会资本投资（即PPP）政策的落实空档期，与交通建设融资的持续期之间，形成了交通建设融资的空档期。

5.4 化解资金制约思路

交通运输业发展的本质就是一种超循环过程，其发展中的要害问题是资本的开源与节流。因此，从交通运输业发展的本源出发，化解交通运输发展资金制约的主要思路就是开源、节流，即开拓新的资金来源，畅通已有的渠道，取消不合理的渠道，提高资金运作效率，降低成本。具体思路包括以下几个方面。

5.4.1 借鉴国外筹资方法

国外常见的筹资渠道：

（1）中央和地方政府的财政拨款（拨款额度计算方法体现了公平和科学）。

（2）建立专项基金制度。

（3）利用政府和私人金融机构的贷款。

（4）按受益程度分摊资金。

（5）发行债券。

(6)充分利用政府的扶持政策筹资。

(7)充分运用市场机制,例如通过 BOT、BT、TOT、PPP、PF 等方式,以及联营、集资、入股等方式。

5.4.2 盘活交通运输资产

盘活思路:将所有权属交通运输部门的各种资产都变成资本,参与到社会生产/消费经济活动的大循环,以发挥资产之特性,体现或增加资产的价值。这些资产包括暂时闲置或没有得到充分利用、使用的各种基础设施、各种固定资产设备、原材料、专有技术、人才(乃至领导人才)等,都使其资本化或市场化。资源、资产只有参加良性循环,才能实现其存在价值。应建立一种机制,使这些在交通运输行业中没有得到充分利用的资产,可以去满足其他行业、单位,或其他国家的需求。

方法:可视资产的特性,所处的环境而定,可以是有偿服务,也可以是租赁、入股等。

5.4.3 开源——挖掘增收新途径

从产业发展史可知,交通运输业是推动社会生产力进步的主要行业。今天交通运输的发展就成就了资金密集型产业的发达。可是交通运输业却并没有从资金密集型产业的发展中分享到与其贡献相称的红利。为此,我们可以通过经营创新的方式,获取应得的红利份额。具体方法:

(1)资源密集型产业产品(例如煤炭、钢铁、建材等)的货物运输费用,要按货物质(重)量大小收费。

(2)资金密集型产业产品(例如家电产品、电子产品等)的货物运费,就要按货物的体积来收费。

简单的实证案例:在电影院卖爆米花,保守测算,其利润率可达75%。爆米花这种无与伦比的高利润率来自:以质量购进原料,再按体积销售产品。

5.4.4 节流——科学规划不浪费成本

规划不当是最大的浪费,故必须加强规划的科学性。因为,只有交通运输规划具备科学性才能带来前瞻性,而具有前瞻性的规划就可减少投资的额度。同时,还可减少规划失误带来的改制成本,达到长效的缓解资金制约的效果。

5.5 浙江交通化解资金制约对策建议

根据以上思路,借鉴国内外经验,我们对浙江交通运输发展中的资金制约因素的缓解、化解及消除的具体举措如下。

5.5.1 构筑事权与财权一致的中央省市县分级负责制

中央、省、市县各级政府在公路建设、养护中承担的任务应有所分工,财力和事权应相统一。从目前我国普通公路建设养护管理的实际状况来看,国省道建设养护所需资金的筹资主体是省级人民政府,中央仅对国道的建设改造提供少量补助资金;农村公路建养资金则主要由县级政府负责筹措,中央和省给予一定补贴。借鉴国外经验和我国税制,全国性干线公路发展所需的财政性资金主要由中央政府负责投入,省级干线公路发展所需的财政性资金主要由省级政府负责投入,而农村公路发展则主要由市县地方政府负责投入。公路发展不能够"财力在上、事权在下",也不能"事权在上,筹资责任在下"。普通国道、省道的发展,中央和省级政府要分别承担起相应的筹资责任,不能将过多的压力留给下级政府。而农村公路发展,要赋予市县政府足够的财力。因此,必须对现行不合理的筹资责任分配状况加以调整,在明确界定中央与地方政府普通公路投资责任的基础上,合理划分中央与地方政府各自的支出范围以及收入权限,建立中央与地方政府纵向的转移支付体系,使各级政府的支出与职责相符,财力与事权相匹配。

5.5.2 构筑事权与财权一致的交通与财政分部门负责制

一般情况下,普通公路投融资资金纳入公共财政管理的框架后,交通运输部门要转变"既要做事,又要筹钱"的模式。明晰交通运输部门的基本职责是规划、建设、管理,把工作的重点放在考虑财政能力,确定合理的建设规模,综合平衡建设任务与资金供给的关系,分轻重缓急,合理控制建设规模和速度上,而把普通公路发展建设筹融资的责任回归到公共财政的管理部门。但前提条件是保证省级和县级人民政府拥有与公路建设相对应的财政收入筹集能力。当财政部门无法完全履行其财政支出责任而需要融资时,财政部门与交通运输部门均具有筹资责任。

5.5.3 交通运输部门自身加快职能和理念转变

目前,交通运输部门在交通建设上承担着无限责任,既要组织实施,又要负责筹资,承担了很多行业管理职能之外的责任。不少地方党委、政府领导,在财政安排上基本不考虑交通建设资金需要,要求交通运输部门自行解决,而且考核压力又很大。这种历史形成的格局要抓紧打破,交通运输部门自身更要积极转变职能,要让党委、政府领导充分认识到近年来的一系列改革,交通运输筹融资的基础已经发生改变,必须让交通运输部门的职能归位到规划、建设管理上,退出筹融资职能,建立起以公共财政投入为主的新型交通筹融资机制,承担政府应有的公共财政义务。交通运输部门在筹融资理念上要转变封闭型即"自收、自排、自贷、自还"的模式、"既要做事又要筹钱"的思维,加强与财政沟通,逐步建立公共财政为基础的筹融资模式。

5.5.4 补偿土地用于交通建设筹融资

交通运输路网、站点、枢纽的建设,使周边土地大大增值,而作为交通运输基础设施的所有者,并未参加土地增值部分的分配,这是极其不合理的。因此,交通运输产业参与周边土地增值财富的分配是理所当然的。浙江可借鉴海南、江苏等省份经验。一是给予土地补偿。由省政府协调省住建厅、环保厅、财政厅等相关部门直接划拨给高速公路建设单位,用于经营开发,以补建设费用。二是通过土地开发允许交通集团沿线开发。优先开发高速公路沿线优势土地资源和旅游、服务区、围垦项目等。三是新建高速公路沿线受益的地市、县、区,除划拨高速公路建设用地外,还应划拨配套用地,划拨办法另行研究。例如按照每百公里高速公路不低于500亩的配套用地进行划拨,并纳入省级储备中心,专项用于高速公路建设融资。

5.5.5 设立“普通公路发展建设专项基金”

以公路局融资平台为基础,建立普通公路发展基金。将融资平台收入来源中的财政性资金纳入到该项资金中去,并出台相应的资金管理办法,以法规的形式将平台的财政性收入来源予以固定,并对资金的组成、性质、用途、管理主体、支付程序、使用监管等加以明确规定,公路专项基金的设立,可以使普通公路发展建设得到长期稳定的财源。专项基金的来源:

(1)从土地出让金收益中争取应得的发展基金。可以将非税收人的土地出让金收益,安排一定比例用于公路建设。事实上,土地出让金收益中包含着大量的公路建设投入,从土地出让金中提取一定比例的专项资金用于公路建设,符合“取之于路,用之于路”的原则,从土地出让收入中拿出一定比例的资金转移到下一轮的公路建设中,有利于公路事业和国家财政收入的互动,使两者都进入一个较理想的良性循环。

(2)从矿业权分成收入中争取应得的发展基金。在有资源的地区,可以考虑从矿业权分成收入中拿出一部分资金专项用于普通公路建设。根据财政部与国土资源部《关于探矿权采矿权有偿取得制度改革有关问题的补充通知》(财建〔2008〕22号文)的规定,矿业权价款收入中央与地方实行2∶8分成。由于资源的开发和运输对普通公路存在高度依存性,因此,在省财政所得的80%中拿出一定比例用于普通公路建设是合情合理的。

(3)从其他财政性资金中争取应得的发展基金。各级政府在自身权限范围内,竭力想方设法,多渠道筹集,为“普通公路发展建设专项基金”添财增资。譬如在本区域内对车辆通行费(经营性)和施工企业承担交通基础设施建设缴纳的营业税,交通基础设施建设所形成公路企业(公路运营、施工、运输企业等)上缴的营业税和所得税返还交通部分,公路建设项目缴纳的森林植被恢复费等。

5.5.6 建立符合新形势的融资平台

交通运输的建设要想可持续地筹资，必须建立强有力的融资平台。面对当前国家正在清理整顿融资平台的形势，逆势建立的平台就必须是既符合政策又符合形势的。

(1)适度放开政府性融资平台。根据省领导在省财政厅专题报告的批示精神，2012年前省交通厅债务严格按照250亿元的额度实行总量规模控制，目前债务余额约为205.3亿元。政府性融资平台应该适度放开，应该清楚，适当的负债政府不仅是可以负担起的，而且对发展是非常有利的。与山东、江苏、福建等省交通债务情况相比，浙江省交通债务规模及风险处于较低水平，债务余额与燃油税收入的比例同样较低。未来5年，浙江省交通债务规模预计新增100亿元，达到350亿元。

(2)整合优质的交通资产资源，以其为核心组建好各地市、县市的交投集团或交投公司。据不完全统计，目前省内地市级交投集团除台州、丽水、金华外均已组建。省内县级交投集团至少已达6家(富阳、余杭、海宁、海盐、嘉善、桐乡)。利用规模经营，通过资产上市、银行直接融资、信托理财、中期票据、保险资金等多种渠道进行融资。充分发挥各平台融资优势，尽量做到专业融资，以降低成本。同时统筹资金使用，使资金效益最大化，防止资金大量闲置。

(3)努力争取政府支持。交投集团作为融资平台，实现做大做强做实，离不开政府的支持，建议政府引领和主导，注入优质资产并对交投正在积极发展的经营性实体给予政策扶持。平台实体化是交投可持续发展的保证，也是今后发展的方向。

5.5.7 发行交通建设债券

建议由浙江省政府发行公路建设债券。《中华人民共和国预算法》第三十五条规定："经国务院批准的省、自治区、直辖市的预算中必需的建设投资的部分资金，可以在国务院确定的限额内，通过发行地方政府债券举借债务的方式筹措。举借债务的规模，由国务院报全国人民代表大会或者全国人民代表大会常务委员会批准。"按照这一规定，为保证普通公路建设的地方配套资金及时、足额到位，地方政府在当年财力不足的情况下，适度发行公路建设债券可拓宽公路建设投融资渠道，解决公路建设筹集资金问题。

5.5.8 调整货物运输收费方式

交通运输业应从资金密集型产业的发展中分享到与其贡献相称的红利。为此，我们可以调整货物运输收费方式。譬如对资源密集型产业产品(例如煤炭、钢铁、建材等)的货物运输费用，按货物质(重)量大小收费，而对资金密集型产业产品(例如，家电产品、电子产品等)的货物运费,按货物的体积来收费。

5.5.9 调整税费平衡物价影响

以高速公路收费为例,高速公路收费标准还是20世纪90年代确定的,经过20多年的发展,物价翻了很多倍,唯独没有变的就是公路收费标准,本身就不合理。因此在明确收费公路和非收费公路两个体系下,可考虑根据交通建设实际需要和物价上涨因素,手续完备地调整高速公路收费标准。同时,亦可依据物价等因素定期调整燃油税额,归集更多资金,保障税费来源稳定。

5.5.10 量力而行确定合理建设规模

目前各地交通规划多由交通运输部门自己编制,到底建设规模多大才合理,规模是否与财力相匹配,从目前来看,还缺乏深入、全面、科学的论证。之前各地交通运输部门对某些项目的建设是抱着“先建了再说”“有项目就有钱”的老观念,较少考虑其科学性、合理性、阶段性、策略性,存在盲目上项目,资金使用不合理的现象。因此,对交通规划需要认真地做一次期中评估和方案调整。结合实际,综合平衡建设项目与资金供给的关系。确定建设规模时,统筹考虑资金来源和偿债能力,坚持量力而行,控制建设规模和速度。注重建设序列的合理安排,优先保障对国民经济效益显著、急需建设的国省干道。彻底转变交通运输部门自定交通项目、自筹建设资金的模式,积极建立发改、交通、财政三方协调的沟通机制,协商项目资金与条件保障。

5.5.11 加强管理严格控制工程造价

推行“三全”造价管理。即实行全过程、全方位、全要素的造价管理,以达到合理确定和有效控制投资。对公路设计实行精细化管理,尽最大可能降低成本,节约投资,确保公路建成后发挥预期效益的目的。针对造价增长过快的环境,树立“时间就是金钱”的理念,加快公路建设,对迫切需要建设的公路项目,宜抓住机遇,积极努力并创造各种有利条件尽快开建,力争以相对较低的投入实现交通跨越式发展。

5.5.12 停止从交通专项资金中提取公安补贴

成品油价格和税费改革后,原公安补贴征收基数已不复存在,继续征收公安补贴不利于集中运用有限的交通资金进行交通建设和运营管理。因此。建议将原公安补贴的额度专项应用于公路安保设施建设,以有利于减少公路交通事故的发生,有益于民生及和谐社会的建立。

5.5.13 减轻交通建设税费负担

对交通建设项目中产生的施工营业税及附加、通行费、营业税及附加等予以减免或返还，以降低交通建设成本；将国有公路交通企业上缴的税后利润纳入国有资产经营预算，专项用于公路建设。

5.5.14 延长或后移银行还款期限

公路建设和养护资金的需求分别呈现出建设期短、需求量大而集中和维护期长，资金需求相对少而稳定的不同特点。现阶段，公路建设资金的需求量巨大，需多方筹措资金。因此，可以采取还贷资金后移，通过还旧借新和期限整改方式，将贷款期限顺延5～10年，争取较长的还本宽限期，以缓解还本付息压力。待建设高潮期过后，再进行还本付息，减缓当前建设资金供给压力。

5.5.15 改船不改桥：研制"区域型船"节约巨额资金

所谓"区域型船"，是指如果船舶相对比较固定地在某个区域范围内航行，而这个区域范围内的航道又相对比较特殊，且改变这个"特殊"，或者是某种限定不允许，或者是在一个相当长的时间内无法承担需要付出的经济社会代价时，就可以设计一种符合这个区域内航道条件的特定型船来完成这"相当长时间"内的水上运输任务。这种型船就称为"区域型船"。由此可见，研制"区域型船"的实质是用改船不改桥的办法来解决无法承担拆建、扩建大量桥梁所需要的巨额费用时的一种暂时的变通办法。

譬如，杭甬运河1999年启动改扩建工程时是按五级航道、运行300t级货船的标准进行改造的，现在要求杭甬运河通航标准从五级提升到四级，300t级提升至500t级，不少桥梁需要拆掉重建。这不仅需要巨额的投入，而且会严重影响周边环境和周边的人居生活。因此，本书研究提出：在取得交通运输部有关部门同意的情况下，设计在不改变现有桥梁净空高度(4.5m)的情况下达到规模最大、效益最佳的杭甬运河专用集装箱标准化船型，以达到在一个相当长的时间内能够通航、节资、维稳的目的。

又譬如，瓯江青田港的出海航道如果达不到5 000t级的水平，瓯江航运再努力也不可能有大的发展，江海联运将成为一句空话。然而以5 000t级船的航行净空要求，沿线的9座桥没有一座是符合要求的。如果要想对这些桥全部加以改造，不仅需要巨额桥梁改扩建费用，而且将使相关的城市道路和高速公路发生"地震"式的影响，这一笔费用和产生的影响实在是太大了。所以，即便从长远利益考虑坚决要完成5 000t级出海航道的改造，也必须择机逐步推进。但是，如果我们利用创新思维，通过船舶的专门设计并采取"推1绑2"的运输模式，就可以在不改变沿线桥梁净空高度的情况下实现"准5 000t级"的出海运输。

6 交通运输发展中的劳动制约

6.1 劳动的属性

劳动系指人们对劳动对象进行的使其适合需要的、有目的的活动。它是创造商品价值的源泉。劳动有二重属性:第一,为生产商品所进行的固有的具体劳动;第二,为抽象劳动。各种商品具有不同的使用价值,要把它生产出来,劳动者必须用不同的工具和操作方法,对不同的劳动对象进行加工,这是按一定目的进行的具体劳动。管理学中研究的劳动就是这些具体的劳动。然而经济学中研究的劳动,却是撇开劳动中这种具体的特点,认为一般人类劳动都是无差别的,即抽象劳动。劳动二重性的提出,为劳动价值论奠定了科学基础。

劳动价值的核心评价标准就是劳动生产率,即劳动的效率。它用单位时间内生产的产品数量来测度。决定劳动生产率水平的因素有:科学技术的发展水平和它在工艺上应用的程度;生产规模和效能及其自然条件;劳动者劳动的熟练程度等。提高劳动生产率是保证社会可持续发展的基础。

本书是将劳动作为人力资源来进行研究的。也就是从经济学的视域研究在交通运输产业中,如何对土地(自然资源)、资本(人工资源)和劳动(人力资源)等资源进行优化配置。因此,这里的"劳动"指的是抽象劳动,提高劳动生产率的目的是提高经济效益。

而在研究交通运输产业的内部运作管理、提高劳动生产率过程中使用的是具体劳动的概念。还需着重明确 3 点的是:①本书中,人力资源与劳动是相同概念词。只不过是在阐述管理学属性的问题时是用人力资源,在经济学属性问题时用劳动。如此,可方便、有效利用这两学科原理和理论。②经济学的劳动中不包括企业家,管理学中是将企业家作为一类特殊的人力资源,为防歧义,本书中的人力资源不包括企业家内容。企业家制约的问题将在下章中讨论。③本书将劳动或人力资源划分为体力劳动和脑力劳动两大类。体力劳动主要指生产线上各类工人,脑力劳动主要指生产线上的管理人员和工程技术人员。

6.2 劳动制约的原因

6.2.1 本质原因

(1)产业形态的快变性与人力资源的慢变性矛盾形成制约。人力的资源特性必须与产业形态指向一致。由于构成产业中的企业、产品的寿命周期过程的加速（信息化不断深化发展所致），使产业形态进步很快，而人力资源特性变化很慢，故形成制约。这就是员工素质低的本质所在。

(2)教育形态与产业发展不对接产生制约。我国现正在从资源密集型产业为主的产业社会过渡、进步为以资金密集型产业为主的产业社会。资源密集型产业的生存模式是流水线生产作业，与此同构的教育形态是应试教育（应试教育就是流水线生产方法的翻版）。而资金密集型产业的生产典型模式就是柔性生产模式。这种形态需求的是与此相适应的"柔性"教育形态——素质教育。资源密集型产业主要需求守成型人才，而资金密集型产业需要创新型人才。现在是生产力进步很快，指向资金密集型生产形态的教育改革过程转变太慢，两者出现时差，而形成制约。

(3)劳动力流动的动态性与人才管理的静态性矛盾产生的制约。经济学中作为生产要素的劳动（力），需及时有效地流动，集聚到生产线上均衡需求，特点是具动态性。社会学中，作为社会主体的人，包括就业、从业等方面，均力求社会稳定，即期望社会具静态性。这两者间的矛盾将形成一种深层次的制约，这种制约对效率与公平影响很大。其中效率是经济学的期望，而公平是社会学的期望。

6.2.2 近期原因

(1)官本位制影响。现今因国家行政官职普及到非行政体系，例如企业、学校，导致高校出现众多教授争一处长头衔的现象。这种官本位做法将严重破坏专才的成长。官本位最大的弊端，就是破坏了社会人才结构中的人才多样性生态环境。而人才的多样性在现代化建设中的价值和意义重大，已是不言而喻的不争结论。

(2)"综合评价法"的制约。金融学中的劣币驱逐良币也适用于管理学。金币是良币，相对而言，银币为劣币。在两种货币混同在市场长期流通使用过程中，金币变成墙角的窖藏，而被迫退出流通，或成压箱底钱。银币则在市场大行其道，从而出现劣币驱逐良币的现象。在人力资源管理中，常将"德"与"才"捆在一起综合评价人才素质，并规定"德"有一票否决制的综合评价法。如此评定人才优质与否，结果会出现"德"把"才"赶跑了的现象。这样评出的"优秀"人才，常常只具有二等水平。这种劣币驱逐良币的择"优"现象，导致难以选拔出真正的优秀人才。

(3)人才的引入与退出制度不均衡而出现梗阻，使人才结构难与时俱进。目前看，对人才引进的意义已成为共识，而对人才退出机制关心的很少，其实人才退出比人才引进的问题更麻烦，涉及企业或单位的商业机密不能外泄、社会稳定等诸多经济学外的问题。

(4)重视人才引进，忽视人才使用。目前企事业单位一些措施只重视短期效应，不重视可持续性，如只关注人才引进短期效应；只考虑引进方式，不注重人才引进后的成长机制等,甚至出现名义上重视人才引进,引进后却阻挠、干扰真正的人才发挥作用现象。

(5)过于依赖高校,缺乏对生产一线人才的发现、挖掘和重视。在人才的选拔使用上,不重视生产一线、基层的人才,只重视高校人才,导致产业发展中出现高学历低能力现象。高校工科教学未与实际相结合,面向社会的终身教育体系、符合各类人才成长规律和需求的培训内容、方式、手段还有待建立和完善,不仅影响了现有人才的知识更新和后备人才的储备与培养,而且影响了现有劳动生产效率的提升。

(6)过于依赖"洋"博士,过于依赖"北京人才",过于依赖模型。在人才的使用过程中,存在过于依赖"洋"博士,过于依赖"北京人才",过于依赖模型等,不相信本地人才,盲目信奉外来人员,导致出现大量与现实不接轨的研究、规划成果。

(7)过于看重学历、资历、论文等。当前,在人才的招收与选拔过程中,存在重学历、轻能力,重资历、轻业绩,重论文、轻应用的倾向,导致不能人尽其才,才尽其用。

6.3 人才机制内容

6.3.1 人才引进、激励和流动机制

(1)人力需求的特点。由于交通是传统产业,现要求发展为新型的现代产业。这时人力需求的特点是:体力劳动者素质还可按一般化要求,而智力劳动者则要能与时俱进地掌握技能。

(2)明确人才建设机制期望目标。持续满足生产线均衡运作需求。其中需求包括明示的(各种管理文件提出的)、隐含的(期望的)。均衡系指生产线所需求与供给间能及时实现结构同一、总量相等。持续是指现在与未来这段时间中能实现动态均衡。人才机制实现目标:盘活现有人力资源,将其变成人力资本(实现人力资源的增值);优化人才结构(降低人力资源投入的耗散);均衡生产线目前人才需求(增加企业收益)。

(3)完善人才建设机制。主要由引进、激励和流动3项子机制组成:

①引进。适应于新项目的启动、发展过程中出现需要解决的短板(或急需)情况。引进的有效性,则是源于人往高处走的社会现象。所谓高处就是比较利益较大的地方。但引进的同时又不要强烈地冲击现有人才的内部利益格局。

②激励。充分调动员工的劳动生产积极性,发挥潜能。其有效性源自要不断适时地、在最大范围和程度上满足全体员工不同层次的心理需求。

③有序流动。目的是要使人才结构在流动过程中趋于合理化。有序流动的经济学方法:准入与退出两种机制的有效与均衡。准入的可实现性基于比较利益(眼前的与长远的),退出的可实现基于明示的结构门槛及退出后的合理补偿。

(4)交通运输发展最为短缺的是企业中高层经营管理人才和专门技术人才。两者解决思路是不同的。经营管理活动是市场范畴的活动,市场最大特点是竞争。这类人才的就位,要靠“赛马”竞争脱颖而出,而不能由“相马”培养得出。换言之,优秀的精英人才是打拼出来的,不是培养出来的。专业技术活动则不然,一般而言,它是生产线内的活动,关注的是物或物性。次之是由物所及的人,或人性。这是一种择优属性的技术过程,即技术核心是择优,要害是细节。因此,这就是“细节决定成败”的道理所在。这种技术人才是要通过培养和长期实践才能获得的。

(5)将个人的成长寓于队伍的建设中。人才建设第一是队伍建设。队伍不是散兵游勇的集合,是组织严谨的人事体系。无论哪类人才队伍,都要有核心或核心人物或“龙头”人物,没有核心人物的队伍,是没有“攻城略地”战斗力的队伍。但强有力的核心人物不是委任的、自封的,而是在长期鏖战中形成的。因此,每个企业、单位在人才队伍建设中,要顺势而为地成就队伍中的核心人物。队伍建设是为形成系统效应(1+1>2)。第二,还要进行梯队建设,这样才能及时使人才需求得以动态均衡。

(6)将一刀切式的激励机制改为按马斯洛行为科学五层次需求区别对待方法。人才队伍建设的成功取决于激励机制的有效性。激励是一种心理现象,其科学性来自对人们心理需求的满足。所以人才建设激励机制的设计,要遵从马斯洛的需求五层次学说,进行操作。五层次为:

①生理需求。

②安定或安全需求。

③社会和爱的需求。

④自尊与受人尊重的需求。

⑤自我实现的需求。

每当一个层次的需求得到满足之后,其激励效应就将递减,直至不再成为激励因素。这时人们的需求将更上一个层次。

人事管理最大的专业管理技巧,就是要善于为每一个人制造心理需求,并协助其实现心理需求。

(7)单位人才培养以培养“干才”必备才能为主。“干才”的建设应是人才培养中的重点。这类人才就是一种善于将单位或企业的战略、领导的发展意图转化成实施有效、可操作性好的管理细则的人才。因此这种人才是单位或企业中能承上启下的“桥梁”人才。这种人才是可以通过培训、在岗成才的。培训的核心课程是:管理目标转化成管理细则的方法论。

(8)人才成长建设方针:实施职业精神与科学方法双管齐下。职业精神由敬业精神和职业道德组成。前者对职业要有敬畏感,没有敬畏感,就会丧失对职业聚焦奋斗的职业荣誉感，而成为职业上的“滚刀肉”，横竖“油盐”不入。而职业道德除了要靠自律，防范职业中的“痞”现象发生；还要靠科学方法，要以岗位为中心，去掌握事实、概念、原理、规范、价值、态度、规律性原理和技能。其中的前4种内容是岗位“死”知识，只有加上后4种才能激活“死”知识，变成岗位“活”知识。

6.3.2 人才评价、选拔机制要害

人才选拔时，遵循“德”是入围的门槛，排序时则要以“才”为变量考虑。或者说“德”相当于高数中定义域中的内容，而“才”则是函数。企业员工的德行，虽是员工管理追求的目标，但企业终究不是造就圣人、贤人的地方，而是发展生产力的场所。生产力是由“才”产生的，只有厘清“德”与“才”的关系，才能厘清思想修养与专业技能的关系。

6.4 工程能力是专业人才的核心能力

交通运输企业人才需求类型包括生产专业人才（经营管理、专业技术、专业操作等）和特种专业人才（综合运输，现代物流，安全应急，节能环保，以及通晓国际贸易、电子商务和现代物流配送技术三位一体的复合型人才，经营管理与党政管理复合型人才，还有交通技术发展前沿的高端人才）。

6.4.1 工程能力的概念

（1）人才培训、培养最终都是指向专业能力的提高和达标。专业能力有大有小，但都有一个“门槛”。否则，专业与业余就将混淆。此“门槛”或判据，就是能否独立完成专业任务。专业任务即技术任务。

完成任何种类专业任务的能力都称之为专业能力。由于交通运输是工程学科（简称工科）属性的科学，因此将交通运输领域的专业能力称为工程能力，以有别于文理等学科的专业能力。

（2）工程能力属未来时态的概念，相当于物理学中的能量概念。工程成果属完成时态的概念，相当于物理学中功的概念。工程能力要通过工程成果才能得以展现，才能准确定位。而工程能力与工程智力是互为表里的一个事物，工程能力是工程智力的表现，工程智力是工程能力的依据。亦可理解为：是对同一概念的外部描述和内部描述。也就是说，通过培养或培训提高交通运输产业从业人员工程能力的本质方法，就是提高他们的工程智力。工程能力是管理学中的用语，而工程智力是教育学中的用词。明确这一点十分重要，只有知道问题属于什么学科，才能从对应的学科中找到解决问题的破题思路。

（3）工程智力来自理论知识与背景知识的相干。相干就是综合。综合与相干和能力

与智力一样,也是同一概念的外部和内部描述。此举的目的是增强期望目标就位的解释性、操作性和观察性,从而增强逻辑的展开力。

此相干操作的方法:就是不论遇到什么问题,首先就是要找出问题的属性学科,再找出对应学科中的分析性理论,并析出其间的同构性部分。这时就可依据其同构性对事物进行期望目标的有效操作。其中的要害就是从对分析性理论的条分缕析中找出同构性部分,而不是从描述性理论或模式识别理论中去寻找。找到事物与理论间的同构性,就是掌握了解决问题的"钥匙"。因此,现代教育学的研究指出,工程能力的核心能力或支配性的能力只有 3 种:

①分析能力:是孤立、静止、片面地看问题的能力,或形而上学看问题的能力。即只有先学会形而上学,才能反形而上学,才能从正/反/合的辩证过程中,找出问题中的因与果的前后偶对关系。这种能力是实践或创新成败的基础。

②实践能力:就是发现(找出)实践对象(事物)与对象属性学科分析性范型理论间的同构性部分,并据此进行目标就位操作。

③创新能力:就是发现(找出)实践对象(事件)与规律性原理之间的同构性部分,并据此进行目标就位操作。规律性原理并非事物属性学科中的原理,故用于实践有创新性。

6.4.2 工程经验与工程能力间仅呈弱相关的关系

因为工程经验只能提高处置工程问题的有效性和效率性,而不能提高人的工程智力(能力)。经验就是熟练,是通过学习获得的。

图 6-1 所示就是管理学中的学习概念模型曲线。曲线的纵坐标为完成"单位产品"的平均时间,此平均时间的倒数为劳动效率。从图像可知劳动效率的提高存在饱和现象。学习曲线随着实践累积时间的增加(经验积累)呈下降趋势后趋于渐近线(饱和)时,说明劳动工作者的技能趋于成熟。工程经验已丰富到能及时发现、正确评估、合理处置一些工程中的初级技术细节问题了,已达熟练水平(故我们称 $t_{\Sigma 0}$ 为达到熟练工的时间)。

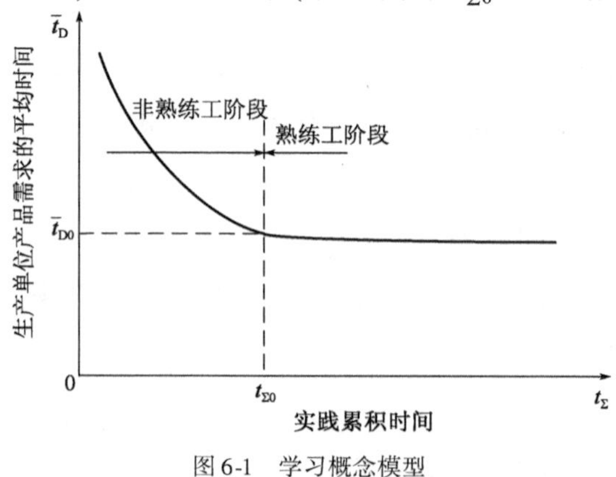

图 6-1 学习概念模型

6.4.3 对交通技术人才进行分类培养、培训

(1)培养与培训的分工。人才建设中,培养着眼点:交通运输业发展中的长远高端人才的预期就位;培训则是眼下技能技术人才的及时就位。

(2)培养的主要场所是高等院校和科研单位;而培训的主要场所是企业、高等院校的继续教育学院和技术学院、学校。

(3)培养要与交通运输产业发展的前沿对接,培养的发展方向是学科取向(如此才能有扎实深厚的专业基础);培训要与交通运输产业当前的人才市场需求相“扣合”。培训的大方向是问题取向(按需培训)。

(4)人才培训有效性来自:

①先有企业岗位结构的科学设计。

②与职工职业生涯规划挂钩,个人对培训有高期望目标。

③与交通运输行业资格制度挂钩。

④与绩效、薪酬有紧密关联。培训内容的岗位针对性是员工工作绩效的保证。而工作绩效又与薪酬强相关。

⑤保证国家所规定的企事业单位职工教育经费不低于职工工资的1.5%要求。

(5)培训针对实现“五对接”的操作:

①学习专业与工种岗位对接。

②教学计划与岗位工作对接。

③课程体系与职业应知应会对接。

④实训与现场对接。

⑤发展前沿与岗位发展对接。

6.4.4 培训实务建议

(1)生产线上的工作人员大致可分为3类:线上、技术、线外。企业可持续发展的硬核根据就是竞争力。企业的竞争力有千条万条,但核心只有3条:产品、技术和标准。综合后的最高要求就是要掌控产品的全球定价权。从企业存在的根本是盈利的观点看,线上工作质量的核心判据就是生产率;技术工作质量的核心判据是产品(含服务)性价比;线外工作质量判据为经济效率。我们培训工作的目标就是由这些核心判据构成的。

(2)工程师培训着重根据工程(广义的或非工程项目的)管理能力的要求进行工程师素养培训。本处所言的工程管理系泛指工科对象的管理,既包括合同环境工程中的管理,也包括非合同环境工程中的管理。这种工程管理能力的特点:

①数量化。数量的表征方式:名义量加区间值(或容差)。最常用的名义量是算术平

均值、区间值(最大最小极限值)。其他:名义量是中位数或众数值等;区间值为置信度值的区间值或 σ(标准差)的倍数值等。货币单位数量化:数量级货币单位法表征。

②条文化:条文化就是教条化。通过编号把工程中有关的全部程序、结构、要则、操作等组成体系,这种编号体系的设计质量直接影响工作效率或管理效率。要注意的是表征体系特性的体系性首先就是来自编号的体系性。

③列举化:按既定设计、工艺生产是工业生产的特点。其中一切生产活动都是确定的,没有或几乎没有个人自由活动的空间。只有如此,才能确保产品或服务的质量,以及生产的劳动效率、资金效率。这种列举化管理的终结目的就是要使一切生产活动不走样地按规定去实施。工艺操作规程等就是典型的列举化管理文件。

④明细化。明细化管理的实质,就是对生产要素的完备性管理。这是因为:参与工业产品生产的生产要素的数量是以指数方式计的;参与人数是以百、千、万,甚至更多的人计的。为了保证巨量生产要素的适时到位,及人员的分工合作,必须靠明细化管理才能实现。即明细是生产组织中上下、左右分工合作的依据。

将管理对象进行数量化、条文化、列举化、明细化就是一种技术,也是一种工程素养。技术就是细节的完备,故工程素养也是工程实践的能力。

(3)生产线员工培训的核心内容:

①线上人员的培训聚焦于工种、职种的应知应会。

②技术人员的培训聚焦于现代设计(重点两类3次设计:概念设计、技术设计、工程设计;系统设计、参数设计、容差设计)、质量工程、工业工程等有关内容。

③线外人员的培训聚焦于战略、市场创新和经济效率。

(4)培训内容的质量:

①实现培训目标的有效性。

②培训科目内容的可解释性。

③操作类科目培训内容的可操作性。

④观察类科目培训内容的可测度性。

培训只有达到上述4项质量目标,才能快速地使被培训人员的工程能力通过培训就位。

(5)现代化大生产形势下培训乏效的原因是:这种形式的特点不同于前两次工业革命,前两次工业革命的基础是物理学原创性的大发现,需求的只是专、深人才的支持。而这次的基础是全球范围的网络大组合创新,需求的是知识广、融通人才的支持。这类人才的培训比前一类更难,即“广”比“专”难,“融”比“深”难。这就如同制造航空母舰比造原子弹的难度更大、更多一样。正因为如此,我国科技泰斗钱学森在20世纪50年代就看到了这一点,并建议先发展火箭技术,后发展大飞机技术。同理,新一轮工业革命来临之际,万不可轻视“广”“融”两字，否则今后具备广融知识人才的就位就将受到制约。

(6)现培训中有一种倾向是值得注意的，因为被培训人员对宏观经济和金融知识的了解不多，只是一知半解，也不甚了解社会基本信息，使政府的一些短视政策，很容易被培训师鼓吹，而动摇其远见性观点，致使社会短视观点、行为盛行，造成积重难返。为此，建议政府的一些政策发布前，要对其是否存在短视进行评估后再发布，否则对长远的发展将形成制约。

6.5 新工业革命需求高素质人力资源

6.5.1 新工业革命正开始

19 世纪蒸汽机的发明、煤炭能源的普及，产生了第一次工业革命；20 世纪电气化、汽车的问世，产生了第二次工业革命；21 世纪初随着全球经济危机和石油危机的到来，第二次工业革命开始走向终结。随之迎来了新一轮的工业革命，开启能源、互联网时代。实际上每一次工业革命都伴随了重大能源革命与新通信方式的出现和结合，其特点是：

第一次：煤炭 + 火车轮船 + 报纸、电报；

第二次：石油 + 汽车 + 电话；

第三次：通信互联网(简称互联网) + 能源互联网 + 物流互联网。

因此，第三次工业革命迫切需求的是制度建设和高素质人才的培养，以适应新产业时代的到来。这时需求的不再是廉价的劳动力了。

现新一轮的工业革命已开启，其特点是“三网”结构。其中互联网已完善并成熟应用、普及全球。能源互联网已起步，逐成小气候，只有物流互联网的建设尚处在酝酿之中。而交通运输产业的发展与“三网”的关系紧密相关，正是通信互联网支撑着交通信息化的大发展，能源互联网决定了交通运输工具使用的能源制式，物流互联网决定了交通运输对象的流通制式。所以“三网”的发展应用都是与交通运输产业发展战略紧密相关的大事，不可不察。

6.5.2 能源网、物流网发展需求专门人才

一出戏中总是有主角和龙套，技术中也有主角和龙套之分。一项新兴产业要登上历史的舞台，同样需求支撑的知识。与新工业革命有关的“大能源”“大物流”知识与技术，是这个时代的主角知识与技术。这些知识虽由传统知识孕育而成，但已是一种从母体中分娩而独立的科学。因此，学习并掌握这些知识、技术，已不是以个人兴趣、意志为转移的事，而是时代趋势、产业精神之需求。

实际上"大能源""大物流",特别是"大物流"就是由交通运输产业孕育、分娩的,它的学科"血统"仍是以交通运输学科的基本逻辑为基础展开的。所以交通运输产业的从业者,学习它、掌握它已是历史使命。故不论是现在的从业者还是未来的接班人,都要对这些知识进行再学习和学习。前者的学习称之为培训,是应当下需求之急;后者的学习称之为培养,是未雨绸缪。培训与培养相结合,就是目前利益与长远利益的兼顾结合。若两者不能及时兼顾就位,对发展就会产生制约。

6.6 农民工身份的进步

改革开放以来,特别是在近年来的拉动内需,加速基础设施的建设中,在劳动力需求方面,农民工对交通运输大发展作出了巨大的贡献。为此,必须很好地研究农民工身份的进步,及其对交通运输发展需求劳动力方面的影响。

6.6.1 农民脱离土地是工业化、城市化进程的产物

在工业化的过程中,需要大量的劳动力。这些劳动力中的大部是来自农村中的农民。英国的圈地运动,将大批农民驱逐出土地,流入城市,被工厂雇佣,成了工业生产中的劳动力,成了无产的工人阶级。虽然圈地运动在人性论的道义上应遭到咒骂,但从生产力的观点看,是非常革命的,它加速了资本主义生产方式的进步。因为判断革命与非革命的判据,就是看其是促进还是阻碍社会生产力的发展。资本主义生产方式取代封建主义的生产方式是历史的必然,是不以人们的意志为转移的客观规律。

工业化的发展,必然导致城市化进程的加速。城市的主要特征之一就是非农业产业和非农业人口的聚集(城市的内涵因素由人口、功能、土地组成),其初级阶段就是城镇化。城镇化过程就是指农业人口、社会生产力向城市转移与集中的过程。城市的产生与"城市化"并不同步。城市的产生往往需要有数千年的淀积,而"城市化"则指的是一个城市的快速发展过程。

城市的规模效应、聚集效应和乘数效应为城市创造、释放出了空前的社会生产力,使城市生产成本和生活成本不断降低,在地理上形成了成本低凹的"盆地"。这进一步使得包括劳动力在内的各种资源,流聚于城市,使城市不断走向繁荣。一旦城市的规模发展到因人口聚集产生的生产/生活成本产生的边际成本等于零后,城市就将疾病丛生,发展开始止步。

6.6.2 农民工是中国特有现象

(1)农民变为农民工是工业化进程中的产物。在英国是因圈地运动迫使农民破产流

入城市,成为工人阶级。而在中国,农民工是因城市生产力与农村生产力落差巨大,以及城乡户口制度等差别造成的。城乡户口自由流动受限,使得农民进城可以做工人的工作,但其身份不变,仍是农民,故曰农民工。

(2)中国城乡二元制与明代以来的户口管理制度紧密相关。明代实施两册制“丁册”(户籍册)和“鱼鳞册”(土地册)管理农村人口,不仅牢牢地把农民捆在土地上,而且还极大地控管了没有户口的流民(即打入“另册”)。正是因为两册制使得宗法制理民的效益发挥到了极致,管理农民有效。这种制度由清朝到民国仍一脉相承,甚至直到新中国成立后,我国的户籍管理仍未走出上述历史的惯用方法。而且这也为我国有效控制城市人口作出了大贡献。到改革开放以后,由于经济大发展,社会生产需求大量的劳动力,以及缩小城乡差距的经济政治需求,开始逐步放松农村户口的管制,其中标志性的成就就是身份制的实施,给城乡人口流动松绑,从而为劳动力流动,提供了保障。

但因新中国成立后我国长期实施城乡二元制的管理办法,此法完备、无纰、无漏,可用极其完善来概括。因而还不可能一下子将有农民身份的工人——农民工,变为工人阶级的一员——工人。农民工还需经过长期进步嬗演才能成为真正的产业工人。

正因农民离开土地进城,身份不能转变,所以我国的工业化与城镇化、城市化不是一步就能就位的。而要分两步:首先是工业化进程中,农民进城(一般而言,城市才具有工业区位,农村不具备),以亦工亦农的农民工身份参与打工。第二步是农民工转变身份为工人,参与城市化进程。也就是说,今后农民工的色彩将越来越淡,伴随而至的就是工业生产用工制度的灵活空间大大压缩,这将使生产的劳动成本大幅上升。这种成本的上升就是源于歧视的改变或进步。或者说,这是农民工身份改变付出的代价。

6.6.3 歧视的两重性

在社会学中认为歧视就是不公平,被视为社会公正的反面。一个被歧视的人就是受到不公平待遇的人。当两个人在劳动中提供了相同的生产率,但得到的工资却不相同。这就是劳动力市场中普遍存在的歧视现象。

歧视可分为市场歧视和社会歧视,本书属经济学属性的课题,我们关注的是市场歧视。歧视在社会价值中认为是丑陋的。但从经济价值的观点分析,却是有其存在的合理性的。正如黑格尔所说:“存在的都是合理的”。但存在的也可能是不合理的。因为减少市场歧视,将影响劳动力市场的均衡和人力资源的开发。这种影响是正面、还是负面,与其是短期还是长期影响有关。

6.6.4 市场歧视的来源

市场歧视主要有两个来源:第一是市场中存在着歧视力量,第二是市场中存在着歧视欲望。市场的垄断力量就是歧视力量。市场中的买卖双方都可能拥有垄断力量。市场垄断就是指卖方能够把市场价格操纵到对己有利的水平,而且还可将潜在的竞争者排除在市场之外。企业或者企业集团就被称为劳动力市场的垄断者,或称为买方独家垄断者。因为,他们具有控制价格的能力,并以控制的价格雇用劳动力。由于存在这种市场歧视,对于垄断劳动力市场的企业或企业集团就可降低劳动成本,使其更加具有竞争力。

另一种歧视是源于有些人的歧视偏好,并努力去满足这种偏好或欲望。这种个人歧视欲望的主要根源是个人偏见。如美国今天宣传中国威胁论,除了满足大选的短期需求外,更多的是制造美国人对中国的偏见,从而转化为市场歧视而获利。这是十分歹毒的策略,是将歧视经济学针对中国的邪恶运用。

6.6.5 劳动力市场的歧视

劳动力是人提供的。人的身上都附有种族、文化、宗教、肤色、性别、劳动技能、政治态度等众多特性。而这些特性都可能成为市场歧视的内容。例如称做工人工作的农民为农民工,这就是一种身份歧视。

劳动需求是一种对生产产品需求的衍生需求。从纯经济学的观点看,没有歧视的扩大就业是不利于劳动效率的提高的。如以前的"低工资、广就业"的提法就不利于劳动效率的提高。

劳动力市场歧视有:工资歧视(同工同酬就是人们反工资歧视的心声)、雇佣歧视(如对政治身份、户口、性别、年龄等要求)、职业歧视(如某些职业要男不要女,有些对残疾人严加限制)。

6.6.6 农民工身份变化对交通运输业发展的影响

(1)交通运输基础项目的建设成本将急剧上升。为了使为国创造数万亿美元外汇作出重大贡献的农民工分享国家经济发展的成果,我国站在价值观念人本化、分配方式普惠化的立场,努力提高农民工的工资待遇,这种做法是完全正确的。但是,此举必然加大企业的生产成本,特别是雇农民工多的企业。而交通运输产业中的施工建设企业,恰巧就是雇用农民工最多的企业,从而使其项目建设成本急剧上升。

(2)压缩了交通运输企业用工必要的灵活空间。交通运输企业大都是合同环境下的施工企业,因产品的单件性,且需在不同地理条件的露天环境中进行长期的施工生产,因此,生产不能像非合同环境下的工厂企业流水线方式生产那样平稳、匀速、有条不紊。流水线方式的生产,对劳动力总量、技工工种结构等的需求是相当稳定的。自然,劳动力的供给渠道也很容易稳定。稳定的最大好处是能减少不确定性因素的影响,即可减少企业生产的风险成本。而交通运输施工企业为了适应生产产品的单件性、生产环境中气候等地理条件的多变性,必然需要在生产过程中不断、及时去均衡对劳动力的需求,必须对劳动力进行“歧视”管理,即将工人分为三、六、九等(例如:固定工、合同工、临时工;技术工、小工等)。因为,这样一来,就可达“招之即来、挥之即去”的用工目的,迅速实现劳动力的均衡。这种做法还可给施工企业带来两大好处:一可以实施价格歧视,使劳动力总成本下降;二可以增强劳动纪律。因为,歧视之所以有效就是基于心理学原理,抓住人性的弱点,利用其不安全感(危机感)可增强劳动纪律。

我国今后随着社会的进步,劳动力歧视现象会逐步减少,其产生的影响也将是深远的。总之,这也是一种发展中的制约效应,是社会进步应付出的经济代价。

7 交通运输发展中的企业家制约

7.1 企业家的含义

7.1.1 企业家是国民收入利润的主要贡献者

土地为国民收入贡献的是地租和地上、地下的各种资源使用费;资本贡献了利息和利息的各种分割;劳动则贡献了薪金和工资;企业家贡献的则是利润。企业家的才能是一种人类特殊的领导才能,这也是一种人才资源。

7.1.2 企业家不可或缺的才能

(1)组织社会化生产的才能。企业家贡献了国民收入的利润,利润来自何处?企业家获得的利润与手工业者获得的利润相差是巨大的,如果说前者是巨人,则后者只能是侏儒。之所以如此,在于企业家收入的是规模效益,依托的是社会化大生产。社会化大生产来自分工与合作,靠着集中化、同步化、标准化的生产方式,创造出了改变全球面貌的生产力。集中化是从空间维上聚集规模生产需求的生产要素,同步化是从时间维上聚集生产要素,标准化则是前两者聚集的基础。因此,企业家就要具有组织、掌控上述社会化大生产的才能。

(2)营销才能。企业利润来自商品的流通过程。因此企业家不仅要聚集生产要素组织好企业的大规模生产,还要将其生产出的产品销售发散出去,才能盈利。否则商品流通中断,将出现"肠"梗阻。

(3)筹集资金的才能。生产是资金流通的超循环过程。生产过程中需求有资金的不断投入。故企业家要有筹集资金的才能,并要使企业资金的耗散低于同业同期其他企业的平均资金耗散水平(或成本)。

(4)创新"生育"新产品的才能。任何产品(生产域内称产品,流通域内称商品)都有寿命周期。企业家要有创新"生育"新产品的才能,才能保证企业产品"四世同堂",其中虽有衰落,将被淘汰的一代,还要有壮年代、少年代产品,更要有孕育中的一代。家族的可持续发展,讲四世同堂,企业产品也要讲"四世同堂"。

(5)掌控质量的才能。产品质量是产品存在的依据。市场购买产品是购买其功能。

北极地区的因纽特人之所以不购买电冰箱，是因为其室外温度低。故冰箱供给的冷藏、冷冻功能，在北极地区不需要。由此可见，产品最重要的质量就是功能质量。功能质量的衡量标准是精准(精指容差小，准是指供需点的重叠)和寿命。企业家就要有掌控(≠控制)这些质量的才能。具体表现，是生产过程中产品质量不足和质量过剩现象极小概率地出现。质量不足会增大风险成本，质量过剩将使单位有效功能成本增大。

(6)决策才能。决策的实质是择径(选择发展路径)，要害是“不能选错路”。这就要求企业家有胆有识。有胆才能果断，民谚曰：该断不断，自受其乱。就是对“胆”重要性最简明的注释。有识，才能择径正确。此“识”不仅指有知识，而且要对产品有入木三分的深刻见解，能识别战略的正确与否。世上没有一种利益比战略决策正确带来的利益更大，也没有一种损失比战略决策失误带来的损失更大。任何一种层次中的战略利益，都是此层次中唯此唯大的利益。需要指出的是，并非要求企业家都有构建战略的能力，但要具有识别、判估战略是否正确的能力，即要具有正确决策的能力。这是企业家最重要的一种才能。西蒙对管理下的定义“管理即决策”，就是这个道理。

上述这些才能是企业家不可或缺的立世才能，其中最重要的就是决策。

7.2 企业家鹤立于群的才能

7.2.1 企业家要与时俱进，定位其经济发展模式

经济发展模式可分为两大类型：

(1)亚当·斯密发展模式(地域、资本、劳动的增长发展)。此模式又可分为两种子模式：

①外延式发展——不改变产业、产品结构条件下的发展。本质就是规模扩张发展。

②内涵式发展——存量条件下的扩张式发展。

(2)普罗米修斯发展模式(“盗火”式发展)。普罗米修斯是希腊神话中造福人类的神，曾为人类盗取天火，传授多种手艺。这种发展模式就是要从大千世界中寻找燎燃的天火来促进经济的发展。现在的互联网、高速公路、高速铁路就是经济燎燃的“天火”，以后的能流网、物流网是燎燃新一轮经济发展的“天火”。我们的企业和企业家应该有胆有识，做好“盗火”式发展的准备。

企业的发展必须满足主客均衡或供需均衡的条件。市场需求的大规律总是先从需求商品的外延向内涵发展，然后从内涵向创新发展的。因此，企业家要不断去发现市场需求。首先，要对本企业的主打产品与市场对此类产品的需求状态(外延、内涵、创新等方面)进行定位，确定产品发展究竟是位于外延式、内涵式还是创新的盗火式阶段。然后在

阶段发展过程中适时做好转舵的前置准备,使企业发展方向与市场需求变化吻合(做好转变过程前的预测。其中方向预测需要有智勇,数量预测则要有匠巧技术)。也就是说,企业家一定要做好企业产品目标市场的起点、切入、竞争谋略和扩张的路线规划。

然而鹤立于群的才能毕竟不是每个企业家都能具有的,一般地说在平稳年代,企业家具有专家水平就行。专家型企业家的基础是物理学和经济学。而危机年代(如现在的新工业革命,对传统工业企业而言,就是危机时代,就是挑战)。这时的企业家就要有思想家水平。思想型企业家的基础是战略学和哲学。

然而今天对企业家人才的培训或培养,基本上都囿于以平稳年代为背景,很少有以危机年代为背景来考虑的。因此,这也是对转型时期发展的一种制约。

7.2.2　企业家要能在窄缝中求发展

(1)适应环境(市场)。企业家不但要能控制企业的运作,还要能适应环境。适应就是顺从,顺势而为。对企业而言,市场就是其生存的环境,市场需求什么,需求多少,我就生产什么,就生产多少。这就是适应市场需求。如果将成本控制、质量控制也移植到市场中去控制,那就有悖于经济学和哲学原理,成本质量是发生在企业内部生产线上的内部事务,企业家对其具有可控性,然而企业家对市场就不具有可控性。

(2)窄缝中求生存。成功的企业家无一不是从窄缝中发展起来的。无论是成功的,还是将要成功的,或是想要成功的企业,都是处于相同的体制环境,受到的制约亦是相同的。不同的则是各个企业是处在不同的竞争态势。对后来者而言,形势是不利的,如同要从窄缝中挤进。故后来的企业家要想在市场中有立足之地,必须要有孙悟空七十二变之本事,或者要像章鱼一样能缩扁身体从窄缝中挤过去才行。窄缝就意味着单行道。古今中外有一条文明共识,"通往天堂的路都是单行道",企业家要想在优胜劣汰的市场竞争中成功步入"天堂"。就要牢记"不要向竞争对手学习(模仿)"的箴言。因为向竞争对手学习的是知识,不向竞争对手学习才是智慧。智慧是以知识为基础,以背景为对象,以开悟为终结的过程。要另辟蹊径,就是要创新。寄发展于创新才行,有5个方面:

①生产新产品。

②引入新的生产方法、工艺流程。

③开辟新市场。

④开拓原材料的新供应源。

⑤采用新的组织管理模式。

上述5条内容就是企业家从竞争的窄缝中求生存的法宝。但这只是思路原则,是没有操作手册的。故这种操作是无法培养、培训出来的,而是个人哲学、人文文化熏陶的结果,是靠智慧取胜。

7.2.3 立世不倒的意志

(1)企业家立世不倒的方法或思路:对内意志坚定、步调统一;对外放眼全球、开放融入。这就是“内方外圆”道术在企业中的运用。

意志坚定的含义:意志是实施战略的决心,就是争取长远利益的决心。战略利益是任何独立于世主体的唯此唯大的利益,要求企业家克服机会主义,或短视行为。坚定就是念念不忘。

统一步调的含义:使企业每个成员的行为合力,以最小的夹角耦合到其发展战略的方向上,形成的合力最大化。现代社会是一个有多元化价值的社会。企业家要使多元价值聚焦成为一元化意志力。现欧美社会早已脱胎重商文明,具有了遵守合约的价值基因。而我国社会是一个深深打上封建社会宗法制思维烙印的社会。现在民企首先信赖的是家族族脉中的人,而国企首先信赖的是政府、有官脉的人。然而这两种人又都不是以企业存在需求为目的,而使自身利益最大化的人,但他们却又都是能左右企业发展方向的人。这些人往往会干扰现代企业制度的建设和运作。这样一来,社会化的大生产将被阉割。这种血缘、官缘将对企业家形成很大的制约。抽象说就是一种传统文化对企业家的制约。

放眼全球的含义:即企业家要有以全球为市场的眼光,看到整个世界的需求,期望在全球范围(需求)中赢利。因为中国眼光只能从国内范围赢利,浙江眼光只能将赢利囿于浙江。

开放融入的含义:企业要可持续发展,就必须是开放的系统。所谓开放系统就是系统(企业)必须与周边环境进行物质、能量、信息的交换。系统开放是系统可持续存在发展条件中的第一条件。融入就是将企业融入世界市场。融入不是加入、植入,而是要使系统与环境(背景或市场)相干形成超循环自组织结构。即在文明冲突日趋严重的今天,企业家能使企业文化与世界各大文明的价值相容(相容≠相同)无悖。

(2)自我更新。这里的“自我更新”是指企业家能使其企业的任何组织及其精英进行不断、有序的更迭。进行自我更新是企业不断适应市场和利益变化之需求,是可持续发展之需求。必须吐其故纳其新才能自我更新。百年企业之所以屈指可数,是绝大多数企业创业的企业家守小利、弃大利所为,使企业之福“三世”而斩、而短寿。企业要想长命百寿,必须要与时俱进地变化其利益关系。但要做到这一点太难了,只有少数笃信理性、意志坚强的企业家才能做到。

本节讨论的是企业家需具备的高阶能力,这是一种充分性要求。前节和本节讨论的企业家才能、能力,都不是能靠单纯学习可获得的,而是要靠修炼、历练、开悟而得。正如黑格尔所言,同样一句格言青年人只知其辞藻的美丽,只有老年人才知其全部含义。正因为得来不易,故而也是一种制约。

7.3 制约企业家成长的原因

7.3.1 本质原因

企业家制约产生根源,其内在原因在于先天缺“钙”,即缺“企业家精神”;其外在原因在于缺少企业家成长的市场环境。虽然这些不是不可克服,但是需要时间,故而成为制约。

“企业家精神”指企业家组织建立企业和经营管理企业的综合才能,它是一种重要而特殊的无形生产要素。主要包括创新、冒险、合作、敬业、学习、执着、诚信等精神。在我国,一般人都先天性地缺乏企业家精神。中国的传统文化观念与现代产业生产形态的异构之处太多太大,使企业家难于依靠潜意识去施展拳脚。

目前我国市场经济发育欠充分,使市场竞争环境被扭曲,在不充分市场的经济环境中,要培养出充分符合市场经济环境要求的企业家是很难的。正如,一辈子在汉语环境中成长的人,很难成为一位十分出色的外国文学翻译家一样。

7.3.2 近期原因

(1)企业家也称“资本家”,运营资本盈利是“资本家”的本质。因企业融资困难,而社会资金又缺保值、增值渠道,“资本家”无法盈利,使企业扩大再生产或创新受制。

(2)全球贸易保护主义加剧,扩大内需又还需时日,导致总需求被压缩,市场空间变小,企业家难以大量出现。

7.4 完善企业家人才成长环境与机制

7.4.1 完善企业家成长的助推机制

(1)完善企业家成长环境重点是要有企业家成长的助推机制。这是一种雪中送炭,而不是锦上添花的机制。也就是说,我们的资助、奖励制度要改进。正如,20 世纪 60 年代初,美国总统向钱学森导师冯・卡门授奖的仪式上,冯・卡门领奖下台,身子一闪,几乎摔倒。肯尼迪总统箭步上前搀扶时,冯・卡门对总统说:“总统先生,下坡而行者勿需扶助,唯独举足高攀者力求一臂之力”。冯・卡门的话很值得深思:我们在推进包括企业家等各种人才建设时应考虑,拟制的规章制度应是在人才成长最艰难时的雪中送炭机制。这种机制的特性,正如火箭离开地面必设助推器,助其离开地面,使其进入轨道飞行,再自动与火箭分离一样。因此,这种助推机制是要在企业家起步时帮其解困了难,而不是成功后的评功摆好。助推成长机制设计中，一要允许失败，二要使助推基金能在运作过程中增值，而持续。

（2）培养企业家精神。在我国，一般人都先天性地缺乏现代产业精神，即企业家精神。这是因为我国传统文化观念与现代产业生产形态的异构之处太多太大，使企业家难于依靠潜意识（资本主义生产方式、观念）去施展拳脚，故企业家一定要具有企业家精神，如同质量管理要求建立质量意识的同时要实施质量科学方法一样。

（3）企业家的才能可概括为有“胆”、有“识”、有“悟”。有“胆”系敢冒风险，敢于争取胜利；有“识”系指能看清大势，顺势而为；有“悟”为能发现市场，进行创新。“胆”是心理学属性的事物；“识”是将外知识内化的结果，是教育学属性事物；“悟”后才能创新，是经济学属性事物。因此，学校式的培养企业家是乏效的，企业家是“闯”出来的。企业家有高收入的本质就是其收入是一种风险收入，这也道出了其“闯”的本义。而“闯”成企业家常为小概率事件，是可遇不可求的事件。故要有提供、创造机会的机制（成长机制）。而胆识则是来自自信，自信来自历练的淀积。因此，对包括交通运输产业在内的企业家培养：

①要建设、完善企业家成长机制。

②明确现阶段中国企业家精神，特别是交通运输产业企业家精神的内涵，并使之形成观念。

③对交通运输产业创业者进行创业的“胆”“识”“悟”理论与修养的普及。

（4）培训增长企业家不可或缺的才能：

①组织社会化大生产的能力。

②发现新市场和营销能力。

③筹措资金的能力。

④创新“生育”新产品的能力。

⑤决策能力。

⑥规避风险的能力。

7.4.2 通过打造龙头企业和知名品牌培养企业家

（1）打造龙头企业和知名品牌能使企业家脱颖而出的原理就是利用开发竞争环境中的客观存在的顶端优势效应。栋梁之材产自荒山密林中，刻意修建的公园树林难有之。因为荒山密林中的树木在长期生长过程中，能充分发挥顶端优势。

（2）民谚：“激战出英雄，鏖战出将帅”。打造龙头企业与知名品牌的过程，就是长期商业竞争，鏖战的胜利过程。取得龙头企业与知名品牌的过程，即是企业家成就为经济领域高端人才的过程。因此，其过程造成的不仅是现代企业的立世、知名品牌的远播，更重要的是这一过程可使企业家脱颖而出。

(3)龙头企业的意义与内涵

①意义:产生榜样的示范效应。示范是一种以简驭繁的管理方法。交通运输产业是一巨复杂事物。引导事物发展的基本方法就是在宏观上进行总量控制,在微观上树立榜样学习。也就是说,在交通运输企业发展中,交通运输主管部门除了对企业规模上进行总量控制管理外,还需树立龙头企业供企业学习,即进行榜样的示范管理。示范管理的特点是:方向、目标明确,内容、做法有提示性。企业学习时,可以因地制宜地发挥自身的积极性,正如列宁所言:榜样的力量是无穷的。

②内涵

a. 龙头企业必须做大、做强、做久。

b. 有知名品牌。名牌可产生持续的、高磁吸效应,能增进企业做大、做强、做久。

c. 带动(触发)效应好。“带动”系指由于龙头企业的存在,其周边的企业可在龙头企业的交通项目基础上,触发出以枝蔓形式发展的多个项目,这样交通的辐射面就更广。

(4)做大、做强、做久的支配因素

①做大。任何经济属性的事物做大的基础,都是由市场大小来规定的。如果想做到世界范围之大,就要按满足世界市场的需求去做;如想要做到国内范围之大,就要按照满足国内市场的需求去做;如只想做到浙江省范围之大,即只要按照满足浙江市场的需求去做即可。

②做强。任何经济属性事物做强的基础,都是由所具有优势的程度来满足的。所谓优势就是比较系中的强项。我有他无,即具有绝对优势,反之为绝对劣势;我多他少,为比较优势,反之为比较劣势。具有绝对优势时,就能势大力强,就可垄断话语权,就能充当盟主、旗手,获得超额利益。只具有相对优势时,因势单力薄,至多只可成为地区的召集人,成为市场的“领头羊”,而不能成为“牧羊犬”。而当无优势时,就只能受市场的“宰割”。因此,要将事物做强,就要具有优势。操作的核心方法,是创新、创新、再创新。形成绝对优势的方法:硬件要另辟蹊径,具有“我告诉你,你也马上学不会”的技术。软件是要垄断话语权。企业垄断话语权的方法:牢牢控制标准的拟编、修订、诠释的权利,或充当控制的主力。充当主力的基础:引领行业新潮流的技术(新产品)是我发明的,诠释此技术的原理可入木三分;掌握新技术的有关细节(民谚曰:细节决定成败)。

③做久。要点:一是不断与时俱进。与时俱进之难,不在于别人不认同自己的新理念,而在于舍不得“割爱”。舍得割爱的能力叫魄力。具有此魄力才能与时俱进。二是使企业系统(或体系)的运作耗散水平,低于同行业对应耗散水平的平均值。物理属性事物运作主要是能量耗散(能耗);经济属性事物运作主要是资金耗散(成本);社会属性事物

运作主要是人的精力耗散(体力、脑力)。保证上述系统事物运作耗散,小于同行业对应事物运作耗散平均值的方法:使事物与背景对应事物在运动上同指向(方向);结构上保持同构。否则背景将纳新汰旧。即背景会纳入更新的低耗散水平的同质新事物,淘汰掉高耗散水平的同质旧事物。如在市场经济(环境)条件中,高能耗的旧汽车,一定会被低能耗的新汽车所取代,就是再简单不过的一显例。实际上,保证事物耗散水平低的通俗说法:就是顺势而为。"顺势"就是顺从背景系统的运动规律。由于背景系统是不断发展异化的。故顺势而为就要与时俱进,才可做久,才可持续发展。

④做大、做强、做久的方法论小结:

a. 做大的本质取决于市场的大小;做强的本质源于自身的绝对优势;做久的方法是与时俱进、顺势而为。

b. 做大、做强、做久的排序,就是按管理主体进步序列展开的。例如管理的主体是企业,生产水平要做大,达到规模经济水平时,生产线上的生产、营销等才能稳定或基本稳定。只有稳定才能将企业生产中的不确定因素降至最低,即将各种风险降至最低。这时,企业生产的产成品的质量、成本才能稳定。这种稳定又可使生产的产成品的性价比趋于极限。这时不但可为企业创新提供外部需求环境,亦可为创新提供内部生产基础。也就是企业做大后就为实现新一轮的内外均衡做强提供了经济学的依据和基础。而做大、做强后,使企业达到"人无近忧"必然产生做久的要求。而做久又可去除人们必有的远虑。

(5)打造的举措

①鼓励企业走整合、兼并的道路,使之迅速发展成企业集团。集团可有效地集中优势资源,发展先进的交通运输生产力,增强核心竞争力,为创造知名品牌奠定基础。

②提高交通运输企业的社会化、专业化、规模化水平,达到降低成本,提高竞争力的目的。

③适时地鼓励和支持大型交通运输企业上市。这样不仅可有利交通运输企业扩大再生产,也有利知名品牌的建设。

④加强龙头企业的现代企业制度建设。现代化企业是现代企业制度管理的结果。

⑤在优化资源配置,与浙江省外部交通运输企业整合、重组成新型交通运输企业时,减免企业资产、股权变动产生的相关费用。

⑥交通运输主管部门及时做好交通运输市场主体行为的规范工作,保证企业公平有序竞争,制定发展现代交通的行业规范和服务标准,强化自律、他律机制。及早建立重点交通运输项目和重点交通运输企业准入、认证标准和管理制度,为交通运输大发展提供质量保证。

(6)知名品牌建设

品牌是产品质量良好信誉的淀积,品牌的基础就是质量。因此,龙头企业必须进行以质量为核心的品牌建设。

①首先要抓质量的标准化工作,这项工作由产品质量、加工过程质量和(员工)工作质量组成。其中,加工过程质量是产品质量的保障,(员工)工作质量又是加工过程质量的保障。要指出的是:包括ISO(国际标准化组织)标准、国标等在内的交通运输质量标准,都只是进入各自市场辖域的门槛标准,是一种准入水平的标准,而不是高质量的标准。因此,企业品牌建设中的质量标准,必须高于ISO标准、国家标准、行业标准。

②龙头企业必须通过ISO9000质量认证、ISO14000环境认证和ISO18000安全认证等标准。这些认证是产品走出国门的"护照"。ISO计划中,是要逐步实现质量认证到全面认证(质量、环境、安全、财务、风险等认证)的。所以企业必须紧跟ISO标准,逐步实现上述认证。这是任何产业企业走出国门面向世界、面向未来、面向现代化所必需的。

③品牌建设时,要注意品牌故事的发现与植入。品牌故事是工业技术与人文精神的相结合,利用它就可增大品牌的宣传力度。因此,企业进行品牌建设中,要注意发现、发掘与产品有关的人文故事、建立品牌档案或展览室,大力宣传有轰动效应的品牌故事。

④品牌广告词的设计。品牌建设是一种营销战略、必须抽象、概括出能潜入顾客心目中的广告词。广告词的设计必须满足概念集中原则。无论产品多复杂、市场需求多复杂,一定要将产品广告词集中于某一概念或某一方面优势。相比同时兼顾二、三或更多的期望形成的概念,其优势更醒目、印象更深刻。成功的案例:亨氏公司的"西方最稠的西红柿酱"、联邦快递公司的"次日送达"、宝马汽车的"大驱动力"、沃尔沃的"安全"、奔驰的"精良工艺"等。

7.5 企业家专业才能施培方法

交通运输行业中的企业家专业才能增强要针对合同环境与非合同环境两种情况进行培训、培养才有效。因为这两种环境中的企业管理方法差异很大。

7.5.1 意义

合同环境与非合同环境的概念是ISO提出的。最早出现在ISO9000质量标准中。交通运输部门中,这两种环境中的企业数量和地位旗鼓相当。即交通运输建设施工企业属于合同环境企业,而交通运输营运企业属非合同环境企业。在交通运输部门中,两类企业的作用、地位同等重要。但其产品(项目)在质量管理中的差异却是巨大的。这是因为两类企业赖以生存的依据——产品质量不同,那么其开发、设计、成本、销售、进度、计划等的管理都不相同,生产经营思路的差异也很大。为了快速成就企业家队伍,我们必须按"需"施培才有针对性和有效性。

7.5.2 合同环境与非合同环境概念

(1)包括质量管理体系在内的诸多企业管理体系存在于一定的环境中,起着物质、信息和资金等方面的交换作用,受到政府法规、合同、资源等方面的约束。质量体系不是孤立存在的,它处于一定的环境之中。所谓质量体系环境是指存在于质量体系外界的,对体系发生影响的事物的总和。

在经营环境方面,有供需双方之间是否存在合同关系,以及在合同中需方是否对供方提出质量保证要求的区别。这种区别体现了质量体系环境的特点,形成了两种不同的质量体系环境,即合同环境和非合同环境。企业家培训必须与它所处的环境相适应,在不同的工作体系环境下,建立不同的培训体系。

(2)合同环境,是指供需双方之间建立合同关系,并在合同中对供方提出外部质量保证要求的质量体系环境。需方关心供方的质量体系中,那些影响质量的要求及其控制情况和伴随的风险。因而在合同中除了规定工程和产品的技术要求之外,还要规定供方质量体系必须包含的要素。这时供方应建立和保持一个质量体系,合同中规定的质量体系要素应成为供方质量体系的组成部分,在合同期内,供方应向需方提供各种证据,以证明其质量体系符合合同规定的要求并保持有效运行,工程和产品质量处于受控状态并达到了技术规范的要求。当第三方发布的法规中对企业的质量体系要求是强制性的且在企业的质量管理中处于主导地位时,企业一般都处于合同的环境。

所谓第三方,包括国际的、政府的或民间的权威机构或组织,在合同环境下,企业的质量体系必须符合合同和第三方的要求。

(3)非合同环境,是指由于供需双方没有建立合同关系,或在合同关系中需方对供方没有外部质量保证的要求。这时,供方的质量体系不受需方的约束。第三方的法规虽然是强制性的,但在企业的质量管理中不处于主导地位,企业可通过市场调查预测用户的需要,自定质量等级和水平,根据企业的具体情况建立质量体系。

一个企业往往同时涉及上述两种环境,目前,交通施工企业就是这样,通过投标取得任务,签订合同,由政府派出的监督站、社会监理公司作为第三方,对企业提出外部质量保证的要求,企业处于合同环境。特别是国际工程项目,投资者(需方)和社会监理单位(第三方),对外部质量保证都有要求。因而,交通运输建设企业除按规定的技术要求施工外,还应当按规定的质量体系要素,建立和保持一个质量体系。

合同环境和非合同环境两者的主要特点和区别见表7-1。

合同环境和非合同环境比较 表 7-1

项　目	合 同 环 境	非合同环境
质量体系设计	生产方的质量体系必须包含需方和第三方为质量保证提出的要求，要满足社会有关法规的规定	企业根据市场条件，在最佳成本的基础上，为满足用户的要求和期望，确定质量体系结构及各项工作
质量保证活动	内部质量保证与外部质量保证	内部质量保证
产品市场	供方按合同规定向需方提供产品，需方按条件选择产品规范和质量能力强的企业	产品一般作为商品通过商业渠道销售给用户，用户自由采购
质量等级与目标	按合同要求进行产品设计和制造	按市场需求设计和制造
用户	一般数量少，往往是企业或政府机构	用户多，大多数是产品直接使用者
买卖金额与数量	单价及交易金额大，相对数量少	单价或买卖金额不大，相对数量多
产品故障影响范围	影响需方及需方外的许多人（部门）	一般只影响用户
产品计划	需方确定	生产企业制订
产品设计	供需双方或第三方。一定条件下，可由供方设计	生产企业进行
工艺方法	供需双方在合同中确定	生产企业确定
质量控制	需方指定部分要素	生产企业确定

7.5.3 合同环境与非合同环境中企业家管理能力的差异

合同环境与非合同环境企业因产品、生产、经营特点的不同，使这两类企业中企业家所形成的专业能力有所不同。

(1)合同环境产品的单一性，使产品管理失去了统计学的基础(不存在一个样本的统计学)。弥补的方法：靠“人治”(监理)管理产品。所以合同环境企业家应十分明白监理的地位与作用。而非合同环境企业管理有统计学作为管理各项生产活动的科学基础，对监理知识只要求有常识水平的认识即可，而合同环境企业则要求有专业水平的认识。

(2)合同环境企业的产品设计，项目由外向内展开，非合同环境企业的产品设计则由内向外展开。

(3)合同环境企业管理生产的最高文件是合同，非合同环境企业管理生产的最高文件是国家标准。

(4)合同环境企业高度重视原始技术档案管理，非合同企业则不然。

(5)合同环境企业产品(项目)验收、竣工与非合同环境企业产品的出厂、验收方法是大相径庭的。

(6)合同环境企业重视产品召回管理，非合同环境企业重视产品的维修、保养管理。

(7)合同环境企业更重视成本管理，而非合同环境企业更重视利润管理(适应市场)。

(8)合同环境企业更关心项目对环境的影响(破坏)，最大的影响是对生物多样性的破坏。非合同环境企业更关心的是对生产过程有害经济物品的外溢形成的污染管理。

(9)非合同环境企业产品出厂可实施老化可靠性试验,提高产品的可靠性。而合同环境企业不存在这种可靠性试验。

综上所述,合同环境与非合同环境企业间的本质区别在于产品的单一性与批量性。一般地讲,批量性生产是单一性生产的各类管理的基础。而单一性生产管理科学仍是以批量性生产为依据,又必须“背叛”之。这种关系是统计与样本间的科学关系。非合同环境企业家应处处事事以国家最高标准为依据,而合同环境企业家则是以合同为最高依据。它们之间存在不同,因此在专业或业务培训、培养中必须加以区别,并要急用先学。

8 交通运输发展中的技术制约

8.1 概　　述

8.1.1 技术

技术是对生产细节的有效把握,包括操作技术、生产设备、工艺流程方法等。本文指的技术是社会化大生产条件下的生产技术。凡因技术落后或过时,引起对生产力发展产生的制约现象,均属于技术制约,其制约机理属于老化类型。

8.1.2 技术与经济学的关系

(1)在经典经济学理论中,生产要素中只包含土地、资本、劳动和企业家4项要素内容。同时它将技术中的操作技术、工艺流程方法归于劳动和/或企业家生产要素,生产设备纳入资本生产要素中,而未将技术单独作为一项基本生产要素。

(2)本书属经济管理类项目,经济是出发点,管理是归宿点,技术却是生产管理学中的基本生产要素。因此,在研究中,必须兼容经济学与管理学的分类特点,并实现统一。所以,将技术作为基本生产要素,纳入"Ⅱ生产要素制约篇"。

8.2 技术制约的成因

8.2.1 本质原因

(1)技术需求的快变性与其被掌握的慢变性矛盾产生制约

技术制约本质的揭示,须从技术的本质着手。我们这里所说技术,实指社会大生产条件下的生产技术。它是两部分内容的统称。一是泛指,指根据生产实践经验与自然科学原理相干而成的各种工艺操作方法与技术。二是指操作技能之外相应的生产工具、物资设备,以及生产的工艺过程,或作业程度、方法。前者的主体是人,后者的主体是企业或生产线。

人的技术是技能,而不是知识。技能是经验与理论在人身上的统一(或相干)作用。

这也是高等教育为什么要把工科教育与理科教育分离开的深层原因。经验要累积到一定程度或阶段,才能蜕变成技能。而企业或生产线的技术是企业内外管理背景约束下的有效作业程序。因企业生产涉及指数次方(10^n)的生产要素。故企业技术,对初入行业者是难以胜任的。企业中的管理技术要素要常年在生产中鏖战才能有所获,而不可能从学位答辩的激战中所获得。技术就是生产细节的有效把握(发现端倪、及时补救、应急处置等内容),这种对生产细节的把握也是经验累积的结果。概而言之,人或企业的技术都是慢变的产物,不可能通过突击掌握。因此,相对快速发展的生产力对技术需求的及时性,技术掌握的慢变性使之成为技术制约。

(2)技术发展的连续性与不连续性产生制约

这种提法与库恩在其经典著作《科学革命的结构》中将科学发展分为科学范型与科学异常是一致的。技术竞争(或发展)总是处在“追踪(连续)反应”和“突进(不连续)行动”的无止境的动态过程之中。追踪反应阶段,由于有效竞争,现行技术边际效益不断下降,会刺激创新。此时,先锋企业会运用新技术,推出新产品、开发新市场,实行新的生产组织形式,从而获得“优先利润”,使其在竞争市场处于优势地位。接下就会发生技术“追踪反应”,其他企业开始追随先锋企业的技术方式,以求分得一份优先利润,或避免自身利润下降。这是一种不断交替进行、连续不断的过程。在此过程中,追踪反应阶段,技术边际收益会不断下降,从而形成发展中的第一类技术制约。而在技术的“突进行动”阶段则是出现了全新的技术(例如螺旋桨飞机突进为喷气飞机是一典型案例),但因未成为成熟技术,技术风险巨大,而形成发展中的第二类技术制约。今日,技术发展日新月异,技术不断的处在这种连续/不连续的循环加速过程,即在发展中我们会不断遇到第一类技术制约和第二类技术制约轮番登场的情况,而疲于应对。

(3)“高新技术”需求系统耦合的有效性与实现的困难性产生制约

当今很多技术都是高新技术,其中的“高”是指技术涉及的因素多。因素之间交互作用,常存在非线性关系,还存在价值取向的扰动。高技术实践之难,难在系统效应($1+1>2$)的生成与获得。这需要组成系统的各子系统有效、无扰地耦合。这种操作技术是不可能靠饱读文献、经典获得的。

8.2.2 近期原因

(1)每种技术的寿命周期都在缩短

当今,国内外形势都迫切要求浙江的经济尽快转型发展,这就对支撑经济发展的浙江交通在发展规模、速度、水平方面提出了更高的要求。其中,重要的一条就是要求加快相关技术的更新速度,导致每种技术的寿命周期都在缩短。但是个人、企业从学习技术到掌握成熟技术的周期依旧,仍需要长时间的积累,从而形成技术制约。

(2)技术标准汰旧布新过程加速

随着全球经济一体化过程的深入[例如世界贸易组织(WTO)],浙江经济发展不仅要求产品(或服务)严格实施标准化,而且生产过程、贸易过程也要求实施标准化(例如ISO9000质量标准、ISO14000环境标准、ISO18000安全标准等)。标准化是工业化的基础,标准化又处在与时俱进之中,生产者和企业都难于及时适应(其中涉及技能的改进,对现有生产线的调整,新旧标准过渡时期库存、维修的过渡办法等)而形成制约。例如,浙江为了适应大物流的发展,已经出台了物流基地《建设纲要》《建设方案》和《建设指南》三大纲领性文件,但与国际接轨的、生产必需的、发展需要的标准体系尚未形成,急需加速制定与推行。

8.3 技术制约类型及化解思路

8.3.1 技术发展的方向

战略的实质就是择向。战略利益是战略受用者的最大利益。因此,战略决策必须保证正确。由于战略指向未来,故战略发展方向必须与大背景(或大环境)的发展趋势保持一致。技术发展的方向或战略集中反映在技术发展规划中的技术发展择向和技术发展政策中。

(1)择向方法。技术生产要素相对于土地、人才等生产要素而言,其寿命周期短,属快变性质的要素。在研究解决技术制约时,选择技术发展方向就十分重要:技术发展扣合其大趋势时,可实现跨越式发展,短期内就可取得后来居上的成绩。如我国在军事领域,先选择发展导弹,而不是大型飞机;目前在交通运输领域选择发展高铁等,就是在择向上,选择了可后来居上项目的显例。

浙江交通运输发展中,化解科技瓶颈的择向方法:一要与世界、中国产业发展的趋势同构;二要与交通运输部科技发展的技术政策同指向;三要与浙江产业发展速度同相位。

①当前世界,中国产业发展的大趋势是资金密集型产业的大发展。突出是要降低资金成本,就是要最大限度地实现资金的快速周转。对交通运输产业而言,就是要突出一个“快”字。干线上的运输要快,运输过程中的各种衔接要“快”。我国高铁的发展就紧扣了资金密集型产业发展要求上的“快”。

②浙江交通科技发展方向与交通运输部科技发展同指向发展的意义在于:使其发展是借势发展。这种发展最大的好处是可减少沉没成本,迅速地将科技成果转化为知识资本。放大科技成果的效益,还可避免择向不当带来的风险。

③浙江交通科技发展与浙江产业发展形态同相位,可使交通科技发展效益最大化。

马克思主义告诉我们:有什么样的生产形态,就有什么样的社会形态(包括科技形态)。当这两种形态不但同构,且同相位时,两者才能形成互搓前进的效应。科技才能成为支持生产力发展的及时雨。“及时雨”就是对“干旱”制约的化解。

(2)技术政策制定的指导思想。

①深入实施创新驱动发展战略;

②坚持“面向需求、面向世界、面向未来”的方针;

③聚焦“综合交通、智慧交通、绿色交通、平安交通”的发展;

④体现技术政策的时代性和系统性;

⑤促进科技成果更多更好地转化为现实生产力。

8.3.2 技术发展政策

(1)加强交通科技体系建设

①交通科技体系的建设范围应覆盖交通运输部科技发展指导思想的范畴。这种体系建设,才能保障交通运输部科技发展战略落到实处。这样,其体系中不可或缺的子项体系有:

a. 交通科技创新体系;

b. “面向需求”的科技市场体系;

c. “面向世界”的科技情报体系;

d. “面向未来”的战略、规划体系;

e. 综合交通体系;

f. 智慧交通体系;

g. 绿色交通体系(交通生态环保体系);

h. 平安交通体系(交通安全保障体系);

i. 体现技术政策时代性的咨询体系;

j. 体现技术政策系统性的标准化体系;

k. 促进科技成果转化为生产力的知识资本运作体系。

②体系建设:参照ISO9000质量标准中关于体系建设的要求。

(2)体系建设中的几点备忘

①科技创新体系建设中,政府是主导,企业是主体,院所是支撑,中介是舟桥。

②科技市场体系建设中,要特别关注知识产权管理。

③科技情报体系建设中,要特别关注情报安全管理。

④战略、规划体系建设中,战略体系要强调可观察性和可解释性,规划体系要强调可操作性和实现目标的有效性。

⑤综合交通体系建设中,清楚目的、目标间的关联性,经济学要求与工程实践间的对

接性。

⑥智慧交通体系建设中,要关注机器职能与人工智能,有效明确它们与就业的冲突。当前的重点:公路联网收费;高速公路不停车收费;"全覆盖"路网监控管理;运营桥梁可靠性监测;国家交通物流信息平台;运营车辆 GPS 综合监管;运政联网;出租汽车管理;"一站式"公众出行服务等。

⑦绿色交通体系建设中,要有工程项目绿色重点是生态保护,特别是生物多样性保护;交通运输运营的绿色重点是环保。

⑧平安交通体系建设中,不可或缺的项目有:减灾、防灾,道路安全保障,水土安全监控与保障,交通应急,恶劣气候和海况条件下的快速搜救、援救、深潜救助、打捞、超限运输、交通安全评估等。

⑨ 科技咨询体系建设中,重点是咨询人员的遴选。

⑩ 标准化体系建设中,要特别重视标准与世界接轨,具有前瞻性和科技话语权的获得与巩固;大力推广先进技术、工艺、材料,促进先进成熟技术适应的科技成果及时上升为标准、规范。

⑪知识资本运作体系建设要害是知识产权市场的运作。

(3)体系化建设的技术特点

①巨复杂性。复杂性不仅来自构成体系的要素多,而且还来自要使用因果、价值两类不同的逻辑。

②需求硬技术与软技术的高度融合。

③体系需有自我改进机制,可不断地自动适应环境的变化。

④要有很好的兼容性,能方便有效地兼容需求,整合成一体运作的独立系统。

8.4 交通运输大发展需求的体系技术

8.4.1 综合交通运输体系建设、运作、自我改进的成套技术

(1)建设综合交通运输体系是我国交通运输建设的期望目标。这一点已是业内和全国人民的共识。综合交通运输体系的轮廓已逐渐清楚,但其中的内构、运作等内视内容仍不甚清晰,存在各说各话的情况。或者说:综合交通运输体系的有关经济学范畴的内容已清楚,但有关管理学范畴、工程学范畴的内容仍不甚清楚。界定清楚与不清楚的判据:

①经济学内容:具有解释性和折服性。

②管理学内容:具有可观察性和可操作性。

③工程学内容:特征参数匹配性和容差的经济性。

(2)体系建构的主要内容:

①体系建构原则。

②体系建构的基本原理。

③体系方针、目的、目标。

④体系作用的范围及其界面的确定。

⑤与体系相关联的界面外事物的运作规定。

⑥体系硬核内容及结构。

⑦体系建设步骤。

⑧体系运作过程。

⑨最高管理者在体系中的作用。

⑩系列文件。

⑪评价与自我改进。

⑫体系中使用的重要技术。

⑬体系包容优秀个体或单位模式的方法。

⑭体系建设、运行、自我改进的规定。

(3)上述每项内容都涉及大量技术(含管理技术)问题。因此,这就是为什么我们说体系建设、运作、自我改进是成套专门技术的原因。

(4)综合交通运输体系建设可借鉴ISO9000质量管理体系方法。实际上,ISO14000环境管理体系、ISO18000安全管理体系以及随后的财务、风险管理体系标准的制定都是承袭了质量管理体系的方法。

8.4.2 交通安全保障体系管理技术

交通安全、交通拥堵和交通污染是全球交通运输中最严重、最难解决的问题,自然这也是我国交通发展中的大问题。任何属性事物发展遇到的大问题都将制约事物的发展,因为它们都将阻滞发展过程。这三大交通问题的解决,其思路是有所不同的。交通安全问题要用交通安全体系与交通安全控制相结合的方法解决;交通拥堵问题则要通过交通经济学的手段与交通工程手段相结合的方法解决;交通污染则是通过法规手段与行政手段相结合的方法解决。

(1)交通安全问题。交通安全事故发生在交通运输生产线的界面附近,这是一种有害的经济产品,是我们不希望的。发生在交通运输生产线上的安全事故,称之为生产安全事故;发生在远离交通运输生产线的安全事故,通常称之为刑、民事事件。换言之,交通安全事故是发生在交通运输生产溢出线附近的有害经济产品。因交通运输具有公用性,故它在任何历史时期都是属国家行政的对象。因此,解决交通安全问题的有效方法就是要采用安全体系与交通安全控制相结合的方法。

(2)交通安全体系。主要是解决面上的交通安全问题,即就是要使交通安全状态就位。也就是要达到大面积、大幅度减少交通安全事故的目的。其状态是用统计特征表述的。交通安全体系有4个层次:

①法律法规层次。为交通安全提供社会安全保障。

②标准规范层次。为交通安全提供行业安全保障。

③规章制度层次。为交通安全提供企业安全保障。

④安全意识层次。为交通安全提供个人安全保障。

其中的每一层次都包含了大量的安全技术内容,必须将其组织成一张安全网,已形成恢恢天网——此乃体系管理的出发点和归宿。

(3)交通安全控制。交通安全体系的建立为的是使交通安全状态全面就位。而个体(个人、班组、企业)的安全则靠交通安全控制实行点态的就位。以制止交通行为过分的偏离正常值。其实质就是一种交通安全中的纠偏管理。

(4)交通安全体系与交通安全控制的有效域是交通运输生产线及其邻域。因此,这是一种针对交通安全事故发生在线上和外溢有限空间,而制定的管理方法。交通安全体系与交通安全控制中的安全意识教育就是为了克服安全事故这种外溢性的前置防范。因此安全意识管理是一门专业学问,也是一门专门技术。

8.4.3 交通拥堵管理技术

1)问题属性

交通拥堵问题是由交通生成的集聚效应、规模效应和乘数效应联合作用产生的负效应,是经济学属性的问题。故而用工程学的方法解决不说适得其反,至少是乏效的。只能用经济学的方法解决,即还是那句老话:几何学的问题,要用几何学的原理解决,才有效。

2)解决方法

必须采用疏与“堵”相结合的方法解决。

(1)常见的疏法:

①大力发展有效的公交系统,“迫使”大众出行优先选择。制造优先选择机制。要则:调整运价比,使公交出行既经济、又省时。

②错峰生产时间。

③建设强劲的环线道路,环线的生成就是匀化市中心区域集聚效应强度需求的。

(2)常见的“堵”法:

①收取拥挤费(或税)方法。

②加大限止使用非集约性高的交通工具出行。

(3)城市规划的检讨、修正。交通拥堵与城市规划的关系极大,故需重新审视:

①城市规划中过分强调以功能区区划布局去主导。

②城市规划展开逻辑序列中应以交通因素来主导城市发展,而不是别的因素。因此,在当今的城市化、城镇化中,就值得去研讨此问题,以将问题解决在萌芽期。否则将来积重难返、改制成本很大。

实际上,上述各点是一套管理技术,只有联合实施才能提高有效性。

8.5 大物流体系建设技术

大物流体系建设和应急物资运输保障体系建设,虽均为体系建设,但由于内容较多,需专节分别论述。

8.5.1 存在的主要问题

(1)交通从业者现代物流观念淡薄,现代物流体系工程知识短缺。当现代物流观念淡薄时,决策者将缺乏对现代物流发展目标的定位能力,而用传统物流观念去决策物流活动。而现代物流体系工程知识的欠缺,将使决策者、管理人员及技术人员在物流发展过程中,不知如何一步一个脚印地向前推进发展。

研究大物流发展存在的问题时,应以物流生产中的4项核心任务为标靶,去梳理其中存在的问题。

①集成物流活动。是指对原材料采购、半成品、成品的库存管理、运输、仓储、配送、包装等物流活动进行科学和合理的集成,实现一体化的运作与管理。

②整合物流资源。是指对企业相关的物流资源:仓库、运输设备、设施、土地、劳动(或人力)、信息、资金等进行整合,使之成为一个新的物流系统,优化企业的资源管理与控制,以达到节约资源、提高资源利用率的目的。

③提供信息服务。是指根据市场需求和现代化物流生产的特点,及时地为企业、管理人员提供物流生产信息,以供决策。

④实现资本增值。是指通过物流活动(或生产)降低企业经营成本,创造更好的资本增值,以及扩大产品市场,提高资本的回报率实现资本增值。

(2)大物流体系的发展距综合物流体系还有相当的距离。根据浙江物流发展现状,由图8-1物流业经营活动与物流业发展阶段可知:浙江的物流发展尚处于储运物流、配送物流阶段,综合物流还发育不够。下一步还待加强流通加工、信息服务和销售经营活动,以促进综合物流、供应链物流的形成。

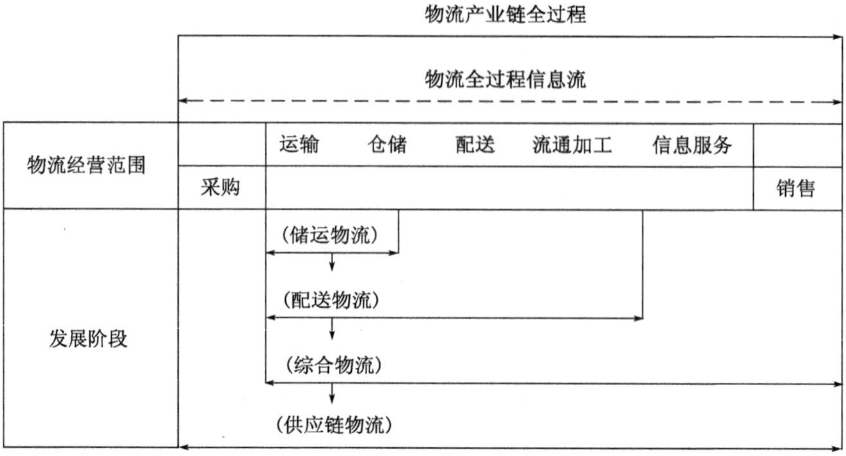

物流产业链全过程

物流全过程信息流

物流经营范围		运输　仓储　配送　流通加工　信息服务	
	采购		销售
发展阶段		（储运物流）→（配送物流）→（综合物流）→（供应链物流）	

图 8-1　物流业发展阶段与经营范围关系图

（3）物流管理体制还有待改进、完善。现行的这种内外分离、条块分割、缺少横向联系的管理体制，将使物流业向社会化方向发展严重受阻。

（4）物流中心距体系化建设还有相当的差距。而整合物流资源，形成新的综合物流系统则必须要依托物流中心的体系化建设。只有体系化，才能有效解决储运物流的集中化、规模化与配送物流的分散化、个性化间的矛盾；才能使物流经营不断快速地上层次（储运物流→配送物流→综合物流→供应链物流）。所以，物流分散、布局不合理的深层原因，就是在物流发展中缺少建设物流中心体系化结构的意识。

（5）物流企业的规模普遍偏小，缺少有品牌的龙头企业。企业规模小，物流成本难以大幅下降，即企业规模效益不显著时，将严重削弱其市场竞争力。缺少品牌龙头企业，使物流行业发展没有榜样的示范。而引导复杂事物发展的有效方法就是榜样示范加总量控制。

（6）物流信息服务有待大力加强。从图 8-1 可知，综合物流是建立在储运物流、配送物流和信息服务的基础之上的。若配送物流和信息服务不到位，要发展供应链物流就更不现实。

（7）物流作业硬技术较为落后。如物流信息技术中电子商务有待大发展。甩挂作业受作业场地和甩挂车辆标准化水平低的制约。

（8）物流专业人才短缺，特别是物流职业经理和专门技术人员两类人才需求的短缺，将影响物流技术的提升、物流效率和经营效益的提高。技术就是对细节的把握。

（9）物流产业发展配套政策有待完善。主要包括支持类政策、引导性政策、发展性政策。其中支持类政策包括物流产业政策、投资政策、企业融资政策、土地政策、税费政策、运输管理政策等，引导性政策包括空间布局政策、优化产业结构政策、工商企业与物流企业剥离政策等，发展性政策包括支持龙头企业做大做强政策、引进外资物流企业政策等。

8.5.2 物流中心规划认识有待提升

1)必要性

(1)规划建设物流中心,使物流企业"扎堆",形成集聚效应。因为物流对象的"源"与"宿"在地理空间的分布是呈散布式格局。散布有利于就地利用资源,但不利于形成规模效应。解决这对矛盾的方法就是使散布点形成集中散布点(通俗讲"扎堆"式的散布)。即在交通便利的地方建设物流中心,使物流企业"扎堆",故"扎堆"实质就是利用交通路网的吸引特性形成的。只有如此,方可提高物流的效益。

(2)物流中心体系化。物流是经济活动,由(德)克里斯塔勒中心地理论可知:城镇是人类社会经济活动在地理空间的投影,是区域的核心。城镇应建在位于乡村中心的地点,作为周围乡村的中心;中心地依赖于收集输送地方产品,并向周边乡村人口提供所需货物和服务而存在。在广大的地理空间上,应形成不同层次中心地的体系,其市场、交通、行政配置才最优。因此,浙江交通的物流中心也必须由不同层次的中心构成体系。体系的内容包括:由上、下不同层次的中心形成的高低序列组成;上下层次中心间的纵向联系的重要性高于同层次中心间的横向联系,但这样横向联系又是必不可少的。之所以强调体系化,目的就是要使物流中心的效益最大化。

(3)行政中心、交通中心、市场中心重合时,城镇(或城市)的集聚效应、规模效应和乘数效应才能趋于最大化。因此物流的发展能有效促进行政、交通、市场(三中心)合而为一,为推进浙江新型城镇化的建设提供大的支持。

2)物流带规划思路

(1)物流带是物流线路在地理空间中的高密度分布带。这种物流线路具有统计特征,是物流企业利用交通运输路网而形成的。因此,在规划物流带时,必须先厘清物流带与路网的关系。

①路网是因,是生成物流的依据。物流带是果,是统计的结果。故而是先有路,而后有物流带,不能反之。

②路网是慢变因素,物流带是快变因素。由哈肯支配原理可知,慢变因素支配快变因素,反之不存在。物流带只存在既有的路网之中,而不能用物流的配置去创造出物流带。通过改变现有的路网格局,必须先形成可实现期望物流的物流带的机制,再去优化配置物流资源,方能达到创造物流带的目的。因此,浙江的物流企业、物流园区,只有布局在物流带上,才能获得区位利益。

(2)对物流带形成起支配作用的路网因素中的"大道"因素。西蒙大道定理告诉我们:各种经济活动通过最近的"大道"实现时,生产中的运输成本、资金成本才最为低廉。

交通运输大道即是驱动工业区位、物流中心区位形成的最重要的驱动性的区位因素。

3)物流中心层次及功能

(1)物流基地、物流园区、"物流中心"、物流配置中心等名词都属经济地理中心范畴的概念。

它们都具有汇集、分拣聚类、发散(或辐射)的功能,其流可以是物流、人流、信息流、金融流、能量流等。这些流汇集、辐射地理范围的大小决定其中心的等级层次。在物流学科中,还没有对(广义的)物流中心的等级,与其作用的地理范围进行规范对应。而在汉语语义中,一般认为作用的地理范围按大小,依次为基地、园区、中心等。在行政管理学中,关于组织机构运作有效的原理,就要求管理机构在上下层次间形成分形的结构(即分形按局部与整体相似展开),这种管理体系运作时,耗散才最小、效率才最高。

(2)各级物流中心及功能定位。

①物流基地❶——宜设在杭州市。核心功能:物流研发中心。要将物流发展战略、规划等转化为基础工作和工作细则,将需集中管理的物流工作(例如物流信息平台等)安置于其中。

②大物流园区——地点:大海港、综合交通枢纽,主要是宁波、温州、金华、嘉兴。核心功能:示范物流园区和先期吸引投资的落脚点。未来将建设国家通道物流基地。

③物流园——地点:市、县。核心功能:为该地区物流产业发展提供基础条件。

④物流配置中心——地点:重点乡、镇。核心功能:为周边物流集、输提供支持。

4)货运站规划思路

(1)农村客货运输为农村物流配送体系建设提供了坚实的基础,为城乡商务对接农村物流体系提供了基础,让物流配送成为连接城乡商务活动的重要基础,也是实现浙江物流配送一体化体系的基础。

(2)充分发挥和利用交通邮政配送体系的现有基础。依托日趋成熟的城乡客运班线、乡镇客货运场站及邮政网点等这些资源,去满足农副产品进城、农资及生活消费品下乡等城乡物流配送需求。以此为核心,通过设立配送中心、各乡镇邮政支局(所)设立配送站或村加盟点作为配送点的网络体系,形成覆盖全省农村物流服务网络。

(3)做好城乡配送线路整合的问题

①建设客货一体站。这样不仅可有效地利用现有资源,还可使配送提速。客运班车"以客带货",提高农村班车资源利用率。

②建立城乡配送网。利用农副产品市场和农村放心超市等现有资源建立配送网,促

❶基地是由军事基地演变而来,原指军队进攻或防御的根据地,而其他种类的基地就是借用、引申而来的概念。一般对基地,虽易知大概意思,但难知详细。而在规划中要使用,其概念就必须清楚。军事上的基地、根据地不是指前线,而是大后方。移植到物流业中使用时,也应如此。即物流基地不涉及作业层面事物。

使农村物流配送逐步从商业企业中分离出来,以组织紧密型的农村配送网络。

③利用现有的传统货运、仓储、货运代理、小件快运等企业的资源优势,扩大农村物流服务范围,提供优质、高效的农村一条龙服务。

(4)实现城乡配送网络与农村物流网络的有效衔接。促进货运站与乡镇企业结盟,以推动农村工业物流发展;促进物流专线企业与农村商品市场、农业大户结盟,将物流专线公司与农产品市场有效整合;促进物流企业、货运场站与乡镇企业结盟,而最终促成农村物流与乡镇企业互动发展;促进城市超市、农产品市场等流通主体与农村产品市场结盟,形成新的城乡互动关系。

8.5.3 各层次物流园区规划思路改进意见

(1)园区发展目标定位。目标是由物流市场需求和园区发展战略共同确定的。其中需求分析又由远期需求分析与近期需求分析构成。而园区的发展战略是要使发展的机会利益和比较利益最大化。

①物流市场的长远需求分析则由物流园区区位分析与物流发展大趋势分析组成。区位分析的目的是要使园区选址在物流园区的区位上,而使园区具有地理位置所赋予的可持续发展条件。物流发展大趋势的分析目的,则使物流发展的所选项具有可持续发展条件。即长远需求分析是要使规划具有前瞻性。

②物流市场近期需求分析。由物流形态需求和物流规模需求构成。其中形态分析是要使规划满足物流形态上的主客一致性。而规模分析则使物流发展满足数量(或规模)上的供需均衡。通过两种分析使资源得到有效配置。也就是说近期分析是为使规划具有均衡性。

③园区发展战略要与国家社会经济发展战略和物流产业发展战略以及浙江省的社会经济发展战略与规划发展方向一致、速度同步。即这是一种顺势而为的战略。

(2)确定物流园区性质、功能和规模。其中性质是指物流园区发展以何种类别的物流为主。园区的功能则由园区的性质以及长远需求分析的结论来确定。这种功能将决定园区物流基础设施的内容及物流组织与管理模式。而由园区的功能与园区的近期需求分析结论则可确定园区发展的规模。

(3)园区发展规划方案生成。

①确定园址:在宏观(大背景)园址区位分析的基础上进行微观(小背景)园址区位分析。园址微观区位分析中首要的就是交通条件分析,其中要突出园址是位于两种运输方式路网的交叉点或不同方向的同一运输方式干线网络的结点(节点)上,以方便形成运输规模的扩张和便于组织快捷运输,而降低运输成本、减少迂回运输。故园区宜选择于交通枢纽中心处,可使物流园区与运输网络高效衔接。此外还需重点考虑土地供给及价格因

素、劳动力价格因素,以及环保与生态要求条件。如果依托经济开发区、工业开发区、产业园区、保税区等布局时,须便于原材料供给、产品生产和产成品销售等环节的物流组织与管理。

②园区功能区的布局:依据园区的性质、功能和规模及确定的园址和用地情况进行布局:有运输枢纽功能区的布局(包括集装箱运输场站、零担货物场站、货运配载场站、甩挂车辆场站等);物流组织与管理功能区(包括货物运输、分拣包装、储存保管、集疏中转、市场信息、货物配载、业务受理等)的布局。特别注意的是公、铁联运设施设备的配置。

(4)园区运营。

①建园模式。物流园区具有公益和盈利的双重性。早期其公益性大于营利性,发展后则翻转。因此,物流园区的经营管理由公益性管理启动、成长,然后再逐渐转变为企业化管理。政府负责园区的购拨土地、基础建设、配套设置建设。园区建成后的地产,通过出售、租赁、物业管理和信息服务等多种方式转变为企业化管理。

②物流企业与物流园区的关系。推荐:企业以自主经营的方式入驻园区。可根据自身经营的需求,自行投资建设或租赁相应的仓储设施、堆场、转运站,并配备相关的机械设备及辅助设备。园区还需考虑不断向第三方物流发展问题。园区在审批物流企业自身经营项目时,要充分考虑对传统运输与仓储企业的服务提升。即考虑各种物流设施经营运作的专业化问题。

③需要有推进物流企业体系化建设规划的内容。这是国家对"十二五"物流业发展提出的任务。物流企业发展主方向是要深化物流企业的市场分工,形成大、中、小企业合理经营的组合架构和关系,完善物流市场的组织机构。具体内容有:

a. 推进各种运输方式的龙头物流企业发展,加速运输现代化的进程。

b. 积极培育多式联运的发展。为物流的网络化、集约化和规模化提供手段与支持。

c. 建立具有浙江特色的物流企业联盟。浙江物流企业大多数规模较小、市场集中度低、机构性供给不足,运输效率低,严重阻碍了向现代化的转型发展。在浙江层面,建立具有浙江特色的物流企业联盟,将有助于整合物流资源,形成网络化运输格局,充分发挥节点的集疏运输能力,提高运输组织化程度和物流效率,降低物流成本。

d. 扶持第三方物流企业的发展。第三方物流是目前物流发展的最高形态,故而为发展方向。

(5)园区建设保障规划。主要由建园政策与实施方案组成。

①建园政策。主要有:投资政策、税收政策、土地政策和基础设施政策。

②实施方案。园区建设必须遵从整体规划、分步实施、逐步完善的建设办法。其中分步实施、逐步完善就是实施方案的内容。实施方案要突出项目建设的秩序、进度和筹资方案。

8.5.4 规划实施方案建议

(1)规划方案与规划实施方案的关系

①规划方案是对规划期中的未来发展状态的描绘,其研究主体是事物;而实施方案则是规划期间,实施规划目标的工作方案,其主体是人。

②规划方案的核心质量是规划目标的科学性和前瞻性;实施方案则是实现规划目标的有效性和操作性。

(2)实施方案的核心内容

①规划项目建设的展开序列,及其开工和竣工时间。

②建设项目的资金研究。

(3)实施方案项目落实

①方案落实:落实各项目责任单位或责任人,项目建设期,主要考核指标,资金情况等。落实内容宜采用明细表说明。

②项目落实:列清完成项目任务必要的环境条件和自为自控内容。将满足环境条件的内容列入建议栏目,祈请有关领导进行行政协调或人大立法解决。自为自控内容列入措施栏目。

③企业生产经营活动的规划就位,要避免采用行政命令的方式,应采用经济手段,引导发展。物流项目发展调控方法如表 8-1 所示。

物流项目发展调控方法 表 8-1

序号	内　容	方　法
1	新物流项目建设	投资和减免税负
2	物流项目改造、扩容	投资或补贴
3	物流运输方式选择	运价比或税率
4	物流体系组织建设	补贴
5	企业素质与数量控制	许可证制度

④滚动管理。因本规划的规划期长达数年,为了不断适应快速变化的社会经济形势,建议对规划实施滚动管理,定期修订。滚动周期的长短,要作出明确规定。

8.5.5 大物流发展应标准化先行

浙江省领导视察交通运输厅讲话中,树立了"交通就是物流"的观念。要把浙江物流做大、做强、做久,走到全国,甚至世界前列。浙江建成综合运输体系,要能辐射全国乃至世界。实现经济大腾飞,要靠大物流。如何支撑大物流,除了靠大港口、大路网、大投入等以外,还有一项做大、做强、做久"大物流"不可或缺的技术,那就是标准化技术。

1）标准化是大物流的基础

见名思义，“大物流”就是用工业化生产方式去完成物流过程的。工业化之所以能创造出空前的社会生产力，是因为它采取了社会化大生产的方式生产。社会化大生产的主要特征：集中化、同步化和标准化的生产。现代化物流的基本特征实际上也如此。专业化、信息中心的设置都是采用集中化的方法。系统化就是同步化在物流中的保障。而物流中心物资流、信息流要在全球范围畅流，就必须满足标准化要求，才能使“流”能集中化、同步化地进行。即要集中化、同步化就必须保证物流各环节能形成“榫卯”配合结构，而不是“方枘圆凿”的结构，这种保证就靠标准化的方法来实现。

要加快现代物流的发展，就必须加快物流标准化工作的建设。其内容包括：做好物流术语、物流与服务电子编码、数据交换、物流信息平台、物流作业、物流服务等标准的择用、制定、修订、贯标等标准化工作。

特别要指出的是：

（1）择用、制定标准时，应与国际标准接轨，或直接择段采用国际标准。否则将形成难以估量的制约。

（2）制标、贯标要突出“快”字。否则积重难返，改制成本会大到难以承受。

2）积极开展物流标准化工作

（1）普及标准化的物流概念。物流概念的标准化是实施物流标准化工作中十分重要的一环，对促进物流作业迅速发展、并与国际接轨起着重要作用。特别是对提高物流从业人员对现代物流的认识，改变传统流通理念和方式，以及推动浙江乃至中国现代产业的发展，将产生积极深远的影响。

现广大物流从业人员对现代物流的概念还不甚清晰。这是因为物流的形态是随着社会形态的发展不断嬗演变化的，人们的认识往往会滞后，不能与时俱进。正因为如此，2001 年国家经贸委在《关于我国现代物流发展的若干意见》对现代物流规定了定义：现代物流泛指原材料、产成品从起点至终点及相关信息的有效流动全过程。经贸委之所以重视现代物流的定义，就是基于很多人将“现代物流”等同于“传统物流”。不清楚：

①传统物流整合的只是技术操作功能；侧重于企业内部整合资源；关注的是物流对象及相关服务的可获得性。

②现代物流整合的是经济管理功能；主要进行跨企业界面的资源整合；通过众多企业的协调来优化资源的配置，即供应链管理。

由此可知，现代物流的衔接范围大大地超过了传统物流。其中许多内容超出了企业管理的范畴，进入了社会。若不严格定义概念，就无法统一人们的步调，使现代物流成为可望而不可即的理论，或又回到传统物流中去了。

现亟待普及的标准有：

①《物流术语》(GB/T 18354—2006)。

②《国家物流标准体系表》。

③《物流标准化总体规范》。

④《物流信息标准体系表》。

⑤《物流条码技术应用规范》。

(2)信息标准化。物流生产中,首先涉及的是信息化建设的标准化问题。2004年,全国物流信息化管理标准化技术委员会编制实施了《物流信息标准体系表》,确立了物理信息方面的国家标准体系框架。国家标准明细表及国家标准体系表从需求出发给出了规定,有4个层次的内容：

第一层:物流信息基础标准,是物流信息系统建设中的通用标准。

第二层:分为技术标准、管理标准、服务标准和其他。

第三层:物流信息技术标准。

第四层:第三层的细化扩展标准。

浙江物流企业信息标准化工作的重点是第四层次的内容。

(3)企业的物流标准化工作。企业要积极参与物流标准化的工作。不仅可以迅速提高企业的劳动生产率、减少因“摩擦”造成的成本损失。参与标准化的制定也是物流企业争取技术话语权的重要方法。如果物流企业获得某项物流工作标准的起草及修订权后,此企业就可取得对应工作的“盟主”或“旗手”的地位。这将对企业维护巩固既得技术利益,起到举足轻重的作用。标准化制定的后面蕴藏着巨大的经济利益,这也是一种知识产权。物流企业,特别是从事有地域特色的物流企业,从开业第一天起,就应抓紧对应标准的编制工作,最好能做到使他人无法“置喙”其中。因为垄断可以获得超额利润。

3)物流企业应编制自己的物流质量标准

(1)企业物流质量标准

物流企业必须编制自己的物流质量标准。

①质量的定义。凡人工事物都存在质量问题。今日质量之所以重要,这是因为质量是人工事物存在的依据。质量的定义很多,但我们必须以ISO公布的定义为主。我国国家标准中规定的质量定义也是“照搬”或移植ISO的。或者说:国标与ISO对质量的定义是完全相同的。它是“一组固有特性满足要求的程度”。

其中“一组固有特性”指的是一组特性的集合,而且这组特性是事物自身固有的,不是外部赋予的。特性可以是定性的,也可以是定量的。既可是物理性质的,也可以是人体(生理、心理)性质的和思维性质的。“要求”包括明示的、隐含的或期望的需求。“满足”

是一种感受,是心理活动的结论。由此可知:ISO 对质量的定义是沿袭了经济学中的均衡概念的思路规定的。

②物流的质量问题。任何企业生产的任何产成品都可能存在质量问题,解决质量问题,首先要解决质量的标准问题。而要解决现代物流的质量问题,又先要找出物流中物资流的固有特性是什么。在物流过程中,至少可以分解为 4 个方面的特性要求:

a. 费用最低;

b. 准时到达;

c. 数量准确;

d. 安全运达。

物流企业在制定所从事物流项目的物流质量标准时,可从上述 4 个方面入手,加以细化。细化时要注意满足下述“四性”要求。

a. 有效性高(观测出质量与客观存在的质量是同一的,或基本上是同一的);

b. 可观察性好(是本质表现出的现象);

c. 可操作性好(质量因素是可直接感知的,而不是抽象概念的);

d. 可解释性好(具有逻辑构造性)。

(2)编制物流生产技术标准

物流企业要编制自己的生产技术标准,企业制定实施生产技术标准是企业走向现代化不可或缺的一个环节。物流企业的生产技术又可分为硬技术和软技术两类生产技术。

①物流硬技术。包括“材料”“机械”“设施”等都应有自己的技术标准。

a. 材料——指托盘、集装箱等集装用材料;产成品用的包装材料。

b. 机械——指叉车、吊车等装卸机械;卡车、货车等运输机械。

c. 设施——指仓库建筑物、集散场所等管理设施、卡车终端,铁道货车站等。

②物流软技术:包括计划、运用和评价等。

a. 计划——指规划、设计、硬技术引进等。

b. 运用——指运输工具的选择与使用。

c. 评价——指成本计算、资料管理等。

③加强标准化管理,积极推进物流车辆结构的趋优。通过标准化与政策管理相结合,鼓励发展厢式运输、甩挂运输和重型化运输,引导迫使浙江物流企业购买、使用节能环保标准化车辆。

8.5.6 大物流需求化解甩挂运输制约

1)甩挂运输是一种适应物流发展的先进运输组织方式

(1)甩挂运输由牵引车与挂车组合而成,挂车轮流上路、周转使用,而牵引车是持续使用。如此,可将时间、人力、能源等这些稀缺性高的资源用在刀刃上。或者说,甩挂运输是公路货物运输中,最能广谱满足各种需求均衡的一种运输组织方式。也是早已成为美欧日等发达国家的货物运输中的重权方式。根据这些国家多年的运输经验,拖挂比为1:2.5。截至2012年10月初,全省已有7个部级甩挂运输试点项目,19个省级项目,宁波等相关地市还分别评定了一批市级甩挂运输试点项目。2012年12月12日浙江省甩挂运输推进会议的召开,标志着全省道路甩挂运输进入了全面推广阶段。也就是说,甩挂运输在浙江正处于发展前期,大有作为的空间还很大。

(2)由于甩挂运输是一种先进的运输组织方式,对实现浙江经济跨越式发展有着重大意义,那么,作为现代物流重权内容的交通运输必须优先现代化。所以,发展甩挂运输是成就浙江现代化物流的关键因素。

2)制约甩挂运输的主要原因

甩挂运输尚未形成有效的甩挂运输体系。

(1)满足甩挂运输作业的站场过少,而且进行甩挂运输作业的站场,也达不到甩挂作业要求。

(2)企业信息化水平低。甩挂运输只有通过信息管理系统才能有效地实施货源、车辆调度、监控、仓储、订单理货等管理,并且GPS与技术普及率尚低,使甩挂运输目标市场受限。

(3)除牵引车与挂车比例低以外,甩挂接口的标准不统一,也造成甩挂运输发展受阻。

(4)发展甩挂运输是系统工程问题,企业投入资金量大,见效慢。

3)关于发展甩挂运输制约的建议

(1)将甩挂运输体系建设、运作作为物流规划的一个子项内容,进行系统设计。

(2)浙江物流规划中,加入甩挂站场的布点规划。

(3)适应浙江甩挂运输技术文件的编制。优先重点的工作有:

①牵引车与挂车的造型规范及牵引车与挂车甩挂连接标准。

②甩挂运输站场设计规范。

③甩挂运输网络化(含建设网上交易平台)设计。

④甩挂运输是牵引车与挂车组成的系统,需分别对待车辆保险和车辆报废年限的问题。若不加以区别或区分不够,形成不合理而加重企业负担,从而会制约甩挂运输发展。

⑤依据交通运输部、国家发改委《关于甩挂运输试点工作实施方案的通知》、“地方交通运输和发展改革部门应根据实际情况对试点项目(单位)甩挂运输车辆更新、站场及信息系统建设等相关技术改造给予支持”的规定。从速编制浙江甩挂运输发展路线图。拟

编甩挂运输试点企业的车辆购置、站场技改、货运管理信息系统建设的资金配套办法和标准,以及资金扶植的实施办法。

8.6 应急物资运输保障体系建设建议

8.6.1 意义与类型

1)意义

保障人民群众生命财产安全、维护公共利益和社会秩序,提高应对各种突发事件(自然地、人为的)的能力。根据《中华人民共和国突发事件应对法》《民用运力国防动员条例》,以及交通运输部颁布的《公路交通突发公共事件应急预案》和《关于道路运输应急保障车队建设的指导意见》的要求,建设应急运输保障体系及推进道路运输应急保障车队建设。由于运输保障体系和道路运输应急保障车队建设与物流运输的关系最为密切,因此,应将上述一项建设纳入物流规划中。这两项建设与物流的关系中,有两点需妥善处理:

(1)应急物流运输过程实为一类特种物流。其特点是其需求时间是突发的,流宿地是不确定的,流的规模也是或然的。

(2)应急保障车队运输正是适应具有高度不确定性应急物流的可靠方法。应急车队是应急物资运输保障体系中的一个最有必要,又易于实现的子系统。以它作为体系建设的切入点是有效的,它在体系中可起"牵一发而动全身"之效。

2)应急物资运输类型

(1)应急物资运输对象。只有清晰应急对象,才能低成本、有效地达成应急需求、期望和目标,才能有效地进行体系建设。

(2)应急物资运输应对领域定位4种类别:

①突发自然灾害应急物资运输。

②突发灾难事故应急物资运输。

③突发公共卫生事件应急物资运输。

④突发社会安全事件应急物资运输。

8.6.2 应急物资运输保障体系的机制建设

1)体系核心机制

(1)任何管理体系必有期望目标,期望目标的实现依赖于机制的有效运作。这种实现体系期望目标的机制,称为核心机制。应急物资运输保障体系的工作方针是:预防为主、平急结合、快速反应、运转高效。即要将方针转化为平急转换机制。

(2)平急转换机制。其中的平急关系:急是目的,平是手段。即在应急体系中用的是急,平是用来养急的。急之所以要养,乃是应急体系处置的是“突发”事件之故。突发就意味着事件发生的时间、空间和特征(属性、强度)都是不确定的,且事件是小概率的,因此,对于小概率突发事件的管理,不能实施按故障手册方式(或制度管理方法)处理的模式去管理。否则“豆腐会变成肉价钱”,而是采用“以静制动”的管理模式去应对,这种模式有两种:

①体系保障管理方法。这是应对具有非纯粹偶然性(或存在有偏性,统计学中称为系统误差的随机现象)的小概率事件的管理方法。

②保险管理方法。这是应对具有纯粹偶然性(或不存在有偏性)的小概率事件的管理方法。

综上所述,可得图8-2,图中A、B区间,则要依据风险管理成本与风险损失相比较后确定选择哪种管理模式。

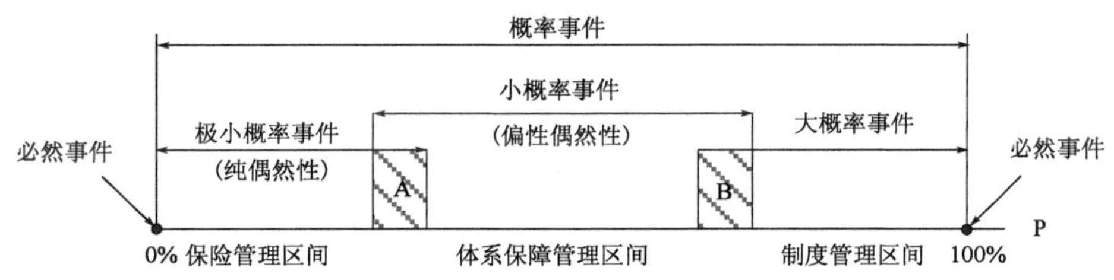

图8-2 事件发生概率与应对管理模式

在以静制动的应急管理模式中,“静”即与平急转换机制中的“平”对应,“动”则与“急”对应。制即为转换(以及控制)。平急转换机制中的核心目标(或质量):

①平要能养急。

②急要反应快。

③应急物资的“储”与“出”均衡现场的需求。

2)平急转换机制组成

(1)必备子机制之一:平养急,这就要求“平”与“急”机构共存。养是最主要内容,就是要时刻准备好快速应急反应和机制性的补偿应急过程中支付的成本。建设此机制最大的困难在于:“急”通常是公益性的活动,而“平”是营利性的活动。要使两者长期和谐共存,必须要采用一种可实现双赢的方法。通常是通过补贴、减免税负、投资等方法使“急”可能持续下去。换言之,任何应急物资运输保障体系建设,须将应急运输与道路运输的生产经营相结合,日常的道路运输经营活动有为应急运输提供“养”之责的机制。

(2)必备子机制之二:急时反应“快”,即发现应急事件快,应急决策快,应急行动快。应急的基本要求就是突出一个“快”字。“快”能将突发事件消灭在萌发期或发展期。这

样不仅可减轻事故造成的损失,还可抑制次生灾害的发生,及其带来的关联损失。应急反应快,基于:

①发现事件快,主要靠组成应急体系的信息管理系统。

②应急行动快,主要靠有效的管理制度。

③应急决策快,主要靠完善的应急方案。

(3)必备子机制之三:有应急物资的“储”与“出”,能动态适应应急现场需求的机制,即应急物质的储备能满足应急需求。对交通运输业的应急物资运输保障体系建设而言,还应包括应急保障车队与应急需求的均衡。无论是物资的仓储、还是车队的规模等的合理确定都是较难的。因物资仓储的品种、规格、数量,车队的功能、规格、数量等都是确定的,而应急的需求则是概率的,用确定性去均衡不确定是存在很大风险的。

8.6.3 应急体系建设中的重点任务

1)应急服务的类型层次及服务的地理范围

(1)服务类别涉及应急物资车辆设备的准备和使用管理,处理物流企业的各种“统”“独”关系以及应急预案的编制。

(2)服务的类别层次,将涉及与浙江省应急物资运输保障系统的分工合作关系。

(3)服务的地理范围,涉及应急体系的设点布局,路网的网络可靠性,应急车辆的选型等。

2)保障体系队伍建设

(1)确定合理的人员编制,及其与物流体系合署管理的方式。

(2)人员培训,特别是应急观点的培训,即要养成常备不懈的意识。

(3)应急演习。演习是增进能力的有效方法。

(4)工资、职称、职位的落实。

(5)团队建设是保障队伍建设的核心任务。

3)应急信息系统建设

见8.6.4应急信息系统。

4)应急预案的制订

应急是一种不确定性的事物。对不确定性事物的管理只能采用确定性(制度性或手册式)方法去管理。预案的制订就是对不确定性事物所采用的一种典型的确定性管理方法。由于不确定性事物的类别很多,难以穷尽。因此,预案管理只能采取抓关键少数的方法去进行管理,关键少数的知晓,采用ABC分析法(又称帕累托分析法)。对A类关键少数性类型的应急事件,必须编制应急预案。对B类视其价值(经济的或政治的)而定,其他十分少见类型的应急事件,采取"人治"方式应对。此时要求应急保障人员有较高的专业素质,这要靠培训和组织体制去保障。

5)提高路网的网络可靠性

(1)网络可靠性系指网络任一处道路中出现交通中断时,路网仍为一个网络,这就说明其网络的可靠性高。如果此时形成两个或多个独立网络时,说明网络的可靠性差。如图8-3所示路网的可靠性图解说明图。

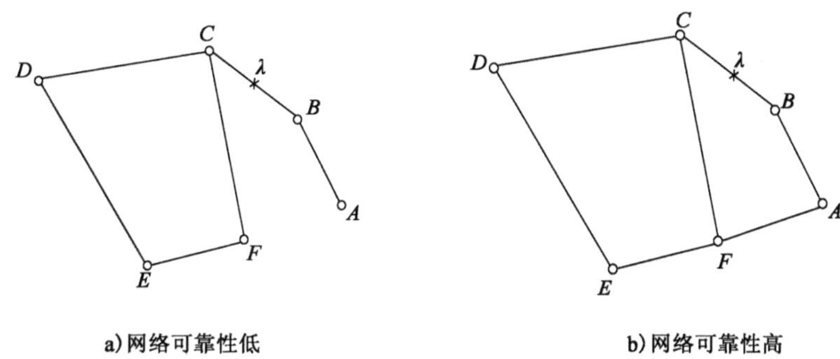

图8-3 网络可靠性解说图

(2)提高网络可靠性方法。

①消灭断头路。

②增强网络的回路数。

任何级别(层次)的地域,都应建设一条绕域境的公路。这是消灭断头路的最有效方法,可大幅增强路网的回路性,即可大幅提高网络的可靠性。路网可靠性是应急运输具有可靠性的硬件基础。它可使应急运输做到"东方不亮,西方亮。黑了南方,有北方"。

(3)为了提高浙江应急运输的可靠性,建议在下一轮浙江公路规划中,增加两项内容:

①各地市规划建设一条绕地市境应急公路。即以地市所辖的全部偏远县(市)为节点的较高技术等级公路。

②各县(市)规划建设一条绕县(市)境应急公路。即以县(市)所辖的全部偏远乡镇为节点的农村公路。

8.6.4 应急信息系统

1)应急战略物流质量要求

应急物流体系建设是为提高浙江省处理应急事件的效率,以及提升处理突发事件和公共危机的应对能力。应急体系为人工事物,凡人工事物都存在质量问题。包括应急战略物流体系在内的应急体系的管理质量,即前面提出的有效性加"三快"内容:

(1)事故发现快。这要依托通信,即依托其中心,实现"快"。

(2)决策快。这一快要靠有预案来实现,不能临时讨论。

(3)行动快。此快要靠运行机制总是处在正常工作状态来实现。而正常则是要通过经常的演练、演习来达到的。

2)应急体系与信息管理的相关内容

(1)应急管理的主要内容

①建立、运作、改进应急管理体系。

②拟制、批准、实施应急方案。

③建设、运作应急组织与指挥中心。

④不中断地监测、通信和警报。

⑤应急器材与设备的储备与发放。

⑥外部援救、援助快速到位。

(2)应急计划的核心内容

①详细说明危险隐患的性状。

②有关单位的职责。

③主要措施。

④主要控制措施。

⑤风险分析结论。

⑥附有企业、应急相关方的办公室、重要设施、医疗、急救、避难场所、疏散路线、指挥中心等的通信方式。

⑦制订协作单位联络方法一览表。

⑧对警报系统和警报信号的类别加以说明。

(3)应急组织机构和指挥中心

①组织机构要求职责分明。

②指挥中心要烂熟应急计划。指挥者负责通信联络。熟知各种应急物品的数量和存放位置。

(4)通信联系与警报系统

①一旦现场发出警报,能以最快速度通知应急组织。同时必须将事故的性质、正在采取的行动、控制后果的措施等,及时向有关人员提供。

②警报系统要经常性的检查、测试、以确保正常。

(5)相关方职责要用条款方式一一列清。相关方有:交通运输厅、路政、运政、交警、公安、安监、环保等。其他可能相关方有:旅游、气象、地震、防汛、测绘、军队等。

3)应急物流信息业务整入物流信息中心操作的建议

(1)应急物流信息业务须与对应的应急物流实体一并整合。否则,整合期延滞,如发生应急事件,就会出现应急失效,而产生重大损失。

(2)应急物流管理体系,在并网整合前,应先制订预案,再按预案路线图逐步实施。

8.6.5 应急物流保障体系规划建设思路

1)体系规划主要任务

(1)应急物流保障体系(以下简称体系)规划的组成。规划由规划方案与规划实施方案组成。规划方案主要内容:规划期的体系建设目标定位;应急服务类型和地理范围;体系与交通、物流发展关系;体系构成及其特征参数的赋值;体系建设与运作模式等。规划实施方案的主要内容:建设实施顺序;经费预测及筹资;措施与建议等。

(2)体系规划方案的核心质量。应急服务的有效性、体系运作的可持续性和规划方案的可行性。

(3)体系的核心功能。及时为突发公共事件的处理,提供所需应急物资紧急运输。因此,体系的核心职能为:应急物资(主要是应急器材和设备)的储备;紧急运输。

2)体系构成

(1)组织机构

①设省应急物资运输指挥中心。

②考虑市县面积大小、地理位置偏僻与否、以及服务区服务的允许应急时滞等因素。合理布局应急运输保障大队,或保障分队。

(2)功能板块

①指挥中心。主要功能是对突发公共事件应急决策及现场应急指挥调度,以及组织编制、审批应急预案等。

②突发公共事件的监测、通信与警报。此功能板块设置在物流信息中心,并作为信息中心的业内任务、职责。

③应急保障物资(主要是器材、设备)的储备与发放。此功能板块外委有关物流企业代行运作。

④应急物资保障运输。由优质物流企业承建,受指挥中心调度,自主运作。

3)体系建设目标定位方法

(1)应急服务的有效性源自体系服务功能供给与突发事件需求间的均衡。其均衡内容包括:

①应急类型的均衡。

②体系服务区与浙江省辖区范围的均衡。

③体系建设规模与突发事件强度的均衡。

(2)突发事件具有多样性、涉及面广等特点。因此,对突发事件应急服务的类型均衡必须突出重点,兼容次要。这样也有利于体系形成系统效应,加速体系的建成。

(3)体系建设规模与突发事件规模的均衡,由应急事件的类型、在服务区满足的需求强度来确定。

4)应急物资运输保障体系的建设

(1)建设的方法:根据ISO(国际标准化组织)提供的保障体系(又称保证体系)建设方法应用于本体系的建设之中。其步骤是:

①确定应急对象和其他相关方的需求与期望。

②确定体系组织的应急方针与目标。

③确定实现应急目标必需的过程和职责。

④确定和提供应急目标必需的资源。

⑤规定测量每个过程有效性和效率的方法。

⑥确定每个过程的有效性和效率。

⑦确定防止达不到要求并清除其产生原因的措施。

⑧建立和应用并持续改进现有的应急保障体系。

其中③、④涉及的就是道路运输应急保障车队建设的内容。

(2)体系建设、运行的管理与经费:

①应急体系的任务属公益性。因此,其建设运行经费应计划单列,以保证其可持续发展,其中建设经费按项目模式管理发放,运行经费按事业管理模式发放。

②应急任务常责任重大、事发突然,必须采取技术责任集中管理模式管理。故建议应急体系技术管理采用总工程师制。

5)应急物资储备规划思路

(1)首先要解决储备在何地和由谁来承办的问题。故而就要先明晰应急物流体系与物流发展体系间的关系。其关系的合理性涉及应急体系的可持续发展问题。处理好这种关系的要害在于:应急体系属公益性(或公共性)的,而交通物流发展的主体是企业。企业生产经营活动是以赢利为指向,即属营利性的。同时应急活动又是突发性的,生产活动亦是连续的。我们必须将两者紧密关联考虑为一体,以保证应急体系的不断自行改进与持续存在,以及提高体系运作的可靠性,亦可带来管理上的方便性。

(2)应急物资(器材、设备)储备的外委。外委应急保障车队所在地有实力的企业,这样:

①能有效实现平转急的要求。

②可省去物资储备建设中的沉没成本。通俗而言:储备应急物资对物流企业而言,在

生产经营的"餐桌上,只不过是添一双筷子而已,餐费增加不多"。

③既有利物流企业将固定生产设施投入市场,盘活固定资产,也有利于企业仓储规模经济化。

④有利于储备物资的定期更新,使应急物资能保质使用。

(3)应急物资储备点应邻近应急保障车队所在地,以增强应急的有效性。

6)应急物资运输保障车队的规划建设思路

(1)车队建设涵盖内容、车队布点及层次结构;车队承建单位与运作模式;落实配备车辆种类规模与数量;车辆和人员建档等。

(2)按照应急物资运输保障车队的所在地、应急突发事件类型需求的反应时间极限,以及路况等条件确定其运输服务范围。

(3)应急车辆的构成。要考虑车辆的专用与功能双重性,以及大、中、小型结合的问题。即要对"为主与兼容"关系的结合考虑。应急作业时,经常需求快速越障抵达应急现场的价值超过效率产生的价值。因为快速到现场,可有效、及时地防范、控制次生效应(或灾害)的发生、发展。

7)其他

(1)"实践与理论证明:演习是一种提高军队战斗力的有效方法。确保应急体系运作的有效性,必须将其应急演习制度的内容纳入应急体系规划之中。

(2)建设还应充分继承已有体系建设的前期成果,并纳入体系。

8.7　交通运输信息化发展规划中增兼容性设计内容

1)问题提出

"十一五"以来,浙江交通运输省级信息化共计投入5.5亿元,初步建成了交通信息资源库。在政务信息资源开发利用方面取得成效,重点业务系统建设实现突破,交通信息服务明显提升,有力地支撑了交通运输事业的发展。"十一五"信息化发展中,因各单位设计、建成的信息化系统中存在标准化水平程度低的问题,而制约了信息化业务的协同与信息共享,因此也制约了浙江运输信息化建设的做大、做强。

2)产生信息化业务的协同和信息共享制约的原因

信息化建设起步时,因缺少未来联网运行是发展必然趋势的认识,而在技术管理中缺少了两个环节:对行业信息标准兼容性的规定和信息中心建设时缺少兼容性设计。

3)兼容性是"产品"做大、做强、做久的保证

技术发展史证明,考虑兼容性是"产品"做大、做强、做久的保证。否则,市场发展将严

重受制约。例如早年,英美坚持英制轴承,瑞典、日本则采用公制轴承,结果,轴承市场成了瑞典、日本的天下,使美英不得不亡羊补牢,进行兼容设计。后来在彩电的制式采用中,也存在类似情况,而可见兼容的重要性。

8.8 "十二五"需求涉及的交通运输技术目录

由"技术是生产细节的有效把握"这条特性可知,相对经济、生产等而言、技术是微观的、具体的、很难用三言二语说明技术制约是什么。现采用明细对标的方法,来说明。我们依据2011年3月14日第十一届全国人民代表大会第四次会议通过的《中华人民共和国国民经济和社会发展第十二个五年规划纲要》的文本,对涉及交通运输发展需求技术辑出目录。目录按"十二五"规划文本中的次序排序,内容含工程、经济、管理等范围中广义概念技术,而非狭义的工程技术。

8.8.1 新农村建设中涉及的交通运输技术

(1)现代农业

①加强粮食物流、储备和应急保障能力的有关技术。

②推进农业产业化经营,扶持壮大农产品加工业和流通业中有关技术。

③农业技术集成化、劳动过程机械化、生产经营信息化中有关技术。

(2)农民增收

①发展特色农业、农业景观旅游、农业功能拓展多收益中的有关技术。

②劳务输出对接、扩大、以工代赈中的有关技术。

(3)改善农村生产、生活

①城乡经济一体化的有关技术。

②合理安排县域乡镇建设、农田保护、产业聚集、村落分布、生态涵养的空间布局的有关技术。

③推进农村公路建设,进一步提高通达、通畅率和管理养护水平,加大道路危桥改造力度中的有关技术。

(4)完善农村发展体制、机制

①促进公共资源在城乡间均衡配置,生产要素在城乡间自由流动中的有关技术。

②严格界定公益性和经营性建设用地,改革征地制度,缩小征地范围,提高征地补偿标准的有关技术。

③扩大县域发展自主权,发挥县域资源优势和比较优势,科学规划产业发展方向、支持劳动密集型产业、农产品加工业向县城和中心镇集聚、推进形成城乡分工合理的产业发

展格局中的有关技术。

(5)新农村建设重点工程

①渔政、渔港建设工程中的有关技术。

②农业公路工程中有关技术。

③农村清洁工程有关技术。

8.8.2 提高产业核心竞争力中涉及的交通运输技术

(1)区域主体功能定位,综合考虑能源资源、环境容量、市场空间因素、优化重点产业生产力布局中的有关技术。

(2)新一代信息技术产业,重点发展新一代移动通信、新一代互联网、三网融合、物联网、云计算……信息服务中的有关技术。

(3)高端装备制造业,重点发展航空装备、卫星及其应用、轨道交通装备。新能源汽车产业,重点发展插电式混合动力汽车、纯电动汽车和燃料电池汽车等中的有关技术。

(4)基本建成国家快速铁路网和高速公路网。初步形成网络设施配套衔接,技术装备先进适用,运输服务安全、高效的综合交通运输体系中的技术。

(5)煤运通道建设技术;快速客运网规划建设;长江等内河高等级航道建设、内河运输船舶标准化和港口规模化发展技术;空域资源配置使用效率等中的技术。

(6)城市群内多层次城际快速交通网络技术。

(7)优化换乘中心功能和布局,提高出行效率的技术。统筹城乡公用交通一体化技术。

(8)客运零距离换乘、货运无缝化衔接要求、推进客票一体联程、货物多式联运、公路甩挂运输技术。

(9)交通运输安全管理技术。

(10)信息基础建设。推动物联关键技术研发和重点领域的应用示范。加强云计算平台建设,实现电信网、广电网、互联网三网融合,及其在交通运输中应用的技术。

(11)发展电子商务服务。面向全社会的信用服务、网上支付、物流配送等支撑体系建设的技术。

(12)滨海旅游产业有关技术。

(13)港口、岸线资源整合和优化港口布局的技术。

(14)海洋主体功能规划、优化海洋经济空间布局中的有关技术。

(15)海洋防灾减灾体系建设、海上突发事件应急处置能力提高的有关技术。

(16)海上运输通道安全管理技术。

8.8.3 服务业涉及的交通运输技术

(1)现代物流业。现代物流服务体系建设的技术;提高物流效率、降低物流成本的技术;推动农产品、大宗矿产品、重要工业品等领域物流发展的技术;物流发展的区域布局、物流园区物流功能集聚方法的技术;现代物流管理、物流智能化和标准化的技术。

(2)发展地理信息产业的技术。

(3)连锁经营、物流配送、电子商务现代流通方式向农村延伸的技术。

(4)有关以生态旅游、文化旅游、红色旅游为开发重点的技术。

8.8.4 城镇化涉及的交通运输技术

(1)培养新的经济增长极的有关技术。

(2)提升综合交通枢纽地位的技术。

(3)提高能源、土地、海域等资源利用效率,治理环境污染的有关技术。

(4)评估中小城市区位优势和资源环境承载能力的技术。

8.8.5 公共安全体系建设涉及的交通运输技术

(1)包括交通在内的安全技术标准、安全许可证、安全宣传教育和培训等的技术。

(2)应急管理组织体系建设,应急预案,应急信息系统建设、运作、实物储备和能力储备,应急教育培训体系等的有关技术。

Ⅲ 产业环境制约篇

9 交通运输发展中的体制制约

9.1 概 述

(1)体制:是对国家机关、企事业单位在机构设置、领导隶属关系和管理权限等方面的体系、制度、方法、形式的总称。

社会体制是人类社会文明的集中体现。在我国古代,西周社会文明的核心内容是分封制,秦开始是郡县制,秦汉至新中国成立前夕其核心内容是郡县制加宗法制。近代社会文明的核心内容在英国是君主立宪制,美国是代议制。

体制既然是社会文明的集中体现,故其发展的何去何从,是由社会生产形态的需求决定的,即社会生产形态决定了体制形态。它又反作用于生产力,正是体制中这种作用与反作用的周而复始,形成超循环机制,推动了社会的发展、进步。

我国的经济体制为社会主义市场经济体制,经过30余年的社会实践仍充满活力。自2008年美国爆发金融危机后,危机风暴不断蔓延扩散,到2010—2011年欧洲成为这场危机的中心,时至今日,全球经济才微弱复苏。这场危机告诉我们:今日西方资本主义制度认为不加监督的市场可释放空前的经济效率,"市场永远正确"是有问题的。正如马克思所说:"最终的清算不知何时就将必然到来,其能量如今正在一点点逐渐蓄积"。这场金融危机所致的经济危机不就是"逐渐蓄积"已达临界的爆发吗!于是,就规避了这场风暴的冲击。因此,我国社会主义市场经济的经济体制必须坚持,并坚定地贯彻下去。所以我们必须将社会主义市场经济体制,按分形的方法去展开我们的产业、行业、企业的经济体制。

(2)体制的层次性。由体制生成的机制必须能有效地作用于实施体制地域中的每一个人。因地域面积大、人口多、只有采用纵向分层的管理制式才能使机制作用于每个人,于是体制就存在层次设计问题。

由政治是经济的集中表现原理可知:一个国家的政治体制必须充分满足生产形态的需求,充分满足的条件就是这两者间要有高度的同指向性。因此,本书中将把我国的政治体制与社会经济体制(社会主义市场经济)作为必须满足的初始条件而展开研究。

哈耶克说:人类文明的进化是"通过有选择地剔除不太适合的行为,而最后形成的"。作为对环境变化的反应,一种新的行为方式或适应方式,一般地讲首先局部地、自发地出现,并不是人类理性设计的结果。这种新的方式在同其他方式的共存与竞争中逐步显示出优越性和更高的适应力,被更多的人所仿效,直到最终占据统治地位。这种“社会选择”过程同“自然选择”过程是一致的,特别是在进化初期,一个群体中某些个体做出适应环境的反应属偶然性选择,自然界、人类社会都是这样。在“社会选择”过程中,人类理性只是在进化的最后阶段才开始扮演重要角色。即当一种新的适应方式的优越性充分显示出来后,人类的理性可以通过某种人为手段抑制或加速某种适应方式的成长。也就是说:是行为方式或适应方式的自发生长,为人类理性提供了可供比较和选择的多样素材,理性本身却无法设计出这种多样性的素材。这种“社会选择”机制是体制进化之源,可供“社会选择”的多样性来自群众的首创精神。这也就是:对于体制的进步,中(间)层(次)和基础人群都有很大的作为空间,切不可认为体制的优越性和更高的适应性与群众无关。

9.2 交通运输发展体制构建中的备忘

9.2.1 遵从体制是进化的观点

(1)体制的完善、适应性的提升,来自可供“社会选择”的多样性素材。任何层次的体制都可通过人类理性的某种人为手段,抑制或加速其适应性成长的机制。

(2)可供“社会选择”的多样性素材来自社会宽容的氛围,使个人的创造性有渠道变成组织行为。通过发挥群众的积极性,为交通运输发展中的制约现象找到出路,最后由决策层次进行助推,使新机制成为既有体制中的“新成员”。这一点就要求各个层次的决策者,具有看穿新思路本质的能力,通俗言之:具有“X”光看问题的决策者,定是伟大的决策者。

(3)体制建设力戒另起炉灶。应通过有效的吐故纳新机制去与时俱进。“与时”乃发展的大趋势,“俱进”是努力与趋势同指向,之所以不要另起炉灶,是因为人类文明进化是不断地通过有选择地剔除不太合适的制度,慢变积淀而成,而不是快变一蹴就能就位的。因此,涉及交通运输发展体制中的制约问题,应少点批判,多提点改进建议。

9.2.2 交通运输发展体制改进准则

体制的完善应遵循下列准则:

(1)任何社会形态都必须与生产力的形态同构,即有什么样的生产形态就有什么样的社会形态。也就是要满足“事物与环境必须保持同构性”的规律性原理。否则,历史前进的车轮(生产力发展趋势)必将冲垮一切阻挡它前进的障碍。体制也是如此。

(2)交通运输产业、行业的体制必须与国家社会经济体制保持分形(见 2.2.5)的结构。

(3)体制设计必须遵从体制主体的学科属性的发展指向。对交通运输产业而言,首先因为它是经济属性的事物,故体制设计时,必须保证其体制运作时,要指向质量的提高和成本的降低。第二因为它又是公用性的事物,必须保证体制运作时,要指向公平与效率。因此交通运输体制设计的关键词就是:质量、成本、效率与公平。或者说:其基层(企业)体制设计要有利于质量的提高和成本的降低,上层体制设计要有利于效率的提高和公平的保障。

(4)体制的层次间存在分形关系。因此,对每一层次体制的考量就是"向上"应适应,即要与上级保持一致,不走样;"向下"则是要通过控制(强迫)使下级与你及你的上级保持一致。这种强迫就是要不时地进行纠偏,纠偏管理就叫控制管理。也就是说,这是种"向上"(或向外)采取适应性管理,"向下"(或向内)采取控制性管理的管理方法。这种体制中的管理思路与企业管理中的对外要适应市场需求,对内要控制产品(或服务)质量、成本的思路基本一致。可谓隔"行",而不隔理。

9.2.3 交通运输发展中急待改进的几项体制制约问题

(1)综合运输体制的发展规划有待改进。现有的综合运输体制发展规划思路中有一个大盲点,就是发展中过分依靠行政力量,忽视了其经济属性的机制,因各种运输方式的载体部分必须独立运作,可综合的对象只可能是运输载荷(客货等)。而载荷又是择优(市场经济)各行其"道"的。若只是通过行政手段是难以优化就位的,而且出力难讨好。这时必须通过经济手段,特别是通过运价比的方式来调控,实现5种运输方式的综合优化结构。但现在5种运输方式的运作,不仅生产经营生产运作是独立自主的,而且每种方式的管理系统也是独立封闭的。目前条件下如何去优化运价比,还很难形成共识和操作准则,致使综合运输的期望目标,久久不能实现、就位。

(2)公路技术等级需扩容。建议将高速公路的等级区划成普通和通道两个级别。之所以将这一点纳入体制制约中讨论,是因为近年来我国高速公路中出现的拥堵区间,越来越多、越来越长,拥堵程度越来越严重,急待解决。目前正是规划、建设等管理体制制约了拥堵的缓解和解决。在规划方案中高速公路没有分级,投资建设部门就只能考虑从成本出发,也就只能满足"门槛"规定的要求。就造成过分地强调眼前利益,而不就其长远的倾向,导致有些高速公路建设只有几年就出现拥堵。高速公路修建后,因其吸引效应,其路侧的土地地租迅速升值,等到拥堵十分严重时后再去增容,这时的建设成本就成"豆腐变成肉价钱"了。如果从规划方案的源头就明确把高速公路分成两级,那么有关部门在建设时就可根据级别,从标准、规范方面去决定"门槛",该就高时就高,而不去就低的"门槛"了。但是,由于高速公路再分级的问题影响到整个交通运输全局,故而建议将此问题纳入到体制制约中讨论。

(3)拓宽交通运输建设发展中的资金短缺问题,须从体制中去解决。5.2节曾论述了交通运输应参与公路周边土地增值财富的分配,至于如何参与必须按有关提升体制适应性的方法去进行系统构思方案的设计。还可参考香港地铁建设中将其周边100m范围收入用于地铁发展。部分还可用于因其公益性而使运营长期亏损的补贴经费。

(4)交通运输发展中的创新是一种最严重的制约,其中就因创新成果不能及时变成产业、商品,参与市场竞争,而使其止步。创新的价值最多只能达到有名无利,严重的就是前功尽弃,使创新付出的成本打了水漂。也就是说,创新中缺少使成果商品化的过程,不能形成超循环过程,而断了可持续发展之根。这个问题也是一个体制中待解决的问题,不是个人所为可解决的。

10　交通运输发展中的文化制约

10.1　与文化密切关联的几个概念

10.1.1　文化

(1)广义:系指人类社会历史实践过程中所创造出的物质财富与精神财富的总和。

(2)狭义:系指社会意识形态。每一个社会都有与其适应的文化或意识形态。

(3)泛义:一般指知识,特别是指语言知识。例如“学文化”“文化水平不高”等。

(4)我国古代含义:封建王朝所施的“文治”和“教化”的合称。

(5)现代含义:指一种思维模式。

(6)本书文化概念含义视语境的不同而异。

①指意识形态。例如:西方文化影响。

②指思维模式。例如:传统文化之表现。

③指教化。例如:企业文化建设。

10.1.2　文明

(1)指文化。例如:物质文明、精神文明。特别用于器物文化场合,例如青铜文明等。

(2)指人类社会进步形态中的一个序列。例如:蒙昧社会→野蛮社会→文明社会。

(3)有时指文采。

10.1.3　宗教

(1)宗教是一种历史现象、也是一种社会意识形态。宗教亦是一种信仰、一种社会文化现象。它具有“超人间力量”。

(2)宗教是一种不可忽视的社会力量。恩格斯在《反杜林论》中说:“一切宗教都不过是支配着人们日常生活的外部力量在人们头脑中的反映。在这种反映中,人间力量采取了超人间的力量形式”。

(3)宗教是各种文化核心价值的源流。

10.1.4 伦理

(1)伦的本义是“辈”,引申为条理、顺序。理的本义是“治玉”,引申为整治、治平。伦理字面含义为事物的条理。今指人们处理相互关系应遵循的道理和准则。常作道德的同义词。

(2)人的辈分来自人类有序的男女性关系。这是天下最基本、最重要的条理、顺序。人类最早的管理是由人的两性管理起步的。故管理起源于修建金字塔、长城等的命题都是缺少人文观的。从古至今,世上没有什么意义比人类生生不息存在的意义更重要,这是高于一切意识形态说教的。

10.1.5 道德

(1)定义

道:城外的大路。引申为方式、方法。

德:品行、恩惠。

道德:恩惠方式,是人文(即人性)精神或人本精神(把人当人看)。

(2)用途

人类用来制衡自身人性弱点(最重要的人性弱点有:贪欲、恐惧和好色。但这些弱点也对动物乃至从猿到人的进化起到了无与伦比的作用。人类因而能从蒙昧、野蛮走入文明。但之后又走到自身的反面,而阻碍、制约了文明的发展)。

10.1.6 职业道德

(1)本质:在物的生产和流通过程中施恩惠于他人的行为。

(2)源于道德,但又要求与现行生产力发展指向同构。由于人类物的生产形态变化快于人的生产(社会)形态,因此,职业道德施惠于他人的本质不变,但其细则则要求与生产形态的变化俱进同构。否则职业道德将会与道德产生背反。

10.1.7 文化、文明、宗教、伦理、道德间的关系

(1)都是文化现象。

(2)文化的源头是人类的两性生殖形态。人类的最高价值是种族生存繁衍,故文化最终最高价值就是种族(或民族)的可持续存在而立于世。

(3)文化的硬核是宗教。宗教源于生殖。伦理、道德是宗教世俗化形式之一。研究文化、道德、职业道德,就一定要研究人的两性形态。

(4)人类最深的烙印是宗教烙印。使民族团聚在一起的“吸引子”是一个民族依据宗教核心宗义规定的伦理。

(5)文化是人在人的生产和物的生产过程中形成的一种意识形态。在经济发展中所起的作用有时是促进的,有时是制约的。用人工事物的硬件和软件同构的程度来判断。即由文化促进经济发展的边际效益与制约经济发展的边际损失之间的大小来判定。

10.2 传统文化与管理的关系

10.2.1 管理学中的传统文化概念

(1)传统。是指历史上流传下来的社会习惯力量,存在于制度、思想、文化、道德等各个领域。它对人们的社会行为有无形的控制作用。传统是历史发展继承性的一种表现,在有阶级的社会中,传统具有阶级性和民族性。某些积极的传统因素对社会发展起着促进的作用。

(2)传统文化。是由文明演化而汇集成的一种民族特质和风貌的民族文化,是民族历史上各种思想文化观念形态的总体表征。世界各地各民族都有自己的传统文化。我国的传统文化以儒家为硬核,还有道教、佛教等文化形态。

10.2.2 传统文化为管理学提供了价值逻辑

人类使用两种逻辑进行思维。一为因果逻辑,另一为价值逻辑。以物理学为代表的自然科学属性的问题基本采用因果逻辑推理,以经济学为代表的社会科学(或人文科学)属性的问题基本采用价值逻辑推理。在交通运输工程建设项目的建设、管理中,既存在科学问题,又涉及经济学问题。因不存在统一这两种逻辑的元逻辑,所以在分析这类问题时,只好具体问题具体分析。从而也就出现了可行性分析,其本质就是将问题中的因果逻辑与价值逻辑相干起来进行定性。而价值根植于传统文化之中,传统文化又根植于本民族自古以来所信仰的宗教之中。故研究可行性时,就必须了解项目所在地的宗教或传统文化。

在贸易全球化、经济一体化的今天,要走向世界,就需要我们了解尊重他国、他民族的传统文化和价值观。否则,将引起文明的冲突,而付出巨大的风险成本。方法,就是要学习、熟悉目标市场社会的传统文化经典,特别是宗教经典。正是宗教典籍集中地阐述了其民族信仰的核心价值。千万别再认为宗教只是麻痹人民的鸦片。

10.2.3 管理中要兼顾传统文化的价值观

人的行为都会受到某种“导向力”的作用。这种导向可分为3种:传统导向、自我导向、他人导向。

传统导向,是一种受外界文化模式控制的导向。有这种导向人的性格是长期定居在社会变化很小的某地常具有的典型传统性格特征。

自我导向，是有一套自己的行为准则。这种准则主要是由幼年习得的价值观及内化目标衍生得出的。这种导向的人对传统常持批判态度，有强烈的自我欲望和抱负。有这种导向人的性格是早期工业化社会中常见的性格。

他人导向，是以同时代人的行为作为指南的导向。常根据他人的期望来改变信仰和行为。有这种导向行为人的性格是城市社会、工业社会中常见的性格。

而我国长期以来，多半都是处在一个半封闭的社会环境之中，人们主要受传统文化的影响，而导向其行为。交通运输产业中的从业人员也不例外，他们的行为主要也是受传统文化价值观导向的。因此，我们在管理调控其行为时，必须遵从传统文化价值观。也就是说，我们的管理观念，既要有现代化产业观，又要兼顾传统文化价值观，使两者不相悖。

10.2.4 管理观念为管理实践提供“液床”管理的思路

液床——来自生理学的概念，其中液系指液体，床是指安置器物的架子，如车床、琴床等。从字义而言，液床就是盛放液体的装置。生理学中，液床是为人体器官、细胞提供“水居”的条件。只有水居在液床中，人体所有器官、细胞才能处在内部平衡或恒定状态，只有如此，才能使器官细胞处在生命活动的统一状态。也就是说，液床是人体生命的根本。液床的原理可广泛地移植到经济、管理系统中，例如一个企业相当于人的躯体，各科室、车间相当于人的器官，员工相当于人的细胞。企业的规章制度、理念等就相当于一种液体。企业的活力就来自各科室、车间、员工浸润在“液床”中的统一运作。

“液床”虽是人体解剖生理学中的概念及原理，可移植到管理学中来。这样，就可圆满地回答文化观念与制度两者在管理实践中是如何有效分工的问题。其中，观念好比人体中的液床，制度犹如器官。

如采用“器官”与“液床”相结合的方法解决管理问题，所产生的效应能“充斥”其系统的全部“空间”之内。反言之，这种方法产生的效应，没有作用不到的“旮旯死角”。“器官”“液床”相结合方法源自人体生理学，人的血液循环系统就是一典型例子。血液既在各种大小血管及心脏之中流动，也在没有血管的肌体中浸润。因此，血液除了在血管和心脏等人体器官中流动外，还可浸润到肌体所有的地方，通过液床（或水体）方式完成循环。这样血液在器官部分的流动可保证血液循环的效率（规模效应），而液床部分则可保证血液循环无所不在的特性。正是这种由器官及液床组成的血液循环系统巧妙地、最好地解决了血液循环的效率和人体中无所不在的循环，为全身都能得到营养物和免疫物提供了保证。实际上今天的公路运输系统就是一种自觉不自觉地对器官/液床结构原理的应用：高等级公路如同人体的主动、静脉，可提高运输的输送效率，而农村公路如同液床，解决了运输中的扩大吸引面积范围的问题。管理学中也如此，其中的制度与思想教育的分工问题，实际也是按器官/液床原理的模式展开的。

10.3 现代背景下中国传统文化的缺陷

10.3.1 中西文化之比较

(1)传统文化不存在优劣之分,都是各民族在自己所处的地理环境、社会历史过程中所创造的特有文化。它们之间不存在排序关系,而是互补关系。但是由于这些文化与当时的生产力同构的程度有大有小,而生产力又是快变的,因此,在各种传统文化所处的地位问题上,就存在“天下风水轮流转”的现象。

(2)中西文化比较之概括。所谓概括,指的是粗线条的说明(以下中国主要指儒家文化,西方主要指欧洲基督教文化):

①中国——道德取向型文化——讲中、讲和;

西方——宗教取向型文化——讲斗争(例如阶级斗争)。

②中国——综合型文化——讲综合;

西方——分析型文化——讲分析。

③中国——人本主义文化——讲人际关系;

西方——理性主义文化——讲因果关系。

④消除中西文化壁垒一要“通”,只有变才能通,故有变通。二要“修”,也就是“会”,只有按“吸其所需、剔其所悖”的方法修正后,才能聚会一堂。

10.3.2 中国传统文化中有关管理内容的缺陷

(1)没进行分析,就进行综合。使管理工作缺乏对现象(问题)的解释性、对观察的预测性,以及对其操作的有效性。

(2)过分相信修养的作用,而看轻法律、制度和标准的作用。例如,从“文革”前乃至今日,过分相信官员干部的修养水平,迟迟没能建立廉政公署制度,致使腐败现象滋生、积重难返。

(3)官本位使社会处在失稳的临界。中国最大的人事不公平、不公正,就是官本位。而人事的不公平、不公正则是社会失稳的支配因素(或力量)。官本位又必致行政权力过大,缺少制衡机制。

(4)集体主义权重过大,个人主义权重小。当一个国家在追赶世界生产力水平时,集体主义贡献的权重大。然而要充当世界生产力的旗手,则需求创新,这时要求充分发挥个人主义精神,千万别将有个人主义精神的人理解为自私自利的小人。

10.4 交通运输产业文化的核心内容

10.4.1 引言

(1)产业文化是产业发展之软件,没有产业文化指导的产业发展是一种没有定力的发展。这种发展模式是一种风险成本很高的发展模式。

(2)产业文化上承社会生产形态和传统文化价值的双重制约,下启行业、企业、员工的行为准则。它是一种隐生产力,在发展研究中不可不察。

(3)产业文化中的核心内容有二:一为进取的"营养物";二为防堕的"免疫物"。其中的营养物为敬业进取精神,免疫物为恪守职业道德。而敬业精神与职业道德又由高一层次的社会伦理哲学将其统一于一体。因此,产业文化的核心内容分 3 部分构建:产业文化伦理基础、敬业精神、职业道德。

(4)产业文化还需要外部的"安全绳"和"安全网"来补充,以对冲由敬业进取过量生成的负效应。我国传统文化之所以有海涵的包容性。原因有两点:一是主旨传统文化的儒教是无神性的。这从根本上消除了与异教徒缠斗的文化基因,而能与道、释文化相容,亦可三教文化共享一堂。这 3 种文化组成了一种"既爬高、又安全"的意识形态体系。儒教的"有为"使人们进取、向上,如同杂技演员,表演得越惊险越风光;而道教的"无为"又使他不怕失败,因为这如同杂技演员腰上系的安全绳,不怕摔下来。同时佛教的"四大皆空",更是摔下接近地面的一张安全网。所以说,我国传统文化的意识形态设计,可以说是达到极致,达到了空前绝后的程度。这也是改革开放、经济发展,人民生活富裕后,社会反而不够安定的原因。因为,现有的产业文化中,只强调"有为",忽视了"无为"与"四大皆空"的社会心理需求,没有释放社会压力的安全阀。也就是说,包括企业、行业在内的产业文化,必须和谐处理好"有为"与"无为"的关系。"有为"是生产力发展的需求,"无为"是社会和谐发展的需求。前者是产业内部属性的,是可控的,而"无为"是产业外部属性的,是"调适性"的,产业对其无甚作为。

(5)交通运输产业为了适应新的发展形势,必须兼容新旧、中西文化两方面的内容。兼容的操作方法:

①新旧文化兼容采用贯通法,即找到新旧文化中的不变基因并统一之。

②中西文化兼容采用会通法,即对中西文化进行比较,求同存异,并统一之。

无论是贯通还是会通,其目的都是求通。要通就需要变,故贯通、会通都是要会变通。

10.4.2 产业文化伦理基础

(1)产业文化伦理的集中表现是信仰。因为,信仰是人的精神支柱和人生指南。信仰是灵魂,人有灵魂才能“活”着,否则就是“行尸”。信仰是时代文化核心价值的体现,故信仰是一种价值形式。信仰的功能有 3 个:

①能从有限中找到无限。

②能从暂时中去把握永恒。

③能从相对中去把握绝对。

可见信仰为道德、职业道德设定了目的和价值,能满足人们无限把握未来的精神需求。需说明的一点是,信仰不等于理想,理想只是价值的目标,不是价值的全部。信仰也不是信念,信念的论域大于信仰。

(2)以人为本的观念。以人为本的社会观念,已是全球的普适观念。生产的最终目的是为人民服务,无论是产业、行业,还是企业的管理,必须以人性论的价值为本原价值。只有这种价值,才是价值定位的最终判据。

(3)“义”先于“利”的原则。重义的本质是为他人,重利的本质是为自己。义先于利(本处不用重义轻利,因为此言欠精准。“先”之中只是排序的先后,而无大小之别)的本质是他人先于自己。换言之,是社会正义先于私利。企业贯彻义先于利的原则,就是企业决策时,应有正义感。义与利的关系,也就是大人性论与小人性论的关系。

(4)讲信用。遵守诺言,实践成约,从而取得他人的信任,就是信用。在经济学中,信用是价值的一种特殊形式,是借贷资本运动的形式,也是国家集聚、调剂和分配资金的一种形式,亦是国家组织和管理国民经济的重要杠杆之一,其形式有商业信用、银行信用、国家信用和消费信用。信用是资本运动的社会基础,故现代社会就是契约社会。讲信用是现代生产力发展的需求,否则将严重受掣肘、受制约。

10.4.3 敬业精神

(1)敬指恭敬、尊重;业指事业、行业、职业等。敬业精神就是对从事的“业”要有敬畏感。这种敬畏感来自责任感和忧患意识。敬业精神由职业良心、职业荣誉感、职业义务等构成。由此知:它不仅是一种职业守则,更是一种人生哲学,是走向成功的人生哲学。这种精神要求每个从业人员敬岗爱业,即做到勤业、乐业、畏业、精业。要做到四业,一要勤奋,劳作不息;二要谨慎,小心、郑重、周密。这是现代生产力或工业生产之需求。故有细节决定成败的经验之谈。

现代企业要成为造就良人、良心、良才的场所。良人、良心、良才就是敬业精神驱动的结果。

(2)硬核内容之一:对职业的敬畏感。有了敬畏感,才能在职位上不欺暗室,使从业人员保持了职业敬畏精神,力戒谎言和欺骗行为。

(3)硬核内容之二:职业责任感。职业责任感来自制度和人生价值两个方面。制度规定促使企业人员只有尽心尽责，才能获得更多的利益，否则只能损害自身利益，严重者出局。人生价值起到"液床"作用。从业者只有能不自主地去符合职业行为规范时，才能说具责任感。

(4)硬核内容之三：职业忧患意识。只有惶惶恐恐，才能兢兢业业。忧患才能发愤，才能图强，才能自强不息，才能屹立于世。"一个人不将自己全部天才用于自己的职业，将是自己人生的悲剧"(马克思父亲教导马克思)。大锅饭管理是侵蚀职业忧患意识的基础。因此，必须打破它。

10.4.4 职业道德

(1)道德的基础是利益。核心内容是调整利益。故道德的准则、规范等内容，都是由利益的关系来确定的。包括职业道德在内的道德都应维护系统总体利益最优化。

(2)道德、职业道德在管理中可多能，但不万能。它不能替代规章制度，也不能替代法律。

(3)社会意义。一般说，道德是促进社会生产力发展的，但有时也会出现不合时宜的职业道德要求制约生产力发展的现象(例如"文革"时的某些要求)。职业道德是生产者与消费者矛盾的润滑剂，可促进社会和谐。在企业管理中的意义：

一是企业中对人管理完备性的一环。常发问题靠制度解决，偶发问题靠观念、特别是靠职业道德去解决。常发与偶发组成发生的完备性。

二是防范职业"痞"现象，影响企业信誉。严重的"痞"现象更多的则要靠刑罚力量防范。

(4)职业道德不是"是"与"非"性质的问题，而是"应该"与"不应该"的问题。

(5)伦理道德源于序化人的生产，职业道德源于序化物的生产。有序化的社会目的，为的是人和，人和才能政通。

(6)核心内容：诚信和忠诚。即对周边的人要讲诚信，对上级要讲忠诚。"诚"指真心实意；"信"指不欺、确实；"忠"指尽心竭力。对人诚信才能使自己持续立于不败之地；对上级忠诚，才能使自己持续立于体制之中。诚信与不欺是一事的两面。杭州胡雪岩的胡庆余堂药店的匾额就精准地阐释了两者的关系：面向大堂书写的是"诚信"，面向内堂书写的是"不欺"。即诚信是供观察用的，不欺是供操作用的。

(7)职业操守是职业道德的集中表现。

10.5 产业文化将制约交通运输产业的发展

1)形成制约瓶颈的原因

(1)产业可持续发展要求产业文化与产业实体同构，现交通运输产业文化中的敬业精神和职业道德的确立远远滞后于交通运输产业实体的发展。

(2)交通运输产业文化中缺少对职业操守、技术修养、现场优先、制度文化等的专门研究。遭遇此类问题时,只能临时抱佛脚,用政治哲学文化观点去应对,缺乏体系思想。

2)亟待建设的内容

(1)企业经营哲学。因交通运输企业存在公用性,故不能全盘移植完全竞争环境条件下的企业经营哲学。公用性方面的管理内容为行政管理属性,管理的核心价值是公平与效率。市场竞争方面的管理内容为经济管理属性。管理的核心价值是质量与成本。故交通运输企业经营哲学的价值取向要比一般完全竞争的企业要复杂得多,如果问题解决滞后,对维稳十分不利。

(2)目前,交通运输业的"四大核心意识"薄弱。即质量、安全、成本和创新四大意识薄弱,其根源是社会转型期的双重伦理因素所致。在社会转型期,原有的文化、道德作用会弱化,会存在双重伦理(转型前和转型时的)现象。也就是说:可能出现人们做出原来不许做的事。改革开放以来,许多"怪"现象的出现,源头就是双重伦理的形成。因此,包括职业伦理在内的一切伦理,都必须恪守一元化的准则。一元化不能靠外部的"无为"去形成,要靠业内的"有为"构建。因此,交通产业文化建设需求业内的、现代的董仲舒式人物去实现价值的一元化。

(3)现代柔性生产方式的发展,使个人的独立性增加,对自由的赞颂近于临界。这就意味着,将有许多人,特别是青年人,会产生精神失落与迷惘,而成为垮掉的一代。这将严重影响或危害社会和谐。要解决这种深层次的问题,必遵古训:预则立。要将这些与维稳相悖的现象,消除在萌芽状态。基于交通运输行业是人力资源密集型产业,这种现象在这个行业,会更多、更严重,将制约行业的发展。

3)文化在企业经营上的意义

有人总结得很好,以此作为本章的结语:一等企业卖文化;二等企业卖技术;三等企业卖产品;四等企业卖血汗。

11 交通运输发展中的创新制约

11.1 与创新密切关联的概念

11.1.1 创新

创新是经济学范畴的内容。所谓创新就是“建立一种新的生产函数。也就是说,把一种从来没有过的,关于生产要素和生产条件的‘新组合’引入生产体系。因此,创新实质是经济系统中新函数的引入,使原有成本曲线不断更新”。这个权威概念是熊·彼得在1912年首次提出的。

创新包括技术创新和非技术创新。从部门的视域而言,创新包括了科学组织、金融和商业中的一系列活动。对个人而言,创新是一种能力,是一个人整体精神品质的整合,也就是踏实、大胆、长期磨炼而就的毅力、精细观察能力、灵活思维技巧、对目的不懈追求精神及丰富渊博知识结构的整合。因此,创新本质上是其本人事先并不知道的思维结果,主要是后天形成的。

11.1.2 创造力

创造力是个人创新能力的核心,是1950年由吉尔·福德提出的。这一观点第一次启迪了人们的思维,在世界引起了强烈反响,但对其概念至今仍无规范定义。德国布希尔从心理学视域去理解,认为“创造力是才能和个性间的桥梁。”创造力的内容和过程中有想象力、灵感、发明、幻想力、创造力思维、独创性……,但创造力的结果或表现形式如同生产产品,除了具有独特性外,还需达到有用性和现实性。如此,就可将其与想入非非、幻想、荒诞、妄想等区别开。

11.1.3 创新和创造力的关系

创新是一项经济活动过程,是经济学属性的概念。而创造力,更主要的是一种心理活动过程,是心理学属性的概念。还有一个邻近的概念就是发明。发明是科学属性的概念,它只是提出解决问题的方法,而创新则不仅提出了解决问题的方法,还必须将其方法付诸实践。

创新靠创新能力实现,创新能力的核心内容就是创造能力,也就是创造力。故而创新能力培养的重点自然就是创造力的培养,而创造力又是心理属性的概念。因此,创新能力的培养是创新心理素质与创新方法相结合的表现。

11.1.4 创新心理培养

创新心理培养主要包括意志、动机、兴趣及创新精神等的培养。

意志。一个人做任何事要获得成功,都必须发挥意志的作用。故创新活动也是一种需要意志支持的复杂活动。意志的外在表现主要为目的性、顽强性、果断性和自创性等。

动机。求知欲是使人进行创造活动的重要动机,与求知欲紧密相关的是好奇心,它常是创造的启动力。

兴趣。创新活动需要创新者投入全部精力,这要求创新者有着广泛的兴趣,这也是创新活动的综合性所规定的。

创新精神主要包括怀疑、开拓及求实等内容。

个体创新需要一定的创新环境,其中制度环境又是根本,而当前社会之中还缺乏能激励人们去创新的环境。社会创新能力的大小则主要取决于制度的供给能力。

11.1.5 创造分类

创造力是能力,创造则是具体表现。如同物理学中的能与功的关系。

创造分两类:

(1)原创性创造,系指社会中出现的重大发明、发现(文化、科学、技术)。这类创造是稀缺的(或不经常的),它的每一项成果都具有划时代意义。

(2)再创性创造,系指人们根据自身条件,对前人的成果,加以消化、吸收、融合后创造出的成果。这类创造是大量的、普遍存在的。再创性创造常能做到知一而创三,但条件是要接受过创新训练。

这种创新过程可分为4个阶段:技术观察(即"知己");需求分析("知彼");参数分析("己"与"彼"均衡);检验假设(试错后肯定)。

11.2 山寨可使后发者快速步入世界科技之林

11.2.1 山寨

山寨又作山砦,指筑有栅栏等防守工事的山庄,旧时也指绿林好汉占据的山中营寨,亦可引申为穷地方、穷寨子、穷人住的地方。今日社会中,山寨指由盗版、不正规渠道生产某些品牌商品的假冒品。

山寨是一种民间 IT 力量产生的产业现象。主要是通过快速仿造,由小作坊起步,以平民为对象,快速模仿生产出“品牌”的廉价产品。这种文化的另一方面,是善打“擦边球”,因经常行走在行业政策边缘而引起争议。

包括山寨在内的客观存在都具有两面性。因此,对这种现象不能一棍子打死,要一分为二,既要克服争议性,又要利用它来加速经济发展,对冲美国的经贸霸权。

11.2.2 山寨培养了世界名人

米开朗基罗、张大千其实都是由山寨走出的世界级名人。

文艺复兴兴盛期,意大利雕刻家、画家、建筑设计家兼诗人米开朗基罗,因其惊天地泣鬼神的雕刻、绘画和建筑设计的传世之作(绘画有《创世纪》《最后的审判》《海神》等;雕刻有《大卫》《摩西》《奴隶》《梯旁的圣母》《怪物之战》,美第奇陵墓《晨》《暮》《昼》《夜》之雕刻等;建筑设计有罗马圣彼得大教堂的圆顶、加必多利广场行政建筑群等)而闻名于世。如果说他曾是一位山寨大师,有人可能认为这是胡说、是杜撰,但如果读一下米开朗基罗在 1497—1563 年间与家人的近千封信件、与友人的谈话记录,就可知其成就就是始于临摹、始于山寨。

而另一位山寨艺术大师就是我国近代最高级的大牌画家张大千先生了。张先生青年时期精研古法,临摹古人名迹,无不得其神髓,融会贯通前人法度后,自成风格。其方法、技能、悟性,无不来自“山寨”时期的修炼,临摹古人画作已达“一式两份”之境界。

11.2.3 山寨现象应被肯定

毕加索曾说:“好的艺术家抄,伟大的艺术家偷”。其中的“抄”其实就是山寨做法,“偷”就是山寨后的再创造。毕加索的这句名言只不过是将西谚:“天才不过是重复次数最多的人”更形象化、阶段化了。我国明末清初的大学者顾炎武,说到其做学问之道,就毫不掩饰地说,是从抄书开始的。我国书法训练的标准过程,就是从描红、临摹字帖开始,熟读字帖后,再创新自成一格。这就是再典型不过的山寨过程。山寨现象可以在教育界、艺术界、体育界等大行其道,为何在工业界就不惜动用法律、道德、舆论等大加挞伐,要将山寨置之死地而后快?这是因为一些工业界的巨头要垄断技术,以此获得持续的超额利润。保护知识产权就是某些霸权政治哲学的“精髓”之一,而不是什么真善美伦理道德的使然。他们画地为牢地限制后发国家,企图使他们永远停滞在落后的穷国地位上,他们利用工业的先发优势取得话语权,以便更好地去争占“理性”的制高点。然而在他的知识产权的保护中,例如有些运动员发明的比跨越式等老法跳得更高的滚式、剪式跳高法就没有被列入保护范围,原因就是利润所致。因为体育商深知,只有运动员跑得更快,跳得更高、更远，他们才能在赛场上赚更多的钱。若保护个别运动员的知识产权，反而会严重降低体育商获得的利润率。

其实山寨过程的本质就是一种学习积累、从量变到质变的过程。山寨的做法与学生要做大量作业的目的是相同的，都是为了在过程中获得类似感。类似感是由此及彼的准备和依据，任何创新都是有源的。但实施知识产权保护、专利保护，将切断获得类似感创新的途径。

我们之所以要讨论山寨现象，是由于它事关交通运输产业发展中的学习、创新，特别是类似创新。千万不要不自觉地陷进别人给自己画地为牢的圈子之中，而不敢逾越雷池一步。我们虽不能改变这种暂时的不合理现象，但要有从窄缝中求生存、求发展的勇气。类似创新虽只是创新初阶，但高阶是始步于初阶的。因此，正确对待山寨现象，是促使我们快速步入世界先进水平的关键举措。

11.3 创新将是制约交通运输产业发展的主要因素

11.3.1 创新需求日益增强

(1)任一种需求的市场寿命缩短，都会促使创新周期的加速。因为供给总是与市场需求做准同期、准同幅振荡的，市场需求是主动的，供给是从动的。为了满足某种新需求就会催生一种新产品或一项新服务。这也正是熊彼得创新概念 5 个方面中将生产新的产品(含服务)放在首位的逻辑依据。

(2)未来社会的组成将越来越多元化、复杂化，各种组分都有其需求，需求就将形成市场，即市场需求供给创新。因此，社会的这种多元化、复杂化，使产品的生产方式由少品种、大批量的流水线生产方式，转变为多品种、小批量的柔性生产方式。这种生产方式的出现，就是生产线内外都实施创新的结果。

11.3.2 中华传统文化中缺少创新的观念

(1)中华传统文化中缺少创新的观念，其典型表现就可由一句大家耳熟能详的，韩愈《师说》一文中的起始句“古之学者必有师。师者，所以传道、授业、解惑也！”来概括，其中就没有创新的意识。所以今日我们应将其改为：“师者，所以传道、授业、解惑、创新也！”

(2)我国传统文化中，之所以强调保守，乃是因我国古代的农业立国、重农抑商的国策所致。农业生产要求严格地遵守农时，恪守大自然规律，大自然规律是有高度确定性的。这种生产需求养成的积习，必然形成趋保守的文化观念并作用持续。但西方文化主要源头是古希腊，那里农耕自然环境恶劣，主要是以手工业、航海贸易的生产方式来立国，这种生产方式要遵从社会经济需求的变化，其内容是多变的、快变的，生产者也要适时地作出相应的变化。故在这种生产方式作用下人们养成善变的积习，所形成的文化观念也是不保守的，即是善创新的。

现我国坚持社会主义市场经济的国策，使创新的价值自然而然地上升到极其重要的地位。也就是说，我国文化观念面临一场对传统观念不自觉的“坚持性”与由新生产力需求触发的“变化性”间的博弈（博弈≠斗争）。这场挑战的任务是十分艰难的，因古代传统崇尚保守和今日崇尚创新都是适应生产力需求，只不过是需求发生变化了。

11.3.3 交通运输可持续发展需求创新机制建设

（1）可持续发展是一种期望状态，状态就位要靠机制实现，机制的形成又要靠结构的就位和运行。运行时还要有“自洁”功能，即自我改进功能，才可持续。

（2）可持续发展需求创新机制，是基于任何事物的发展形态都是有寿命周期的，而且越是靠后的序列，其发展形态的寿命周期越短。每一种形态都是由一种支配性的生产形态所支配。因此，适时主动地迎接、促进新的生产形态就位，就是各行各业的创新机制建设的任务，交通运输也如此。

创新是经济学属性的概念，故其机制亦是经济学属性的。经济发展的原始驱动力是社会需求，创新的主体是各行业中的从业人员。因此，创新机制建设最重要的内容是通过经济管理手段（注意此手段不同于法律、行政、思想教育等管理手段）营造出从业人员的创新兴趣、动机和意志。用创造成果满足创新者的心理需求（注意创造力是心理学属性的），心理需求分析可按马斯洛行为科学中的 5 个层次（生理、安全、爱和归属感、尊重、自我实现）的需求进行，并依次展开实施即可。

（3）交通运输需求又是人类社会中的一种最基本的需求，是“元素”级的需求。这种需求是与人类社会的存在同寿命周期的。元素级需求就意味着不可能被替代，也不会从历史中消失，只存在由一种形态转化为另一种形态的问题。又因交通运输需求又是衣食住行中最多样化、最复杂的一种基本需求，是巨复杂事物，故由它可衍生出天文数量级需求的类别。这些需求特性作用于供给时，无疑给交通运输产业创造了组合创新的机会。故交通运输产业创新有如下特点：原创性创新如同晨星，组合创新如同雨后春笋。所以，在交通运输产业创新机制设计、建设中要突出组合创新的方向。

11.3.4 加强创新的风险管理

（1）创新可带来新机遇，亦可带来新风险。通常，风险的概率远大于机遇的概率。因此，在创新的管理中，必须控制每次创新的程度。美国可靠性工程学会就推荐每次创新水平（或权重）不大于 15%。例如芝加哥电信系统计划用光纤替代同轴电缆进行技术改造，本可一次技改到位，但他们遵从可靠性工程师的意见，每次只实施更新15%的任务量，进行多次改造，才完成此项目。

为了控制风险，交通运输产业的技术更新也应有创新上限的限制，否则，创新不足和创新过剩，对发展都会造成制约。

(2)通过法规方式，限制用新闻宣传口号替代科学研究成果、规范、标准。例如，企业及上级主管，经常在新闻中用“三新”（新技术、新材料、新工艺）或“四新”（再加新设计）等口号来宣传科技的进步，并要求实施，甚至这种做法还进了大学项目管理的专门教材之中。殊不知，这种全面创新的观点，若认真严格地贯彻在工程建设实践之中，其风险是极大的，甚至还可能出现灭顶之灾。这正如列宁所言，真理向前迈出一步，就变成谬误。

(3)交通运输基础建设项目具有公共性，一旦发生事故，社会影响恶劣，甚至影响国家声誉。因此，对这些项目的验收必须遵从可靠性原理（美国工程技术领先于世界，主要靠系统工程、计算机技术和可靠性技术。日本民用产品技术领先靠的是价值工程、工业工程和质量工程）。可靠性原理告诉我们，任何产品的故障率（故障强度，不是故障密度）都服从浴盆曲线的分布规律，如图11-1所示。

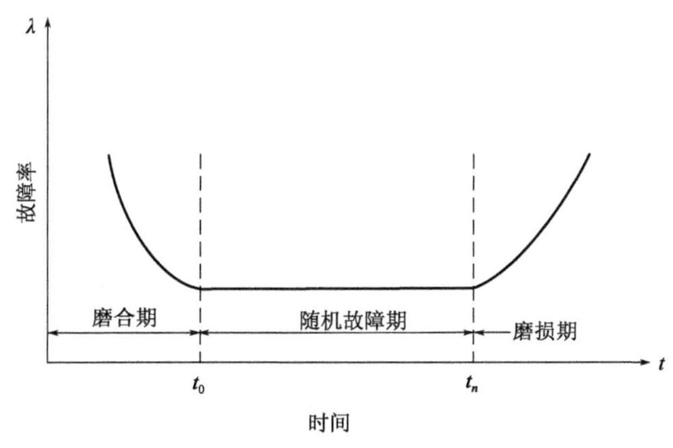

图11-1 可靠性浴盆曲线

也就是说任何工程项目，应渡过磨合期（$t_0 > 2$ 年）才能进行工程竣工验收，这一点应以法规方式加以保障。只有如此，通过这个阶段的“武力侦察”才能减少工程事故，特别是减少创新过度的风险事故。只有这样，才可减少现在工程项目事故的层出不穷，以及由此造成的对发展的严重制约。

11.3.5 交通运输可持续发展需要强化创新教育环节

(1)创新不但具有经济学属性，还具有心理学属性。因此，要创新，就必须满足这两种属性的要求，特别是心理学方面的，因为它与传统文化观念有关，这是以一种潜意识的方式参与创新活动。不同的文化观念对其影响是不同的，有积极的，亦有保守的。我国传统文化观念中的保守性定势思维，就对创新十分不利。当然观念也是可以转变的，但过程较慢。在市场经济环境中，可通过创新获得竞争优势，而使观念转变过程加速。因此，在市场因素及“自我实现”的意识联合作用下，可强化创新观念。现条件并不缺市场因素的作用，缺的是自我创新意识的培养和创新方法的普及，这必须通过教育环节给以补缺。在交通运输产业的继续教育中，现已开始重视创新教育，但缺少实施的方法，而影响了效果。

(2)教育是一种前生产力。一个忽视未来的人(社会或民族)，未来一定会忽视他们。所以我们的教育发展，一定要指向生产力的发展方向，或预期同构于生产力形态。未来社会生产力指向可持续发展、创新发展，因此，我们的教育(培养、培训、继续教育等)要落实创新教育，否则，生产力发展必受制约。

(3)创新教育发展：一靠社会创新氛围(或文化环境)，氛围是机制积效的结果；二靠创新方法的掌握。在管理中氛围的作用(价值)，就是自觉者能裹胁不自觉者一同前进，形成思潮、群众运动，而方法的掌握则可将期望目标有效地变成现实。所以交通运输发展中，首先要抓创新氛围的建设(营造)和创新方法的普及两项重点工作。

11.4 工程创新思维管理

以往工程创新能力的培养，多从外部因素进行说明，很少从能力的内部及其形成生产力思维的特点加以阐释，然而对于这方面的忽略，将使主管领导对此管理失去主导力。故特增设此内容以弥补短缺。

11.4.1 创意特点

(1)创意主体(个人或企业)对市场要有激情，激情由敢想和热情组成。任何企业都希望对现有产品更新，创造出新的市场需求。当创意是一个全新的想法时，市场就会出现全新需求。而创意只是一种半新半旧的想法时，市场出现的是涨落式需求。这时创意者或企业要有信心，信心又可转化为恒心。恒心才能使创意内容积累发展成产品(生产领域)或商品(流通领域)。

(2)将创意转换成实实在在的东西。最初的创意只是存在于创意者的头脑中，其他人看不见摸不着，即只明其意，不知其形。因此，创意者应先找有艺术修养的工匠，制造一个样品来展示其意，使它由抽象构思成为具象作品。只有如此，创意方可形成裹挟群众的需求运动。

(3)不断完善创意。创意将随着创意人对市场和用户的研究，不断改进，才能完善。故必须有海纳的心境，去灵活变通完善最初的创意，使创意有更广阔、更美好的前景。

(4)组织团队。没有团队成不了大气候。其组成：一是要求团队成员有使命感；二是成员的技能要具互补性,即成员具有完成事业需求要素的全集性。

11.4.2 企业创意管理要点

(1)领导者的作用。领导者虽然不直接参与指挥创意,取得直接成果,但可以促使有价值创意数量的增加。因为灵感来自解决问题的尝试,领导可不时发布待解决问题的信息,征求创意。那么下属在尝试解决问题时,就会针对问题有一种思考的经历,有人就可能产生灵感。灵感产生阶段是个人的"独立工作"。这时组织或企业中就要有这样的一种机制:能将个人的灵感上升到小团队的"独立工作",进行创意。然后,再利用组织或企业中的创新机制实现在线生产,使创意通过创新,变成产品或商品。

(2)将企业的合理化建议箱搬上互联网。针对问题进行最大范围的有奖征求专题创意。W. L. B 贝弗奇在其名著《科学研究的艺术》中说:"如研究的对象是一个仍在发展的学科,或是一个新的问题。或问题虽已解决,但是一种新的看法,这时内行最有利。如若研究的是一个不再发展的学科,这一领域的问题业已解决,那么就需要一种新的革命方法,而这种方法更可能由一个外行提出。内行几乎总是对革新的思想抱着怀疑的态度"(科学出版社 1979 年版)。而企业内设合理化建议箱的建议,得到的多为企业职工内行的创意,而互联网上则内行、外行的建议均有,且面非常广泛。

(3)有让顾客参与创意的程序。公司内部的献计、献策多是站在生产者立场出发的,而直接听取顾客意见则是一种"接地气"的创意。一定要保护好顾客创意的积极性,否则产品就会变成一锤子买卖。

(4)对创意进行市场可行性评估。创意在汉语的语境中,有突破现有的规则与范式之意。而现要用创意来赚钱,则要求创意遵从现有的市场规则与范式。因此,创意管理者必须在这种矛盾之中,取得"中庸"。故要对创意进行评估,设置"可"与"否"的准则。

11.4.3 创意——点石成金的魔杖

如何才能使创意变成赚钱的工具,是企业和每个创意者必须要想明白的问题。其中的"赚钱"指的是利润,创意与利润之间有如下关系:

创意 + 营销 = 利润

"创意 + 营销"就是熊彼得创意概念中的要害内容。熊彼得定义(揭示内涵)的"创新"就是引进一种新的生产函数的生产。将内涵的生产函数变为外延内容时,界定的创新内容有:

(1)生产新产品。

(2)引入新的生产方法、新的工艺流程。

(3)开辟新市场。

(4)开拓原材料的新供应源。

(5)采用新的组织管理模式。

从以上内容看来,创新活动,不是直链营销就是间链营销,一切生产活动几乎都是为了销售,营销的对象就是由创意生成的实实在在的东西。由此可知,创意要变成利润,赚到钱的瓶颈就是营销。也就是说:创新产品在市场上有人买才算成功。

11.4.4　创意到创新需有工程化思维

(1)工程化思维的完善性决定工程实践的有效性

①创意的工程化策划。创意到创新实施过程中,十分关键的一步,就是要完成创意的工程化策划。此环缺失,就无法将个人或小组的"独立"工作,有效地转换成企业相关人员有目标、有组织的新产品研制活动。工程化策划源于工程化思维,对于从事工程的管理与技术人员来说,谁都"懂"工程化的概念,然而不见得谁都能做到(懂到)没有内容遗漏的程度。工程化思维最大的特点,也是最高境界:基本上不存在想不到的问题。要达到工程化思维的完备性,首先就必须精确地了解工程化在汉语语境中的所指。只有这样,才能更好地提示我们如何进行工程化完备性的思考。

②工程化在汉语语境中的含义。

a. 工程。有两种含义:一是对将自然科学原理应用到工农业生产部门所形成的各种学科的总称。主要内容有:工程基地的勘测、设计施工、原材料的选择研究等;设备和产品设计制造、工艺与施工方法的研究等。二是指具体的基本建设项目。

b. 工、程、化 3 字在工程学中的含义。

"工":古代指从事各种工艺、技艺的劳动者的工作。今还包含功夫、技巧,如加工;细致、巧妙,如工笔画、异曲同工;善于、擅长,如工书善画。

"程":古代是计量名,十发为程、十程为分、十分为寸。今指度量总名,"程"者,物之准也;计量考核,如计日程功;法式、规章,如程式、规程、章程,效法;进度期限,如程度、程序、日程、课程;道里、路途,如路程、历程、旅程。

"化":变、改,如化险为夷;转移人心风俗,如潜移默化;融解、消化,如食古不化。

c. 工程化思维:系指工、程、化所集合成的全集。可见,由于工程对象之多、之繁是无法明细式列清的,故对任何一项具体工程的工程化思维需做的思考,可根据工、程、化 3 字义提及的内容,进行扫描式地列清。如此逐个进行,可基本保证考虑的完备性。

(2)工程化思维的内容要点

①产品的功能定位。

②市场定位(对产品销售对象的锁定)。

③产品功能/结构间的映射(对应)关系。

④由市场定义择定产品主要功能特征参数,并转化为技术特征参数。

⑤编制创意到创新全过程的程序。

⑥技术特征参数的赋值(包括进行参数的优化组合和容差设计)。

⑦技术难点预案。

⑧确定专利技术和牢据产品标准拟制权的方法。

⑨ 售后服务办法。

11.4.5 知识资本形成

既然资本是产生剩余价值的价值。那么顾名思义,知识资本就是知识(创新知识)充当产生剩余价值的财富。要想实现这一目标,必须使知识创新形成超循环。即在基础的循环中还可复制,再进入较高层次的循环(超循环),进一步还可复制组成更高层次的超循环。也就是说:超循环系统是一种由循环自催化或自复制单元联系起来的系统。这种系统中,每一个复制单元既能进行自我复制,又能对下一个中间物的产生提供催化作用。现本文讨论的灵感→创意→创新只是一个十分具体的个案。也就是说:知识资本已经成为一种专门学问,国家如何促使知识资本形成超循环,还须有一种机制,故要另行研究。

12 交通运输发展中的生态制约

12.1 概　　述

12.1.1 几个相关联的概念

(1)生态。这是1885年动物学家雷特尔提出的概念,定义为:研究有机体和它们环境之间相互关系的科学。

(2)环境。本义指环绕区域的状态,一般指围绕着人类的外部世界,它是人类赖以生存和发展的社会和物质条件的综合体。

(3)生态平衡。又称自然平衡,指一定的动植物群落和"生态"系统发展过程中,各种对立因素(相互排斥的生物物种和非生物条件)通过相互制约、转化、补偿、交换等作用,达到一个相对稳定的平衡阶段。

(4)生态失调。外界干预超过生态阈值,使生态系统自动调节能力降低或消失的现象,进而可导致生态危机,甚至造成生态系统崩溃。

(5)生态危机。生态系统的结构和功能严重破坏,从而威胁人类生存和发展的现象,系人类盲目和过度的生产活动所致。在其潜伏期间,往往不易被察觉,一旦形成危机,则几年、几十年乃至上百年都难以恢复。

(6)环境污染。自然环境要素(例如水、大气、土壤等)由于人类生产、生活过程中产生有害物质(化学及放射性物质、病原体、噪声、废气、废水、尘渣等)引起环境质量下降,危害人类健康,影响生物正常生存发展的现象。按环境要素可分为生物污染、化学污染、物理污染。按污染形态可分为废气污染、废水污染、废物污染、噪声污染、辐射污染。

(7)环境保护(简称环保)。保护自然环境,防止其受到破坏和污染,使之更适合人类生活和自然界生物的生存。其内容有:合理利用资源;防止环境污染;在产生环境污染后,做好综合治理。环境保护涉及公共卫生学、地质学、海洋学、水文学、土壤学、气象学、生态学、遗传学以及环境工程等学科。

12.1.2 交通运输发展中生态环保研究展开的思路

(1)生态与环境。生态概念是站在以动植物为主体的立场,描述它们与环境间的相互关系。环境概念是站在人类自身立场,描述人类与环境间的相互关系。其间的差别甚为重要,这使生态学基本是自然科学属性的,而环境,特别是环保学基本为管理科学属性的。环保问题的深层内容是以生态学为依据的,因此,本书将生态环保并列组成一个复合词,这意味着在交通发展中,对生态环保制约问题的论述,其解释性来自生态学,问题解决的有效性来自管理学。这种关系如同概率与统计关系,在管理中非常有用的是描述统计,而描述统计的指标(例如平均值、标准差或方差、偏度、峭度等)是来自概率数学的矩理论。概率的矩理论虽费解,似不着边际。但毕竟是描述统计的理论基础或终结依据,是深入认识描述统计的锁钥,二者密不可分。也就是说,不能绕开生态单讲环境,其中生态是“根”,环保是“干枝”。

(2)本节展开思路:分析交通运输产业发展会产生的各种环境污染以及这些污染对生态系统产生的影响及后果,进而分析由此使其发展受到的制约。从分析阐述制约产生的机制,提出使其生态系统平衡稳定的环保举措。环保有两方面的内容:合理地利用资源和防治环境污染。因此,要从这两方面来考虑,化解交通运输发展中由环保要求形成的制约问题。

12.1.3 有关稳定性的几个概念

(1)“生态脆弱”是指生态平衡状态脆弱,显然生态平衡脆弱是指生态系统处在一种亚稳状态。它是常用来刻画环境状态时所用的概念,要清楚地理解其概念,必须对与稳定性有关的几个概念的本质有所认识。这里所谓的稳定性是指系统(或事物)受到外力作用(或扰动)失去平衡,外力消失后它能回复到原来状态的能力。这种复原能力一般可分为4个级别,按稳定程度分为超稳、稳定、亚稳、不稳。通俗之义,如图12-1所示的稳定状态概念模型。

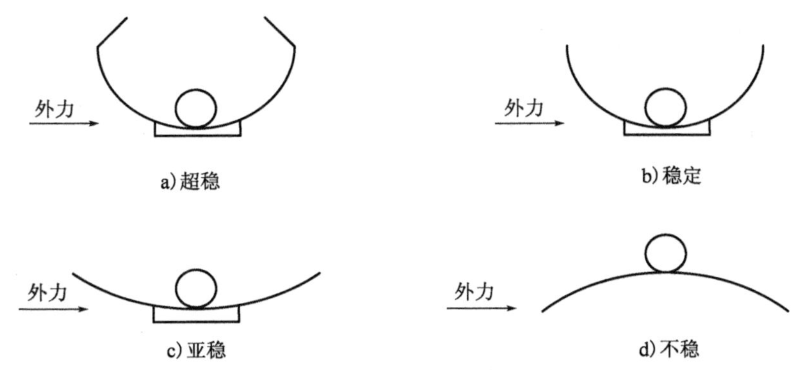

图12-1 稳定状态的概念模型

(2)生态脆弱概念模型如图12-2所示图解。

图12-2形象地说明了脆弱的生态系统遭到破坏,极难复原的概念模型。图中以森林

生态系统为例(因为交通项目建设中,常出现森林被破坏的现象)。森林生态系统是脆弱的,该系统属亚稳系统,如同图12-1中的c)图碟中球式的稳定,并将碟放置在高足柱上(如图12-2所示),高足柱的高度相当于生态系统所处的能位级。荒漠是生态能位最低处。森林遭破坏,如同一个巨大外力摇晃碟中的小球,说明生态系统遭到彻底破坏。若要复原此系统,其恢复外力必须大于亚稳能力与荒漠的能位差,另加上图中示出的失稳外力。换言之,破坏生态系统所获利益是大大小于复原此生态系统成本的,是极端的得不偿失。

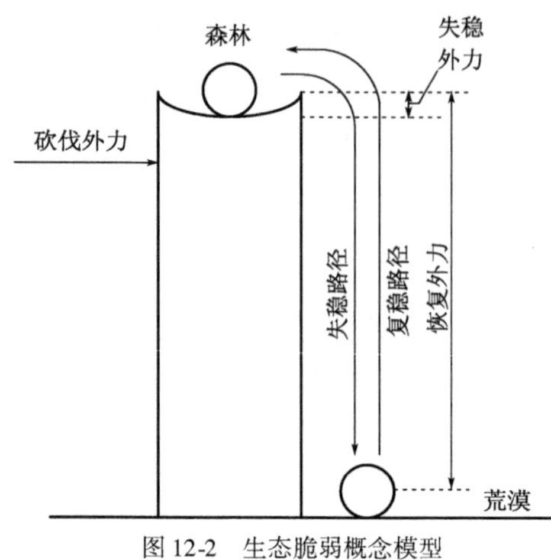

图12-2 生态脆弱概念模型

(3)生态系统被破坏对人类产生最深远的危害就是生态系统失去了多样性。如图12-2中的小球受到不大的外力作用时,还可回到稳定位置(状态)的内力就是来自生态系统的多样性。因为多样性可为系统的生物提供更多的适应性选择机会,这种机会就是一种内正反馈。如果把生态多样性的价值,只是定位在提供资源以备不时之需上,其价值太低了。换言之,图12-2中"碟"深的高度是由生态系统的多样性水平确定的。今日交通建设项目的可行性评估中,就缺少对生态系统多样性影响的评价,这种评价只做植物多样性即可,因为植物是处在生态系统能位的底层,所有动物都是以植物为主,且植物种类、数量等参数易统计(包括卫星遥感)。多样性指标推荐用生态熵(H_B)来测度。

$$H'_B = -\sum_{j=1}^{n} P_j \ln P_j \tag{12-1}$$

式中:H'_B——生态熵;

n——植物种类;

P_j——第j种植物占评价地域植物总量的百分比(或权重);

ln——自然对数。

设项目建设前,植物多样性为H'_{B0},建设后为H'_{Bt},其差为$\Delta H'_B$,为多样性破坏程度。

$$\Delta H'_B = H'_{B0} - H'_{Bt} \tag{12-2}$$

12.1.4 生态熵推导

1)熵概念的引入

假设一个个体无限的总体(例如生态系统中植物种类)可划分为S类(或种),记为$A_1, A_2, \cdots A_S$。每个个体只能属于其分类中的某一类。随机选择一个体属于A_j类的概率为P_j,因此$\sum_{j=1}^{S} P_j = 1$。我们希望找出一个函数,例如$H'(P_1, P_2 \cdots P_S)$来作为总体多样性的一种

刻度指标,它要求满足下述条件:

(1)已知 S,对所有 j,$P_j = 1/S$ 时,该函数为其最大值,用 $L(S)$ 来表示。即

$$L(S) = H'\left(\frac{1}{S},\frac{1}{S},\cdots\frac{1}{S}\right) \tag{12-3}$$

(2)如果总体中不含第 $S+1$ 类,$S+2$ 类……时,总体的多样性测度指标值不改变。即

$$H'(P_1,P_2\cdots P_S,0,\cdots 0) = H'(P_1,P_2\cdots P_S) \tag{12-4}$$

(3)假设总体又按另一分类法分类,设把它分为 t 类的 $B_1,B_2,\cdots B_t$。每个个体准确的划属于 B 类中的某一类 B_k,它出现的概率为 q_k,于是有 $\sum_{k=1}^{t} q_k = 1$。这种双重分类时,得到了 st 个不同的类 $A_jB_k(j=1,2,\cdots S,k=1,2,\cdots t)$。我们将一个随机选取的个体属于 A_jB_k 的概率记为 Πjk。如果 A 分类与 B 分类独立无关时,则有 $\Pi jk = P_jq_k$。这里 P_jq_k 是已知每个个体属于 A_j,又属于 B_k 的条件概率。对这种有双重分类的总体多样性,我们可以得出

$$H'(AB) = H'(\Pi_{11},\Pi_{12},\cdots\Pi_{ST}) \tag{12-5}$$

设 $H'_j(B) = H'(q_{j1},q_{j2},\cdots q_{jt})$ 表示在 A_j 类的内部又按 B 分类时的多样性。

又设 $H'_A(B) = \sum_j P_jH'_j(\mathrm{B})$ 为所有 A 类内部,又按 B 分类情况下的平均多样性,此时条件式(12-5)将为

$$H'(AB) = H'(A) + H'(B)$$

如果两种分类是彼此独立无关时,则对所有的 j,等式 $q_{jk} = q_k$ 成立。此时

$$H'(AB) = H'(A) + H'(B) \tag{12-6}$$

H' 满足上述 3 项条件的函数只可能是如下形式的函数

$$H'(P_1,P_2,\cdots P_S) = -C\sum_j P_j \log P_j \tag{12-7}$$

式(12-7)中加负号,保证 H' 值恒为正。

式中 C 为一正常数,通常设 $C=1$,对数底数可为 e 或 10,为学术方便计,取其为自然对数合适,而为社会实践方便计,采用常用对数合适。

上述 3 项条件的意义:

条件(1)仅对已知种类数的某总体而言,当所有种类以相对比例(或概率)存在时,其多样性测度值达最大值。

条件(2)是保证两个已知种类是均匀表现的总体中,有较多种类的总体,会有高的多样性。

条件(3)其意义可举例说明,如果某生态系统中植物分类中,按物种数量分为 A 类,按分布面积为 B 类。这时,按数量分类 A 类的测度多样性指标为 $H'(A)$。而按面积分类 B

类的测度多样性指标为 $H'(B)$。如果要测度物种的"数量与分布面积"多样性 $H'(AB)$ 时：按条件式(12-5)数量与面积高度独立时，则有 $H'(AB)=H'(A)+H'(B)$。此情况下，数量多样性的信息中没有给出面积的信息，反之亦然。也就是说，没有哪一种分类，会对另一种分类增加信息。由条件式(12-4)和式(12-3)有

$$L(S)=H'\left(\frac{1}{S},\frac{1}{S},\cdots\frac{1}{S}\right)=H'\left(\frac{1}{S},\frac{1}{S},\cdots\frac{1}{S},0\right)$$

$$\leqslant H'\left(\frac{1}{S+1},\frac{1}{S+1},\cdots\frac{1}{S+1}\right)=L(S+1) \tag{12-8}$$

式(12-8)告诉我们 $L(S)$ 是 S 的非减函数。

式(12-7)就是最常用的多样性指数。取 $C=1$ 及选 e 为底数的自然对数，于是有

$$H'=-\sum_{j=1}^{n}P_j\ln P_j \tag{12-9}$$

H' 又称为熵。即生态系统物种的多样性可用其植物物种熵来测度。

熵与概率有相同之处，也有不同之处。相同的是两者都是用确定性的数值去描述事物数量的不确定性。不同之处则是，概率是对单一确定性分类(即 P_j)程度进行确定性的描述(P_j)。其中前者 P_j 是对样本而言的，是不确定的，而后者 P_j 是对总体的描述，是确定性的。而熵则是对不确定性分类(或分层)(即 n)事物中的各类(或各层)所占权重的不确定性(即 P_j)进行确定性的描述(即 H' 值)。即熵是要将两种不确定性，综合成确定性的描述，而概率只是对单一不确定性进行确定性描述，其次概率 $P_j\leqslant 1$，而熵 H' 可为任一实数。

2)生物多样化可增强生态系统的抗风险能力

生态学中有一项中心主题的研究是生态系统的稳定性，研究认为生态多样性能促进生态系统的稳定性，也就是认为在生态系统内有一种可阻尼生态种群动态不定的倾向力，即有使系统回到固持结构的能力。食物链越复杂，生物群落缓冲环境变化引起其种群大小波动的能力就越大，这种缓冲可导致其系统稳定性增大。故生态学中已将生态群落的多样性(即 H')来替代对稳定性的描述。H' 既可用来说明一个系统的多样性，也可用来表征系统的稳定性。在这里其本质是同一的，只不过多样性描述的是群落的内构特征，稳定性则指的是群落内构所致的内在平衡特性。

12.2 交通运输系统对环境的污染

交通运输系统建设、运行时，释放的废气、噪声、固体、电磁辐射、水体等都将对环境造成很大的污染。

12.2.1 废气

除少数几种以电为动力的运输工具(例如电动机车等)外,那些直接以燃料(煤、油、气等)为动力的运输工具,在运行过程中,因燃烧均会释放出有害气体,诸如一氧化碳(CO)、氧化氮(NO_X)、硫化物(SO_X)、碳氢化合物(HC^-)以及铅化物等。特别是汽车大量增多的今天,这些有害气体会使大气环境劣化。图12-3是一氧化碳排放量与交通量的相关图。

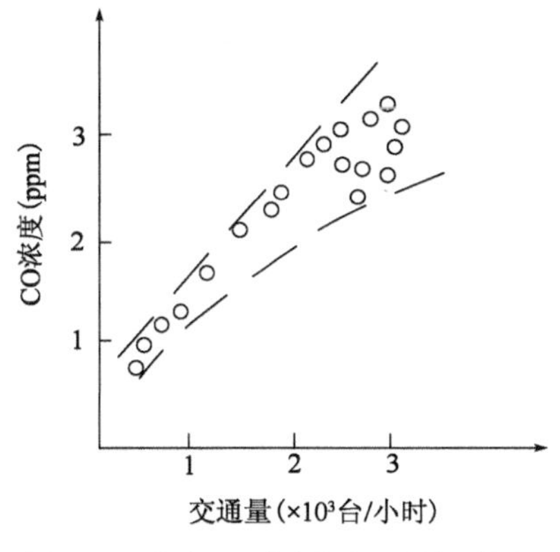

图12-3 公路CO浓度与交通量相关图

12.2.2 噪声

车辆运行会产生噪声。交通噪声分内噪声(传至车内的)和外噪声(传至路旁行人和居民的)。从交通运输角度来说关心的是外噪声。噪声计量单位是分贝(dB)。噪声达80dB时有刺耳感,95~100dB影响听力,大于100dB可以致聋。

多年来,美国全国范围内噪声强度平均增大了18dB,有的城市达64dB。货车、地铁噪声为90~100dB。警车、救火车、救护车的信号声平均大于100dB。喷气飞机起飞降落时噪声达130dB。

汽车是城市交通噪声主要来源,而交通噪声又是城市噪声的首源。汽车噪声与车速、交通量有关。图12-4与图12-5是交通量、平均车速与噪声大小关系图。

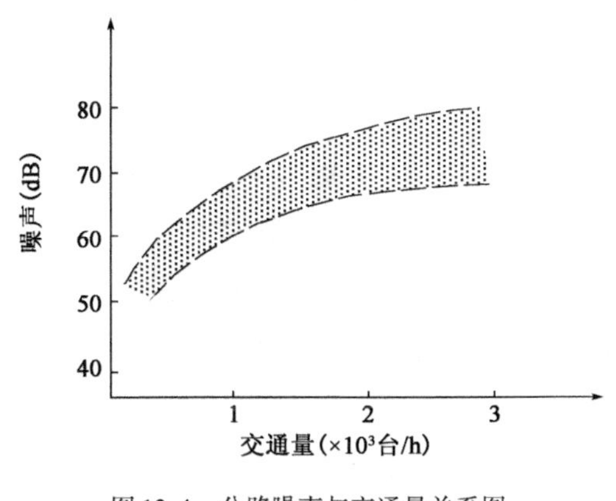

图12-4 公路噪声与交通量关系图

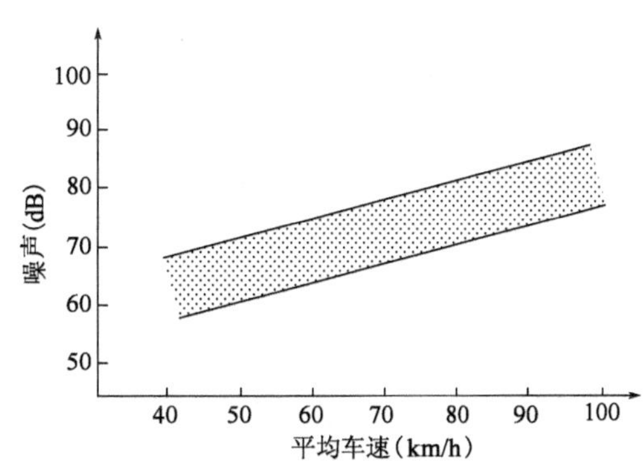

图12-5 公路噪声与平均车速关系图

12.2.3 固体

固体污染指燃料废渣、丢弃的废轮胎、旧汽车、破船壳等。例如美国每年丢弃轮胎约1亿个,旧汽车700多万辆,造成严重的污染。

12.2.4 电磁辐射

电磁辐射污染主要来自火花塞点火系统,它除危害通信、计算机等电子系统外,电磁污染还十分严重地危害人体健康。

12.2.5 水体

交通运输基础建设时,会改变地表水和地下水的水流和水质,有时会导致洪涝、水土流失、地下水枯竭或淤泥堵塞等,严重时还会导致泥石流严重化(频度和强度)。交通运输工具运行时的排放物及运行时必要的消耗品(例如防雪滑所撒的盐等)污染水体,水体又通过排水系统导致土壤污染、破坏生态平衡。

12.2.6 破坏生态系统平衡

主要发生在交通运输基础设施建设时,特别是道路(含铁路)要通过生态脆弱地带时,对自然植被的破坏。

12.3 交通运输业污染治理基本思路

12.3.1 交通运输行业污染治理

交通运输行业的污染治理分管控污染与治理污染。两类的管理思路是不同的,管控污染是以不跨越适度污染的门槛值为目标进行的控制管理,主要倚重法律手段和行政手段,通过环境监管体系运作进行监管,使达标状态持续。

(1)管控污染:所有运输工具必须缴纳适度的污染费。交通运输基础设施具有公用性,而交通运输工具的所有者、使用者,则可以是任何人。因此,不论任何交通工具在使用基础设施时,不仅必须达标准入,而且还须缴纳污染(成本)费。污染费的确定:由在适度环境污染水平下的污染社会成本和污染防治成本之和组成。其中适度污染是指社会经济福利最大时的污染(如图12-6所示,S_0%点——污染总成本最小点)。所收取的污染费中相当一部分可用于补贴公交,使公交出行的成本,大大低于私家车的出行成本。此举可收一石三鸟之利。一可贯彻谁污染谁出钱治理方针;二可抑制交通拥堵;三可增大社会经济福利(廉价公交)。

(2)治理污染:对污染治理企业进行高补贴。污染的治理以经济手段为主,对污染治理企业进行高补贴。这是理所当然的,因为企业是通过出售产品(或服务)逐利来实现持续发展。而治理污染的企业生产的产品是一种公益性的状态产品。个人无法购买,只能由政府购买;加之,这种产品生产成本很高(要由熵增状态治理回到负熵状态)。因此,污染治理企业不可能由自身的生产来实现良性循环；又因这种产品是一种社会需求弹性很小的必需品。这样一来，污染治理企业只能通过将其企业耦合到社会经济系统中，实现可持续发展。耦合方法：政府向污染者收取污染费（税），再用此费去向污染治理企业购买（补贴）这种公益性状态产品。这种方法就是一种经济手段。

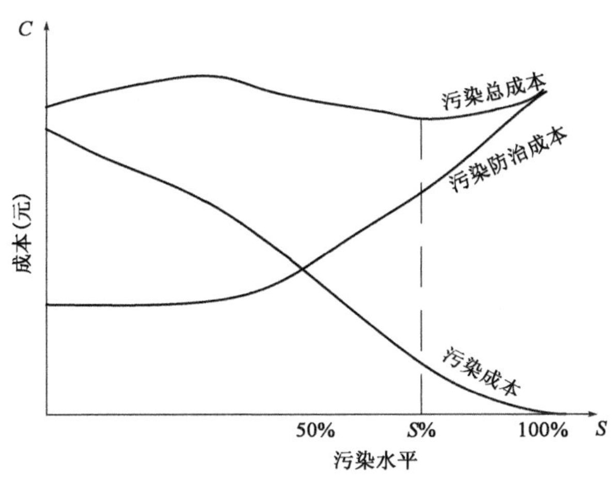

图 12-6 污染成本和污染水平关系示意图

（3）交通运输节能减排推行体系化管理。交通运输领域中的节能减排，是全社会推进环境质量和生态环境改善的重点内容。要做好交通运输领域的节能减排工作，必须先做好基础工作；交通运输行业管理：编撰节能减排的法律、法规、标准、规范。企业编制操作手册，并将其纳入规章制度文件之中。这种手册法就是一种省时、省力、省脑的按图索骥方法。

（4）加强对危险货物运输系统管理。浙江省应制定对于毒性物质、感染性物质、放射性物质、经过基因修改的微生物或组织等有毒有害的危险货物运输的禁区规划及法律。例如氰化钾是电镀液配方中不可或缺的化学品，就有氰化钾运输的需求，对于运输这类危险有毒物品的车辆就应严禁运输途经城市水源地域。

12.3.2 规划环保是交通运输业节能环保最重要的措施

2014 年 2 月 25 日，习近平总书记在北京市考察工作时说："规划科学是最大的效益，规划失误是最大的浪费，规划折腾是最大的忌讳"，同样，规划浪费是最大的浪费，规划环保是最大的环保。交通运输规划涉及交通运输业发展的目标，综合运输的结构、布局、规模等一系列重大问题，所以交通运输规划环保也是交通运输业最大的环保。

交通运输规划中对环保最有作为的有以下几点：

（1）优化各种运输方式路网的等级-数量衔接。这如同人体动静脉血管"粗细"等级-数量的有效匹配，有效匹配就意味着所有血管都得到了充分利用，"充分利用"就是"高效节能"。但现在各种运输路网等级-数量间的关系仍处于"糊涂庙里糊涂神"的状态，没有进行有理论依据的综合统筹规划管理。因此,我们不妨以血管动力学为"榜样",进行仿生优化研究,使其得到有效匹配衔接。

(2)优化综合交通枢纽的集散规模-辐射面积比例。也就是说综合交通枢纽在综合不同规模运输方式中,存在运输方式、规模、数量间的衔接问题。例如大海港与经济腹地间采用公路运输方式疏港就很不合理,而采用内河水运或铁路方式疏港才是合理、绿色的交通方式。

(3)优先使用水路运输方式。水路运输是节能减排效果最好的交通方式。这是因为水运船只具有规模大,航道坡缓、近水平,爬坡能耗少,船只运动时克服变形的能耗小等优良的技术经济特性所致。这就是在今天要求绿色发展、节能减排形势下,内河水运发展受到青睐的原因所在。但它最大的劣势就是受地势、地貌的制约严重,现若期望内河水运有更大的作为,就必须从以下几方面解决:

①尽可能地拓展内河航道网的覆盖地域。即"把江河水系联网起来"。联网的基础:首先就是要清晰浙江的运河区位情况,即要进行浙江的运河区位分析。

②提高内河航道网的等级/数量级布局的体系性。

③宣传、推广高效的运输组织方式。譬如顶推船队、带升降驾驶室的集装箱船和自航驳船等。

12.4 交通运输发展中促进环保的体系方法

12.4.1 行业、产业的环保目标

行业、产业的环保目标是一种期望的环境状态,企业的环保目标则是一种期望的环境点态。也就是说,行业、产业的环保问题是群体现象,其特征(或结果)自然是用统计概括说明。而企业环保问题是个体现象,其特征(或结果)自然是用样本特征参数说明的。正如在产品生产中,单件产品的质量是用物理参数来概括说明,而批量产品的质量是用概率来概括说明一样。至于使期望状态就位,就是要在系统中通过前置一个"机构",此"机构"能对系统产生一种偏性,用以有效导致期望目标的实现。其作用原理称为机理,其运作的轨迹就是通常称之的机制。机制产生的功能指向(或"瞄准")期望目标时,就说明这种机制具有有效性。因此,状态就位是由机制确定的,机制的生成又是由系统结构确定的。这种使系统状态目标就位的管理方法就称之为体系管理方法。而使系统点态目标就位的管理方法则为控制管理方法。通俗言之,这是一种纠偏管理,它是通过按标准(目标)测量(对标)得出测度偏离、反馈(回授)和实施(贯彻纠偏管理措施)来实现点态目标就位的。也就是说只能是针对个体的,群体特征只能通过统计计算得出结果,不是"读"出来。

由此可得出这两种管理方法的区别,如表 12-1 所示。

体系管理与控制管理比较 表 12-1

比较内容 管理制式	适应域	对 象	应用原理	时 态	可认证性	有 效 性
体系管理	状态就位	群体	机制	事前(前置)	可以认证	(1)体系机制作用结果与期望目标状态重合性; (2)体系建设、运作与改进
控制管理	点态就位	个体	反馈	事中(过程)	因地制宜	来自反馈的有效性

12.4.2 体系管理

(1)体系管理的有效性属于保障性的,不是保证性的。前者的特点是基本可达到,但不是一定能全达到。因为在统计中允许样本偏离,即个别样本有偏离是正常的,不一定影响平均值。只影响同一置信水平下的区间值。至于保障与保证概念的差异与关联必须厘清。

对任何事物的有效管理都要靠某种结构就位来保障,然后再加上人的修养(遵守一定的制度)来完善,才能保证实现期望的管理目标。什么叫保障?什么叫保证?为了更好地阐明这两种概念,并易于理解,现举例说明。例如楼梯的扶手是为了行人上下楼的安全设置的,设想:楼梯没有扶手,仅靠墙上张贴一张"行人注意安全,请靠墙走"的告示来避免上下楼发生意外。这样做显然基本上是不能解决上下楼的安全问题。抽象言之,仅有软件(告示),而无结构(扶手)硬件是不能提供上下楼的安全的。扶手结构就位,就可基本上解决这个安全问题。其中,"基本上"含义就是高概率的,而不是极高概率,或不是非常安全的。也就是说,只有在扶手结构硬件就位的同时,再配之不致发生拥挤的制度等软件措施,双管齐下才能使上下楼的行人有安全保证,缺一不可,如图 12-7 所示。

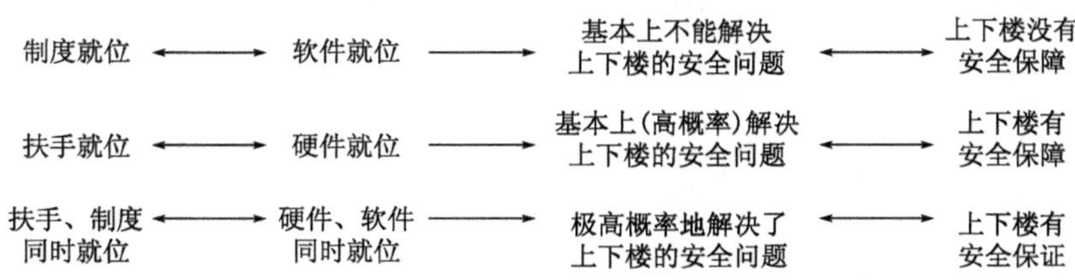

图 12-7 保障与保证概念(例说)的关系图

从图中知:保障是保证实现的前提和基础。保障可使事物高概率地发生,也就是事物具备发生的必要条件,这是一种结构性的硬件条件。保证则可使事物极高概率地发生,也就是事物具备发生的必要和充分条件,即结构性的硬件和软件同时就位。因此,要使管理工作有效,必须靠结构硬件来保障,同时配之与制度的软件就可使期望的管理目标实现有保证。

(2)任何体系管理都存在层次性。环保体系也不例外。任何一项管理措施也存在一定的有效域,当管理目标对象广谱时,其措施也必须多管齐下。

环保体系管理措施可分为4个层次:

①法律、法规层次。此层次提供的是一种社会的环保安全保障。因为凡是生产过程中生成的外溢对环保有害的物品,只有采用法律、法规的方式管理才有效。

②标准、规范层次。此层次提供的是一种行业、产业的环保安全保障。这是行政属性的管理手段,也是行政管理的内容。

③规章、制度层次。提供的是一种企业的环保安全保障。这是企业内部将标准、规范细则化、行为化的管理。

④环保意识层次。提供的是一种个人的环保安全保障。它将使每个人都形成一种无所不在、无时不有的观念,这样可解决因个人引起的极小概率出现的环保问题(事件)。法律法规,或标准规范,或规章制度都是针对环保中可能出现的大概率事件(为基础)而制订的。倘若将小概率的事件也纳入规范层次管理范围,是规模不经济的。

(3)包括交通运输在内的任何行业、产业的生产过程中,或多、或少会出现使环境破坏的行为,而且,这些行为普遍都会产生不可逆的累积效应。因此在制订环保体系管理措施时,必须坚持以绿色发展,建设资源节约、环境友好型社会为指向目标。

12.5 建成"大水运"是浙江交通最大的环保

理论和实践都可以证明,运输方式的结构调整是最大的节能减排、生态环保。因此,充分利用浙江水资源、云水资源丰富的优势,建成"大水运",是浙江交通最大的节能环保。

浙江"大水运"建设的关键在于杭州内河的发展。因为,杭州市内河处于浙江"大水运"的中心枢纽位置。杭州北面通过京杭运河、杭申线、杭湖锡线及水网密布的嘉兴、湖州和江苏、山东的水网相连,东面通过国家水运主干道杭甬运河与绍兴、宁波地区衔接,南面通过钱塘江沟通金华、衢州等地,还可通过开挖的永康—缙云运河与瓯江、椒江相连。因此,杭州内河水运畅通则浙江内河水运全盘皆活,杭州内河水运的发展具有"牵一发而动全身"的特殊作用。

但是,目前杭州与各地市的水路运输通道并不顺畅,存在几个瓶颈:①富春江原船闸。不过该瓶颈已在建设新船闸,即将解决;②三堡船闸。该瓶颈已规划通过建设"运河二通道"和"九堡船闸"解决;③杭甬运河有一个船闸和一段运河成为瓶颈。不过已经在着手解决;④瓯江和浙江其余水系的连接。此问题可以通过新挖永康舟山镇和缙云壶镇间的运河解决。如果解决了这些问题,以杭州作为全省"大水运"的中心枢纽,东接绍兴、宁波,西联金华、衢州、丽水,北通湖州、嘉兴,还可与赣西北、皖南、上海、江苏、山东连接。浙江水网和京杭运河、长江水网浑然连为一体,大量的进出口货物和内贸物资可通过水运输送,再加上铁水联运和公水联运,就可大大减轻陆路交通压力,节约能耗并减少碳排放,大幅度地改善浙江全省的生态环保面貌。

12.5.1 调整“运河二通道”线路是“大水运”建设关键

1)“运河二通道”建设的必要性和实现的难度

由于京杭运河穿越杭州市中心,受拱宸桥、铁路桥、船闸、武林门弯道、航道两岸的道路、建筑等多因素的制约,杭州市区段已不具备在原线位扩建改造的条件。而且,让水运主通道通过城区也不符合保持杭城生态美观和以人为本的要求。因此,需另辟京杭运河沟通钱塘江的第二通道,这就是“运河二通道”工程。

该工程设计航道等级为三级,需征地 8 200 多亩,拆迁房屋约 60 万 m^2,总投资估算为 77.5 亿元。经国家发改委及交通运输部组织的专家评审而确定的“运河二通道”已经组织了实施,但进展迟缓直至最后完全停下。探析其原因,主要是该方案 :

(1)安全性差。二通道口门由于受径流作用影响较大,主槽离岸较远,丰、平、枯 3 种径流状态下水域主槽摆动较大,通航环境较差(复杂)对通航安全航行不利。三堡船闸多年来的运行实践已经表明钱江潮对该区域船闸安全的影响极大,二通道船闸不仅在三堡船闸的东面,而且船闸规模大得多,过闸组织也复杂得多,因此钱江潮对其影响必然比三堡船闸更加严重,也将带来更多的安全隐患。而且受九堡大桥通航孔和 700m 安全距离的限制,船撞桥等问题的安全风险也较大。

(2)不仅伤财,而且扰民。原二通道东线方案需征地 8 200 多亩,拆迁房屋约 60 万 m^2。这几个数字对于其他地方也许算不了什么,可对于寸土寸金的杭州来说,伤财、扰民是非常严重的。为此,本书提出“西二通道”方案。

2)“西二通道”方案及其优点

“西二通道”,即在富阳(渌渚镇)与临安(青山湖)之间新开设一条航道,经由湖州直达上海。

(1)线路:由两部分组成。

新开凿:富阳区渌渚镇—临安市青山湖运河。

技术升级:青山湖镇—湖州市塘甸(即东苕溪),把已有运河由五级升至四级。

(2)线路途径:从富阳区渌渚江入富春江的江口开始,渠化渌渚江—松溪河道至临安市三口镇,在临安市三口镇与板桥的分水岭开梯级运河,渠化板桥—青山水库段河道,提高现有青山湖—南苕溪—余杭镇段航道等级,北接东苕溪(现为五级航道)—湖州市—塘甸入太湖。依据我国现在发达的隧道建设技术,新二通道工程可以考虑在必要时以挖运河隧道的方式达到裁弯取直和减少梯级的目的。

(3)航道等级:全程定位四级航道,水深2.0m,双线直线段宽55m,弯曲半径410m。

(4)新凿运河段长度:全长约75km,其中,渌渚江—松溪渠化段长约38km,分水岭梯级运河长约25km,南苕溪水系渠化段长约12km。

(5)运河水源:富阳岩石岭建高坝水库,引水至三口镇可做过船闸用水;青山湖水库可作为运河水源的调节水柜。

(6)造价估算:

渠化四级航道:1 000万元/km×50km=5亿元;

梯级过闸运河:2 000万元/km×25km=5亿元;

新凿运河段造价:10亿元;

青山湖镇—太湖,五级航道升级为四级造价:25亿元;

节制闸和船闸投资:5亿元;

总造价50亿元。

(7)"西二通道"方案的显著优点是:①生态环保;②节约土地资源;③基本不扰民,反而利于沿河人民的民生;④相当于为杭州市建设了新的储水水库;⑤投资比原二通道方案节约很多;⑥有利于防洪排涝;⑦安全性好,彻底排除了钱江潮水对二通道航运的不利影响;⑧备战和应急性能好。新二通道、杭甬运河和长三角水网构成了四通八达的水上交通网络,该水网和长三角大部分重要城市联通,一旦爆发战争或者遇重大自然灾害(例如2008年中国南方冰雪封路),该水网将会起到巨大的作用。

12.5.2 建永康舟山镇—缙云壶镇运河与温岭—乐清运河连通全省水网

浙江现在的内河航道是3个独立的系统:一是钱塘江—太湖—甬江航道网;二是瓯江航道网;三是椒江航道网。因此,上述"运河西二通道"及其相关船闸建成,还是没有实现浙江内河的全省联网,还有瓯江航道网、椒江航道网没有连上。本书首次对浙江省的运河区位进行了系统研究,得出了能使内河全省联网的运河区位,即只要建设"永缙运河"和"温岭乐清运河"就可以实现省委主要领导提出的"全省内河联网"目标。

1)永缙运河

"永缙运河",即连通永康舟山镇与缙云壶镇的运河。研究结果认为:在钱塘江水系武义江上游永康舟山镇与瓯江水系好溪上游缙云壶镇间具有运河区位,只需在武义江上游将武义县城永康江河道至永康市石柱镇的河道,以及李溪至舟山镇的河道渠化建闸,建设"永缙运河"就可实现钱塘江和瓯江两个航道网的一体化。

建设此运河有供建闸、行船用的充裕水源,不存在社会、经济、生态等方面的大问题。

2)温岭—乐清运河

该运河走向为温岭—温峤镇—乐清湾。因为现在温岭与台州间已有栅温航道沟通椒江水系与金清港水系，故温岭—乐清湾运河凿通后，不但沟通了乐清湾与金清港的航道，也沟通了乐清湾至椒江水系的航道。这样，椒江航道网经此运河，再经乐清湾西岸，由乐清市北进入虹乐埦运河至瓯江航道网，可促使丽水、温州、台州实现水上联网，实现通江达海的内河航道一体化。

现温岭与金清港已经相通，故这条运河还将沟通半岛两侧的海湾。海湾通海运河由于裁弯取直，缩短了两相邻海湾港口间航线距离。因此，温岭—乐清区河区位的建设不仅增强了减灾防灾能力，强化海湾海水的流动性，改善了生态环境，战时还可增大敌方对我军民港口布雷、封锁的难度，意义重大。

与之类似的还有象山湾黄墩港—三门湾力洋港的运河区位。

12.6　多建桥隧是浙江建设绿色交通的重要举措

浙江山多，耕地少，俗称“七水二山一分田”。然而，这种山多地少与交通用地量大之间的矛盾是可以转化的。通过努力，我们可以变不利条件为有利条件。这些年来，为了保证浙江经济社会的快速发展，浙江的交通建设，尤其是高速公路的建设也在快速推进，逢山建隧道、遇壑架桥梁，为此虽使得浙江公路建设的成本陡升，但却节约了大量宝贵的土地资源，仅诸永高速公路一条不到300km的路段，63.6km的隧道和39.9km的桥梁就可节约土地207hm^2，合3 185亩。因此，多建桥隧，既可保护植被，又能节约土地，生态环保还节能减排。浙江的山多地少却也成了浙江建设绿色交通的天然优势。

12.7　综合使用多种办法降低汽车尾气排放

汽车尾气是空气污染的主要来源，降低这种交通污染的管理方法有：

（1）强化补贴和政策支持力度，大力发展液化天然气和电动汽车。趋利是人的经济行为属性，要实现这种改变，靠补贴和相对低税率的方法最为有效。

（2）改善道路上的车流。改善道路上的车流可有效地降低尾气排放。改善车流的内容包括减少车流量、均衡车流量、车流有序化。汽车只有在设计车速下行驶，才能既节约又少污染。改善车流状态的方法有：

①高速公路。

a. 尽可能减少交通事故，提高事故快速处理率，确保车辆安全畅通运行；

b. 标示路况，加强诱导，鼓励、协助行车人自动从拥挤道路分流到非拥挤道路；

c. 入口行车管制（当公路车流量接近设计车流量时，允许在匝道入口限制行车数量）。

②干线公路。

a. 鼓励车辆成列行驶(平稳低速可避免因车辆额外的停车待行带来的额外废气排放);

b. 拥堵路段或高峰时段,实施停车限制(因任意停车对干线公路车流量有很大干扰);

c. 改善道路交通信号指示状态(指示状态的好坏,影响车流的平均车速);

d. 对负荷大的道路交叉口进行扩能。

③市中心交通的改进。加强交通信号控制系统的优化设计,实施自动与人工相结合的控制,有效、及时地使交通畅通。

④按时段、街道分类实施货车装卸作业。

⑤加强对行人道路的管制。

(3)采用多种办法减少汽车出行。

①空气污染特别严重的地区,管制停车。

②按拥挤程度进行差别收取停车费。

③某些污染严重城市或道路征收道路使用税。

④提高汽车燃油税,依城市污染程度,实施燃油定量税率。

⑤鼓励小汽车合乘,以减少小汽车出行数量。

⑥雾霾天免费坐公交、限号出行并禁止柴油车进入市区等措施。

(4)有效提高公交分担率。

①大力提高公交系统服务质量。公交客运量与票价之间的弹性很小(车费下降1%,运量上升不到1%),所以改善系统的服务质量吸引的运量比降低票价更有效。

②强化城市公交乘车诱导系统,有利出行者选择公交。

③设置公交专用道。这里的"公交"指的是社会公共交通,包括公交车、民航大巴、校车等。公交提速,不仅可改善交通,还可降低空气污染。

④鼓励私家车停车后,换乘公交车,适应公交线路密度低的地区。如私家车进城时,可将车停在郊区停车场,换乘公交车(地铁)进城,郊区可在公交换乘点建设大型停车场,方便私家车停车换乘。

(5)错峰上下班,减少上下班高峰产生的交通拥堵,从而降低空气污染。

12.8 交通运输噪声的防治对策

12.8.1 降低运输工具的噪声水平

(1)颁布实施运输工具允许噪声的先进技术标准。

(2)采用行政手段与经济手段相结合的方法,增快车辆的折旧速度,加速汰旧更新。

12.8.2 强化宁静区管理

制定宁静区的宁静标准及其交通规费(行车要求、速度标准),保持宁静区(学校、医院、住宅区等)的宁静。

12.8.3 优化道路设计

(1)尽可能地减少坡度。因坡度为5%时,噪声可较水平道路增加2dB,坡度7%时,噪声增加3dB。

(2)行驶车辆经高架或地下行驶有较好的降噪效果。高架为6m时,地面噪声降低5dB。降低地面道路的水平高度,效果更好(槽化噪声,使之难外溢),通常可获得降低15dB的效果。

(3)提高道路平整度。汽车在凹凸不平路面行驶,可较平整路面行驶增加噪声5~10dB。

(4)道路两旁种植阔叶树,树叶大小与消噪声间呈正比关系,种枫树比无绿化树木道路,可降低噪声10~12dB。

(5)当噪声超过容忍程度时,应设置隔音屏障。

(6)城区尽量避免建设高架钢轨轻轨。

12.8.4 城市规划要有利于降低交通噪声

(1)街道设计中要考虑宽度适当,过窄时,产生噪声槽化效应。

(2)土地用途规划中,要考虑噪声问题。

(3)房屋设计与建设要有利于降低交通噪声。

(4)房屋窗户朝阳性要求要让位于避噪声的要求。

(5)窗户结构要牢固与窗框密贴,玻璃厚度要增加,或使用双层玻璃。

(6)房屋建材选取要考虑隔声效果。

(7)要通过法律、行政手段及经济手段控制噪声源。

12.9 城市交通污染防治对策

(1)调整城市规划设计思路。一是先进行交通运输规划,再进行城市功能区规划,才能从源头上解决交通运输问题,新兴发展城市的规划尤应如此。二是城市规划思路要将少数大功能板块规划改变为集中散布的小功能板块群的规划。城市规划为大工业区与大生活区是使交通产生严重拥堵、污染的结构性原因。三是在城市发展规划中,拉近交通运输枢纽、工业园区、物流园区的距离,使之尽量相邻。大幅提高城市物流运输的有效里程率,不但可避免无效里程,还可避免因其耗能产生的污染。

(2)推广使用清洁燃料车。清洁燃料车的基本技术性能不低于或接近汽车的相应技术指标,价格相对较低。且气、电等新能源供给方便、价格低廉。另外,车有品牌信誉,维修方便。

(3)推广循环水洗车房、建设服务区污水处理系统,回用中水,实现服务区零排放。

(4)对于普通、经常是散布的生活设备设施产生的污染物(如废机油、汽车空调冷媒剂等)建立定点收集、回收统一处理系统。

(5)危险货物运输车辆形成相对独立的运行体系。有自己的专用停车场、专门车辆清洗场所、专门车辆维修场所等。如此,才能有效杜绝乱停、乱修、乱洗、乱排现象,避免发生严重事故。

(6)采用驾驶模拟器进行驾驶训练,可节能减排。

(7)建设碳排放交易市场,使多排放者付出成本,迫使其减排。

(8)推广不停车收费系统(ETC)收费,以减少污染排放。

(9)推广大型旅游船舶生活污水上岸工程,或自带小型化、一体化、综合污水处理装备,实现船舶生活污水零排放。

12.10 防治交通基础设施建设与运营污染

(1)注重植被保护。在施工过程中,尽量适应地形,减少高填深挖,合理调配土石方,尽量减少填挖方;施工结束后对所有施工临时用地及工程取(弃)砂石(土)料场实施土地平整和生态恢复,防止新增水土流失;尽量减少对天然植被的破坏,施工车辆的运行路线避开植被茂盛的地区;路堤边坡种植当地优势物种;对公路互通立交、中央隔离带、收费站、管理中心、路基边坡等设施进行绿化等。

(2)降低扬尘污染保护水环境。交通运输基础项目建设时,要注意保护水环境。生产生活用水达标处理排放;施工不占用河道;防范工地水土流失等。注意洒水,运输车辆注重覆盖。如采取所有施工便道经常洒水以防扬尘;对因土石方施工裸露的土地,及时平整压实,并植草,以防止扬尘;合理规划取土路线,建少土石方运送里程,减少车辆运输距离,防止增加尾气污染;加强机械保养维修,降低废气排放;配备除尘设备、沥青烟净化和排放设施;在隧道施工过程中采用湿喷技术,减少混凝土喷射施工中的粉尘等措施。

(3)尽量避免高填深挖施工。例如尽量适应地形,用隧道工程代替深挖路堑,用桥梁工程代替高填路基。

(4)推广废物再利用技术,如沥青再生路面技术、水泥混凝土破碎再利用技术,减少固体废料污染。

(5)隧道通风系统采用静电集尘技术,净化空气。

(6)公路构筑物及沿线设施工程广用发光二极管(LED)节能灯具。隧道、服务区、收费站、互通区域采用 LED 照明。

(7)强化公路网规划及建设项目的环境影响评价工作。

(8)水运工程建设中,推广生态型水工构筑物、生态型护岸、航道绿化等环保技术。

(9)发展 3S(遥感、地理信息系统和全球定位系统)监测水面溢油,以便及时清污。

12.11 严格控制发达交通诱发的农业"新污染"

(1)集约化养殖场的选址问题。农业现代化就意味着农业要以集约化、规模化的方式进行生产。农业养殖集约化、规模化往往依附于发达的交通,多布局在交通发达、运输廉价的地方,这就有可能带来禽畜传染病大流行的"新污染",发生公共卫生事件。例如上世纪末法国的家禽养殖集中在交通方便的干线公路两侧附近地带,因为集中,一旦发生瘟疫,必将四处蔓延,影响范围极广。正因为如此,当年一场瘟疫使法国 25 ~ 50 只的畜群绝迹,80 ~ 100 只的畜群也不能生存。在距港口 100km 以内地区几乎没有一头生猪。然而更可怕的是禽畜瘟疫有传染人的可能。因此我们在农村公路网规划条例中要规定:任何种类禽畜养殖场,都必须布局在距干线公路有一定距离的岔入断头路之处。而在断头路与干线公路连接的地方,还要规划设计一条随时可彻底切断交通联系的壕沟,以便一旦发生瘟疫,就可切断交通,将禽畜瘟疫严格控制在"场"内,不致向外扩散、流行。

(2)防止特种品牌农产品品种的消失、退化。交通发达、地域开放,容易加速农产品的基因交流,由此可能带来另一类"新污染"——基因污染,就是特质农产品的消失或退化。这种产品既可是农作物,也可是禽畜产品。特种品牌的农产品必须在封闭性很强的小范围地域持续生存、繁衍。这些特种品牌物种倘若消失,将很难恢复,因此,农村公路网规划中,不能一味追求交通的发达,一定要绕过因封闭才能得到的物种地区,即交通线路只能"近而不入"。

Ⅳ　交通发展长效制约因素篇

13 交通区位分析方法简介

13.1 问题的提出

13.1.1 制定社会经济、交通发展战略的需求

世界上没有一种利益，比战略决策正确带来的利益更大。也没有一种损失，比战略决策失误带来的损失更大。因此，任何层次中，战略利益都是最高利益。这种利益在时间维中表现的是一种长远利益，这就是在经济哲学、政治哲学中，总是反复强调眼前利益要服从长远利益的原因。

在社会经济发展战略中，无论采用什么样的发展模式，都必须以交通运输发展作为依托。而在交通运输发展中，起支配的因素是各种运输方式的“路网”，这是因为“路网”是慢变量❶。而在影响交通运输路网发展的因素中，经济地理因素较之技术经济因素而言，也是慢变因素。对这种影响交通运输发展的经济地理因素，其集中性的提法就是交通区位。故支配路网发展的就是交通区位。

交通区位较之工业区位、城市区位，乃至农业区位，更具“元素”特性。因为无论是在工业区位、城市区位、还是农业区位等的区位理论中，其核心变量都是距离。而交通运输就是研究和从事人、物、信息(交通包括运输与通信)空间位移的部门，其位移的度量方式就是距离。因此，不论是宏观经济地理中的工业、城市、农业区位，还是微观经济地理中的政府、银行、学校、医院、商场、加油站、粮店等区位都离不开交通的作用，也就是说，交通区位就是上述区位中的支配因素。因此，不论是国家、省市、县乡，还是企业等单位发展战略的制订都必须考虑交通路网条件，也就是交通区位问题。故交通区位是所有区位中的“元素”级区位。

战略最大的特征之一，就是指向未来、指向未来利益。故而其中要考虑的交通路网条件，也要同构地指向未来利益，考虑的是未来利益需求的交通路网格局，支配未来交通路网格局的交通区位。

从而可知，社会经济、交通发展战略制订中，必须清晰对应地域范围中的交通区位

---

❶慢变量。协同学中的概念。与其相应的概念是快变量。“慢”与“快”系指作用事物诸因素变化的快、慢。协同学证明对事物起支配作用的是慢变因素，即慢变量支配快变量。因此，慢变量是事物存在的本质。

格局。

13.1.2 需求交通区位分析案例

(1)案例是抽象转为具象的普适方法。交通区位理论是抽象的,交通运输发展规划则是具象的。对交通区位分析案例的需求,如同数学中的讲完公式、定理后,需求出示例题一样重要。有具体经济背景的交通区位分析就是案例。案例的作用可用牛顿的名字说明:例子有时往往比原理更有用。也就是说,有具体经济地理背景的交通区位分析案例,或许比交通区位原理更易懂、更有用。

(2)因为长远期对交通发展起着支配作用的因素是交通区位。因此,本文首先进行浙江省的交通区位分析,以找到浙江交通发展的支配性因素。

(3)在浙江省港航发展的战略中,已有了"一主两辅""大路网""把江河水系联系起来"的战略目标。至于如何使这个战略目标变成规划,也需要对浙江省进行交通区位分析。

13.2 交通区位分析法简介

13.2.1 基础概念

(1)交通区位系指交通线路或站港枢纽等交通设施在地理空间上的高发地带(地区)。

(2)交通区位分析时,根据支配交通区位的交通区位因素对特指地域的高发交通线路或站港、枢纽等进行高发性分析。

(3)交通区位因素分类方法常有3种:

①按交通区位因素对交通线路、站港枢纽等所起的作用,可分为驱动因素和制约因素。

②按交通区位因素自身的社会学科属性,可分为经济类和非经济类的因素。非经济类因素又包括政治、军事、文化等因素。

③按交通区位因素的社会经济属性,又可分为经济类、地理类和技术类的因素。

一般讲,经济类交通区位因素基本上属驱动类的交通区位因素;地理类和技术类的交通区位因素基本上属制约类交通区位因素。而技术类的交通区位因素的寿命周期是较短的,因为随着技术的进步、发展,技术类的制约因素对交通的制约会削弱或消除。例如贯穿大沙漠中或大陆与海岛间的公路交通就已由不可能变成可能,因为沙漠筑路和开凿海底隧道技术已成为成熟技术。

13.2.2 交通区位分析要点

地域进行交通区位分析时,须遵循下述要点:

(1)以驱动类交通区位因素生成交通区位线为主导进行分析。然后再将有关的地理的和技术的交通区位因素产生的制约作用,综合到每一步骤(或程序)中去。

(2)驱动类交通区位因素生成交通区位线分析的先后次序,是按交通区位因素的重要性(外部需求因素重于内部需求因素;背景越大的需求越重要)次序展开。

因一种交通区位因素可生成数条交通区位线,故地域的多种交通区位因素,可生成多张交通区位线图。

(3)将所有交通区位因素生成的交通区位线,进行并集综合,求得对应地域的全集性的交通区位线网络草图。再依据网络系统理论,对草图进行订正(主要是并线和添线;并线是突出交通区位线的规模效应,添线是完善网络的回路性),得出交通区位线网络图。

(4)对订正后的交通区位线网络图再按重要性进行分层处理。本书中最重要的浙江交通区位线是通道交通区位线,其组成网络为通道交通区位线网络。对重要的浙江交通区位线网络我们称之为干线交通区位线网络,其他交通区位线则为一般交通区位线。

(5)交通区位线及其网络采用地图与表格联合表征。地图表征交通区位线及网络的整体结构特征,表格表征交通区位线及网络的明细情况。

(6)交通区位线是一条原理性的线,非实体线。故表述的交通区位线或交通区位线网络图线路中的节点间都是依次用直线连接。

13.2.3 交通区位分析的结论

(1)交通区位分析得出两个层次的结论:

①由某些交通区位因素主导生成的交通区位线(包括起讫节点、途径节点等)。

②交通区位网络(包括交通枢纽区位等)。

(2)注明交通区位线的区位强度(由重要性或等级说明)。

(3)说明交通区位线网络的几何特征。

13.2.4 主要分析内容

浙江省交通运输涉及全部5种运输方式的内容。因每种运输方式对地理环境的适应性不一样,其间的差别很大。为了突出重点和扣合目前交通运输业务管辖范围,现只重点讨论大背景(宏观)下的陆路交通区位和内河水路交通区位。海港交通区位虽是交通运输管辖的业务,但自从蒸汽机发明以来,海运不再借助信风远航世界各地。故而海港交通区位中的内容,主要只存在海港选址区位问题,其中的核心内容是海港的筑港条件和经济腹地条件。后者是陆路交通区位中研究的问题,而前者又属微观交通区位范畴的内容,讨论的是技术经济层次方面的,而非空间经济学层次的问题,故本书不讨论。

地域内部交通区位线在省域交通区位线中,还有地市、县乡(或农村)两个背景层次的交通区位线。为了加强针对性,本报告只对浙江省省域的主要交通区位线进行研究,至于全面(包括地市、县乡)的内部交通区位线,由于内容较多需另行安排研究。

14 涉交通区位分析的浙江地理概况

14.1 浙江地理简介

14.1.1 位置

浙江省位于中国东南部、长江三角洲南翼。东濒东海,南接福建,西衔江西、安徽,北临上海、江苏。地跨北纬27°02′~31°11′,东经118°01′~123°10′。东西和南北的直线长均为450km,陆域面积10.18万km^2,是中国陆地面积最小的省份之一。

14.1.2 地势概述

浙江省地势西南高,东北低,自西南向东北倾斜,西南是山地,中部是丘陵和盆地,东北是平原。陆域面积:山地和丘陵占70.4%,平原和盆地占22.4%,河流和湖泊占5.2%,海涂占2.0%。

浙江省海域辽阔,海岸线曲折,港湾众多。较大的半岛有穿山半岛、象山半岛、松门半岛、楚门—玉环半岛等。较大的港湾有杭州湾、象山湾、三门湾、台州湾、隘顽湾、乐清湾、温州湾等。大陆海岸线北起平湖市的金沙湾,南至苍南县的虎头鼻(沙埕港口),长约1 800km。沿海岛屿星罗棋布,列如串珠。北自嵊泗县花岛山,南至苍南县七星岛,共有大小岛屿约1 920个,是全国岛屿最多的一个省,有列岛17个,其中舟山群岛含9个列岛,占全省岛屿半数以上。较大岛屿有舟山、岱山、六横、金塘、南田、泗礁、洞头等。海洋岛屿面积约1 670km^2,海洋岛屿岸线长度约4 300km。全省沿海有天然良港40多处,特别是宁波、舟山和温州的瓯江口水域,港湾航道条件优越,宜建设大中小结合的港口。

浙江省山脉呈西南—东北走向,主要有:天目山脉,为长江和钱塘江水系的分水岭;由怀玉山脉延伸的白际山脉、昱岭山脉、千里岗山脉和龙门山脉;仙霞岭山脉,向东北延展成大盘山脉、会稽山脉、四明山脉和天台山脉,天台山脉再往东北没入海中,构成舟山群岛;洞宫山脉,向东北延伸展为南雁荡山脉,过瓯江称北雁荡山脉、括苍山脉。龙泉境内的黄茅尖,海拔1 929m,为全省最高峰。

14.1.3 地形区划

浙江省地形可分为浙北平原区、浙西中山丘陵区、浙东盆地低山区、浙中丘陵盆地区、浙南中山区、沿海(半岛、岛屿)丘陵平原区。

(1)浙北平原区:分布在太湖以南,钱塘江口、杭州湾两岸,面积约 1 250km²,北面通称杭嘉湖平原,南面通称宁绍平原,其中杭嘉湖平原是浙江省最大的平原。浙北平原是泥沙在滨海和湖沼环境中堆积而成,地势平坦,湖泊众多,水网密布,土地肥沃,是浙江省主要商品粮基地和桑蚕茧、棉花、黄麻等重要经济作物区。

(2)浙西中山丘陵区:位于杭嘉湖平原以西,浙中丘陵盆地区以北,包括白际山脉、天目山脉、昱岭山脉、千里岗山脉和龙门山脉,面积约 22 300km²。丘陵大多由沉积岩组成,平行带状分布,坡度较陡,大部在 25°以上,海拔多在 500m 以下。是本省毛竹和茶叶的重要产区之一。著名的山峰有东天目山、西天目山、龙王山、清凉峰等。

(3)浙东盆地低山区:位于宁绍平原以南,括苍山以北,大致以浦阳江与浙西中山丘陵区分界,包括会稽山脉、四明山脉、天台山脉和大盘山脉,面积约 20 700km²,著名的山峰有四明山、华顶山等。低山主要由火山岩组成,海拔多在 500m 以下,在 600 ~ 800m 山上有面积较大的缓坡地残留,且土层深厚,宜于开发,夏季种植蔬菜。低山之间,分布有大小盆地,较大的有嵊新盆地、天台盆地、仙居盆地、临海大田盆地等。

(4)浙中丘陵盆地区:位于兰江流域,横贯在浙江中部,盆地由西南向东北方向延伸,面积约 3 700km²。其中金衢盆地是浙江省最大的盆地,还有永康盆地、浦江盆地、壶镇盆地等。盆地南北分别为仙霞岭山脉和千里岗山脉所夹峙,地势自南北向中间逐级下降,盆地底部的高程多在海拔 40 ~ 100m 之间,相对高差小于 30m,呈浅丘状起伏,盆地边缘为丘陵,山顶较平坦、浑圆,红壤分布很广,俗称红土丘陵。

(5)浙南中山区:位于浙东盆地低山区和浙中丘陵盆地区以南,包括仙霞岭山脉、洞宫山脉、雁荡山脉和括苍山脉。地势高峻,崇山峻岭,崎岖不平,海拔多在 500m 以上,一般都有 2 ~ 3 级的梯状平台,平台上缓坡起伏,相对高度在 50 ~ 300m 之间,是山区耕地分布较集中的地段。较大的盆地有松古盆地、碧湖盆地等。山地多由岩性坚硬的火山岩组成,节理发育,河流侵蚀后常成峡谷深沟,悬崖峭壁,峰峦起伏,基岩裸露,坡度一般在 30°以上,是本省森林的主要分布区。千米以上的山峰连绵不绝,著名的有黄茅尖、百山祖、乌岩岭、九龙山等。

(6)沿海(半岛、岛屿)丘陵平原区:位于本省最东部,面临东海。沿海半岛和岛屿是陆上丘陵深入沿海或侵没海中的延续部分,高度多在海拔 300m 以下,海岸线方向和岛屿分布呈东北—西南向。河流与海岸线直交,下游有由河流和浅海沉积物组成的海滨平原,地势平坦。较大的有瓯江下游的温(州)瑞(安)平原,椒江下游的温(岭)黄(岩)平原。河口和海岸至今还在向外延伸,海涂资源丰富。

14.1.4 河流、湖泊

浙江省河流大多与山脉走向平行,也有的切割山地,呈格子状分布。主要有钱塘江、瓯江、椒江、甬江、苕溪、飞云江、鳌江等水系，以及人工开掘的京杭运河。河流的特点：水量比较大，水力资源丰富，但季节变化明显，有暴涨暴落现象。多数源短流急，具有山溪性河流特征。上游坡陡水急，下游受潮汐影响显著。

钱塘江：是浙江省第一大河，源于新安江上游率水源头安徽省休宁县六股尖，于海盐县澉浦长山东南咀至余姚西三闸的连线，流入杭州湾。河流长度为605km，其中在浙江省境内为310km，流域面积为4.9万km^2。黄山市以下干流有不同名称，屯溪至梅城段称新安江，梅城至浦阳江口称富春江，浦阳江口至澉浦为钱塘江。浦阳江口至杭州闸口段，河道曲折，形如反写“之”，故又称之江。钱塘江主要支流有兰江、浦阳江、曹娥江等。曹娥江曾是独流入海的一条江，现因钱塘江河口下移，故为钱塘江支流。

瓯江：是浙江省第二大河，源于庆元县百山祖西北麓，流入温州湾。河流长度为380多km，流域面积1.8万km^2。流域范围内山地多，平原少，河源至河口落差1 800多m，河床坡降大，水能资源丰富，主要支流有松阴溪、小溪、楠溪等。

椒江：源于仙居、缙云、永嘉交界的界岭头，流入台州湾。河流长度198km，流域面积6 600多km^2。与始丰溪汇合称灵江，至黄岩三江口永宁江注入称椒江。

甬江：始于奉化、嵊县交界处，流入东海。河流长度为121km，流域面积5 000多km^2。干流在宁波市区三江口以上称奉化江，三江口至镇海称甬江，主要支流有姚江等。

苕溪：源于天目山，分东、西苕溪，在湖州市区内汇合后流入太湖，它与京杭运河是杭嘉湖平原的主要河流，全长293km，流域面积5 000多km^2。

飞云江和鳌江：是浙南中山区的主要河流，两江水力资源都比较丰富。

浙江省湖泊主要分布在浙北平原区。多数为海迹湖，一部分为人工湖。杭州西湖、绍兴东湖、嘉兴南湖、宁波东钱湖为浙江四大名湖。东钱湖面积22km^2，为本省最大湖泊。人工湖新安江水库俗称千岛湖，为最大人工湖泊。

14.1.5 气候

浙江省位于亚热带季风气候区，冬季受蒙古高压控制，盛行西北风，以晴冷、干燥天气为主，是浙江省低温、少雨的季节；夏季受太平洋副热带高压控制，以东南风为主，海洋带来充沛的水汽，空气湿润，是浙江省高温、强光照的季节；春秋两季为过渡时期，气旋活动频繁，锋面雨甚多，冷暖变化亦大。浙江省气候总的特点是：季风交替规律显著，年温适中，四季分明，光照较多，热量丰富，雨量充沛，空气湿润。年平均气温在15～18℃之间，全年≥10℃的积温，自北而南约4 800～5 600℃，无霜期230～270天，年平均降水量从北往东南，由1 100mm递增至1 900mm，降水主要集中在4～9月，以春雨、梅雨和台风雨为主。梅雨以后的7～8月间晴热少雨，常有旱象。

14.1.6 矿藏

浙江省已探明的51个矿种储量中，重要的大型矿床有30多处，有色金属中的铝、锌、铅等矿的储量达到8 000多万t；新近探明的金矿，储量较大，堪称“江南第一金矿”。非金属矿中的明矾石、沸石、硅藻土、石煤的储量居全国第1位；叶蜡石、萤石、辉绿石居全国第2位；大理石、膨润土等名列全国前茅。钠基膨润土填补了国内的一项空白；萤石出口量占全国的50%以上，是国内商品萤石的最大供应基地；盛产明矾石的苍南县矾山镇被誉为“世界矾都”。

14.2 浙江行政区划

14.2.1 行政区划演变

对现有的浙江境域而言，古代春秋时分属吴、越，战国时属楚，秦置会稽郡、闽中郡、章郡。自汉至隋，为扬州郡属下的几个郡。唐初先后属江南道、江南东道。到唐肃宗乾元元年(公元758年)于江南东道下，又分设浙江西道和浙江东道。浙江作为政区的名称始于此。五代时为吴越国地，北宋属两浙路，南宋分置两浙西路与两浙东路，元属江浙等处行中书省。明太祖丙午年(1366年)置浙江等处行中书省，浙江省之名，由此正式出现。后改为浙江等处承宣布政使司，辖11府、州、75县，省界区域基本成型。清康熙初年，改称浙江省，建制至此确定，沿用至今。省域、境内最大河流为钱塘江，因江流曲折，又称浙江。省由江得名，简称浙。

14.2.2 行政区划现状

浙江设有杭州、宁波2个副省级城市，及温州、嘉兴、湖州、绍兴、金华、衢州、台州、舟山、丽水9个设区市，下辖34个市辖区、34个县、1个自治县和21个县级市。区划具体情况如表14-1所示。

浙江省行政区划简表　　表14-1

设区市	下辖区、县、市		数量
杭州市	区	上城、下城、江干、拱墅、西湖、滨江、萧山、余杭	8
	县	桐庐、淳安	2
	市	建德、富阳、临安	3
宁波市	区	海曙、江东、江北、北仑、鄞州、镇海	6
	县	象山、宁海	2
	市	余姚、慈溪、奉化	3

续上表

设区市	下辖区、县、市		数量
温州市	区	鹿城、龙湾、瓯海	3
	县	洞头、永嘉、平阳、苍南、文成、泰顺	6
	市	瑞安、乐清	2
嘉兴市	区	南湖、秀洲	2
	县	嘉善、海盐	2
	市	海宁、平湖、桐乡	3
湖州市	区	吴兴、南浔	2
	县	长兴、德清、安吉	3
绍兴市	区	越城、柯桥、上虞	3
	县	新昌	1
	市	诸暨、嵊州	2
金华市	区	婺城、金东	2
	县	武义、浦江、磐安	3
	市	兰溪、义乌、东阳、永康	4
衢州市	区	柯城、衢江	2
	县	常山、开化、龙游	3
	市	江山	1
舟山市	区	定海、普陀	2
	县	岱山、嵊泗	2
台州市	区	椒江、黄岩、路桥	3
	县	玉环、三门、天台、仙居	4
	市	温岭、临海	2
丽水市	区	莲都	1
	县	青田、缙云、遂昌、松阳、云和、庆元、景宁、畲族自治县	7
	市	龙泉	1
注：全省现有11个设区市34个市辖区21个县级市34个县1个自治县			

14.2.3 人口

浙江人口稠密，人口密度为489人/km^2，分布不均匀。北部和东部沿海地区人口密集，浙南、浙西山区相对稀疏。截至2013年11月1日零时，浙江省的常住人口为5 493.8万人，年末全省常住人口为5 498万人，属少数民族散杂居省份，有少数民族53个(仅缺德昂族和保安族)，人口40余万，约占全省人口的0.4%，万人以上少数民族有7个：畲族(170 993人)、土家族(55 310人)、苗族(53 418人)、布依族(21 457人)、回族(19 609人)、壮族(18 998人)、侗族(17 960人)。

15 浙江省陆路交通区位线分析

15.1 综合运输通道概念

15.1.1 综合运输通道概念的提出

(1)运输通道。这本是一个新闻学属性的词汇,而非学术性专业词汇,与其大同小异的还有运输走廊、运输大道等。以往在研究各种运输方式时,在学术上用不着此名词。但在交通运输大发展的今天,特别是综合运输大发展时,在综合运输路网研究中,却是不能回避这方面内容的。综合运输是对5种运输方式的再抽象或再概括,不仅其概念的蕴含更广,而且它在社会经济中的作用、地位均高于5种运输方法。

国家发改委颁发的我国"五纵五横"综合运输大通道中采用了"综合运输大通道"一词。省与国家都存在对应的综合运输通道,但它们不仅在其作用、地位的重要性上有层次差异,在通道能力上也有差别。因此,综合运输路网的通道分为两个层次:国家级的综合运输大通道和省级的综合运输通道。

(2)综合运输通道概念界定。

①综合运输通道是对路而言的。"路"是运输的载体,而客货是运输的载荷,其中客货是主动的,"路"是从动的。因此,综合运输通道是由运输规模来确定的。

②综合运输通道既指的是线路,亦指的是对应线路组成的路网。

15.1.2 综合运输通道研究总思路

(1)现阶段对综合运输通道界定的思路:主要是利用统计学、管理学中的关键少数原理:即20%的关键因素,贡献80%的生成总量原理去判断。也就是说国家综合运输大通道,就是完成80%客货运输总量的那部分20%的"路"。浙江综合运输通道亦以此类推。

(2)由工业史随动演生的历史现象去确定综合运输通道的思路:利用城市及城群圈区位理论去推断通道区位。理由:

①城市形态的寿命周期大大长于交通运输形态的寿命周期。依据慢变量支配快变量的哈肯支配定律,就可得出由城市发展形态决定交通运输形态的结论。

②大城市或城群圈是地域社会生产力分布图中,生产力水平最高的地带,而交通运输

发展必然受最高的社会生产力水平所支配。

③上述两条理由中第②条是本质，第①条是第②条的表现或表象。本质才具有很好的解释性和操作性，而现象则具有很好的观察性。根据城群圈理论得出的结论，必须使上述两条不相悖。

(3)综合运输通道区位线是交通区位线中的一种，综合运输通道线是对应区位线上的交通线，交通区位线与交通线分别是两个有着显别的近义概念。近义系指他们都是对国家的运输规模、作用、意义的重要性而言的。显别则是：

①概念学科属性不同。前者是空间经济学属性概念，后者为工程学属性概念。

②线的科学属性不同。前者是原理线，后者是实物线。前者是后者的理论基础，后者是前者的实践成果。

③线的经济属性不同。前者是资源线，后者是资本线。

④线的寿命周期性不同。前者是与城市某种形态等周期，后者最多与线路的技术经济寿命等周期。

15.2 综合运输通道的区位分析

15.2.1 综合运输通道区位因素

影响综合运输通道的区位因素，也可分为两类：驱动类和约束类。驱动类的区位因素中只存在经济因素，而不存在政治、军事、行政、文化等方面的因素。这是有别于常规交通区位因素的。这是因为运输通道区位的持续存在，只能是经济需求所致。而约束类的区位因素也只有山文因素一种，这是因为交通通道只“怕”山，而不“惧”水，怕水也只怕山边的水。

15.2.2 驱动类通道区位因素

(1)大城市与城群圈。通道运输对象的生成或重权发生在大城市、城群圈，故其驱动因素排第一序位的是大城市和城群圈因素。大城市和城群圈又是工业化的产物，既然大城市和城群圈是通道区位因素，自然其中就包含了工业区位因素。全球有1/5的人口生活在城市中，城市创造世界60%的产值。20世纪中期就将有3/4的人口成为城市人口。中国有超过100座(新的定义有200座)城市的人口超过100万。

(2)高人口密度。城市化是我国现阶段的发展战略和国策，高人口密度的地方一定是具有很好的工业区位和城市区位的地方。或者说，高人口密度区是通道运输对象生成的地带，故其是驱动区位因素。

(3)大海港经济腹地。经济全球化、改革开放已是我国最高国策。这个最高国策就意味着要走向世界,而走向世界的潜台词就是走向海洋,因而只有走向海洋,才可走向世界。同时,现代化的大生产也需要从全球集聚生产要素,而这也要靠大海港来完成。大海港做大的决定性因素是经济腹地的广袤,广袤的经济腹地又是要靠综合运输线的运输来完成。

(4)大陆桥运输线。

①全球资金密集型产业大发展需要大陆桥运输。因为资金密集型产业生产和商品流通过程中,是以降低资金成本为指向。降低资金成本的方法是要加速流通过程或(和)缩短运输在途时间。大陆桥的运速可大大高于海运运速,故现对大陆桥运输的需求越来越强烈。

②资金密集型产业的产品具有价格高、重量轻、体积小的特点,需求小型快速的运输工具运输。公路、铁路运输规模大大小于海运,而运速则大大高于海运。高速公路汽车运输最适合于资金密集型产业产品运输,这是基于高速公路可实现干线输送的快速,而汽车运输的门到门特性又可实现支线运输的快速。高铁、航空干线输送虽然快速,但是缺少支线运输的快速。

③地球上海洋与陆地的面积比为7:3,故大洲相对海洋而言只是一个“大岛”。这些“大岛”至今还有一个无法解释的地理现象,就是几乎所有大洲的南端,都呈半岛形状嵌入大洋之中,例如:东南亚、印度、阿拉伯、非洲、南美洲等,都具半岛结构,这种结构使得洲与洲之间的海运要绕大弯,加大运距。而通过大陆桥运输则可裁弯取直,大大缩短运距,从而缩短运输在途时间。

④集装箱运输。资金密集型产品具有最适合采用集装箱运输的特点,这种特点还可使产品在通过多国运输时手续简便、方便通关、安全、可靠,正符合资金密集型产品梦寐以求的运输技术经济特性要求。

⑤煤炭运输。煤炭是中国的主要能源资源,它虽有很多不合形势要求的特性,但要改变能源结构现状需要相当长的历史时期。中国的煤炭资源94%分布在昆仑山—秦岭—大别山一线以北地区;89%分布在大兴安岭—太行山—雪峰山一线以西地区。这种煤炭资源的分布格局导致我国煤炭的运输格局:北煤南运、西煤东运。可以说,中国解决了煤炭运输的困难,就解决了货运中的瓶颈问题。

(5)物流带。

①物流带是物流线路在地理空间中的高密度分布带。这种物流线路具有统计特征,是物流企业利用交通运输路网而形成的。因此,在综合运输通道分析时,必须先厘清物流带与其路网的关系。

a.路网是因,是生成物流的依据。物流带是果,是统计的结果。故而是先有路,而后有物流带,不能反之。

b.路网是慢变因素,物流带是快变因素。由哈肯支配原理可知,慢变因素支配快变因素,反之不存在。物流带只存在既有的路网之中,而不能用物流的配置去创造出物流带。

通过改变现有的路网格局,必须先形成可实现期望物流的物流带的机制,再去优化配置物流资源,方能达到创造物流带的目的。因此,浙江的物流企业、物流园区,只能布局在物流带上,才能获得区位利益。

②对物流带形成起支配作用的路网因素中的“大道”因素。西蒙大道定理告诉我们:各种经济活动通过最近的“大道”实现时,生产中的运输成本、资金成本才最为低廉。交通运输大道即是驱动工业区位、物流带区位形成的最重要的驱动性的区位因素。由于物流带的大发展,将驱动“大道”更大。因此,综合运输通道与物流带是交互促进,互搓发展的。物流形成前期,“大道”是物流带的驱动区位因素,后期物流带又将是“大道”的驱动区位因素。

15.2.3 约束类通道区位因素

山脉可抽象用山文线表示。大山文线是由几条断续相连的山脉抽象出的山文线组成。从交通运输视域看中国背景中的大山文线格局。

(1)西部:4 条东西向的大山文线(由北至南)。

阿尔泰山山脉、天山山脉、昆仑山山脉、喜马拉雅山山脉。

(2)中东部:两条南北向的大横断山山文线(由东至西)。

①东部大横断山山文线:从北向南由大兴安岭、太行山、伏牛山、武当山、雪峰山、大瑶山等山脉山文线连接而成。

②中部大横断山山文线:从北向南由狼山、贺兰山、六盘山、岷山、邛崃山、(云南)横断山等山脉山文线连接而成。山文线是交通线路布局时最大的地理制约。因此,上述大山文线的格局将主导我国运输通道的格局。它造成国家综合运输大通道在我国中部大横断的山文线以东的地区,可按纵横制进行布局,而在其以西地区只能布局横向的大通道,无纵线大通道。因而,国土东西两部分的综合运输通道网都须在中部大横断山山文线中连接两条山脉线的豁口地区对接贯通。例如:我国西北北部的出海大通道,就须从狼山与贺兰山之间的豁口处实现对接,贯通成一体;而青岛至拉萨的运输大通道则须从贺兰山脉与六盘山脉间的豁口处贯通;陆桥运输大通道须从六盘山脉与秦岭山脉间豁口处贯通。

15.3 浙江省综合运输通道区位线

建设国家综合运输大通道的问题是事关国家交通格局统一的大问题。任何事物的多样性只有在统一性中,才能实现指向共同目标的有序。因此,针对这个问题,国家发改委颁布了我国“五纵五横”综合运输大通道的规划。我们在分析涉及浙江省的综合运输通道(以下简称运输通道)时,应与规划的国家综合运输大通道相一致或相容。

15.3.1 浙江省国家背景中的运输通道区位线分析

根据运输通道区位因素,综合国家各种交通运输方式形成的路网几何趋势,我们可得出浙江省存在3条国家背景中的综合运输通道区位线,这种交通区位线就是浙江省的外部交通区位线。它们分别是:

(1)北京—南京—杭州线,简称京杭运输大通道。

(2)哈尔滨—大连—青岛—上海—杭州—宁波—福州—广州—海口线。简称南北沿海运输大通道。

(3)上海—杭州—昆明—瑞丽线,简称沪瑞运输大通道。

15.3.2 京杭综合运输通道区位线

(1)主要节点:北京、天津、济南、南京、溧阳、湖州、杭州。

(2)通道路网组成:

①铁路和高速铁路并行。

②高速公路和其他等级公路并行。

③内河航道。

(3)理由:

①位于长江三角洲地区城市群中的杭州通过此综合运输通道区位线与东陇海地区城市群、环渤海地区城市群直联。

②综合运输大通道规划图涉浙通道布局中有一点有待商榷改进。

纵向京沪大通道中的南京—上海段,由北京—南京南北纵向布局,突变为东西横向布局。破坏了我国东南方位上纵横网络的正交性。即破坏了大通道布局在国土上的均布性。同时,南京—上海段通道又是东向的沿长江大通道中的一段,两者重叠。这种布局既给上海添"堵",又给浙、闽、台3省与华北诸省和北京间通道运输加大了迂回性,增加通道运输成本。

③此线是中国三大城群圈中最大的两个间的连接线。即环渤海海湾城群圈与长江下游城群圈间的连接线。

④京杭大运河从元代至今的700余年间,一直是我国北方政治中心京城与南方经济中心的连接线,这使得运河沿线成为我国人口最密集的地带,沿途大中城市密集、工商业发达。

⑤此线沿线是我国重型产业基地密集带,而两端又都有国家级的巨型海港,可形成对外开放、走向海洋的势态,这十分有利于通道线的对外开放和可持续发展。

⑥此线是北煤南运的重权线之一,煤炭运输又是我国货运量的大头,这可为通道运输

提供现实需求。

15.3.3　沿海综合运输通道区位线

(1)主要节点:哈尔滨、长春、沈阳、大连、青岛、连云港、南通、上海、杭州、宁波、福州、广州、三亚。

(2)通道路网组成:

①铁路与高速铁路并行。

②高速公路与其他等级公路并行。

③近海海洋航线。

(3)理由:

①位于长江三角洲地区城市群中的杭州通过此综合运输通道区位线向北可与东陇海地区城市群、环渤海地区城市群、哈长地区城市群相连,向南则可与海峡两岸经济区城市群、珠江三角洲地区城市群和北部湾地区城市群相连。

②沿线串联了我国绝大部分的大海港,海港具有极佳的工业和城市区位。

③全球 80% 的人口都集居在沿海 200km 的地带,故此线沿线自然也是我国人口分布最稠密的地带。

④将东北 3 个最大的城群圈与渤海大城群圈、长江下游大城群圈和珠江三角洲大城群圈串联起来了。

⑤哈尔滨—长春—沈阳—大连段是我国工业,特别是重工业最发达的地区之一,也是东北人口最集中的一带。

⑥天然的辽西走廊已是我国东北地区至华北平原的一个交通运输瓶颈地带。而辽东半岛与山东半岛隔海相望,中间群岛链形分布,这两半岛间存在跨海交通区位线。在今日的条件下,将此跨海区位线开通成综合运输通道,是不存在工程技术难题的。这样一来,不但可使东北地区与关内联系避开瓶颈,而且还可使这条天然的运输通道与沿海综合运输通道线一体化成为国家背景中的综合运输通道线。

15.3.4　沪瑞运输大通道区位线

沪瑞运输大通道区位线,实际上不只是中国背景也是亚洲背景中的大陆桥通道区位线。

(1)主要节点:上海、杭州、南昌、长沙、贵阳、昆明、大理、瑞丽、(缅甸)腊戌、曼德勒、实兑港。

(2)通道路网组成:

①铁路与高速铁路并行。

②高速公路与其他等级公路并行。

③油气管道。

(3)理由:

①位于长江三角洲地区城市群中的杭州通过此综合运输通道区位线向东可与上海市相连,向西可与长江中游地区城市群、黔中地区城市群以及滇中地区城市群直联。

②此线是太平洋东海到印度洋孟加拉湾大陆桥区位线上的中国境内段。

③此区位线中分我国长江以南、南岭山以北、云南横断山以东范围的国土,故区位线上的交通运输线路的吸引/辐射面积巨大。

④此线将长江下游的大城群圈与南昌、昆明、长株潭等大城市和城群圈连成一体。

⑤此线的雪峰山山文线以东的线段所经地区是我国人口高密度区。

⑥此线途经地带是我国重型产业密集散布区。

⑦此线将是波斯湾和非洲油气进口和南海石油东运的主干管道线。

⑧此线将是浙江众港口群共用的纵深经济腹地拓展线。

15.4 浙江省主要海港经济腹地交通区位线

15.4.1 海港规模与经济腹地的关系

(1)海港发展规模的大小,是由海港经济腹地的大小规定的。而经济腹地的大小受经济腹地交通区位线的强度所支配。海港经济腹地交通区位线强度由其区位线上可配置运输方式的规模,及其可拓展的里程长度来决定。

例如:位于长江口的上海港,它的经济腹地就是长江沿岸。其水运交通区位线上,就可配置内河水运方式千吨级的内河航道(千吨级内河航道的运输量相当于20多条铁路的运输量),此航道的终点是四川宜宾。而广州港的兴起,也是得益于其位于河口(珠江口),早年珠江具有500t级航道到广西梧州的能力。虽然广州受工业早发欧洲的影响早得多、开埠早得多。但是,不论是过去(近代史尺度),还是将来的发展都比不过上海。也就是说,上海港的经济腹地交通线的强度大大强于广州港的经济腹地交通线的强度。它对港口的发展是起支配作用的。所谓支配作用,就是形成趋势的作用。而非支配作用,只是一种波动的扰动作用。

(2)海港腹地交通区位线,是由海港腹地交通区位因素作用的结果。支配海港腹地的交通区位因素有:

①海港地缘经济地位。

②海港向内陆辐射运输线路的情况。

③海港的技术经济条件。

其中:①是海港存在的外在经济环境条件,即外视性的条件;②是海港内部可达的(运输)经济条件,即内视性条件;③是港口立港的自然地理条件,这自然是一种技术经济条件,是一种(内、外)接口条件。

(3)海港经济腹地的可行域。海港经济腹地的可行域是由生成腹地的运输方式的运输成本主导的,其运输成本又是由其对应的运输规模决定。大海港疏港最有效的运输方式是高等级内河航道的水运和铁路运输。因此,我们在进行海港经济腹地交通区位线分析时,要优先考虑内河水运和铁路运输的可行性。

(4)海港经济腹地的拓展和确定。相邻两海港在拓展经济腹地时,要使腹地间的覆盖范围尽量小,否则易产生竞争过度,不利于腹地向纵深拓展。避免腹地相互覆盖的方法是进行海港经济腹地的区划,区划则是以交通区位分析结论为基础。交通运输因具有公共性而受行政约束。因此,海港经济腹地范围的确定:

①省域境内:可由区划(行政行为)去主导腹地发展。

②省域境外:可由运输市场经济去主导腹地发展。

(5)浙江省海港经济腹地交通区位线分析。在分析中按港口遵从由北到南的文化习俗排序,也是按由北而南的顺序展开交通区位线的研究。因浙江省东濒海洋,港口位于东边海岸线上,因而海港经济腹地交通区位线格局基本上都是从港口由东向西平行展开,拓展腹地。

15.4.2 海港经济腹地交通区位线

(1)乍浦港

①最有效腹地:浙北、皖南向北。

②交通区位线:乍浦港—平湖—嘉兴—湖州—宣城—芜湖。

(2)宁波—舟山港

①最有效腹地:浙西、皖南、赣北、湘黔。

②交通区位线:

a. 舟山—宁波—杭州—黄山—九江;

b. 舟山—宁波—杭州—南昌—长沙—贵阳。

(3)台州港

①最有效腹地:浙中、赣东。

②交通区位线:台州—金华—婺源—景德镇。

(4)温州港

①最有效范围:浙南、赣东。

②交通区位线:温州—丽水—衢州—上饶。

各港口交通区位线分布情况如图15-1所示。

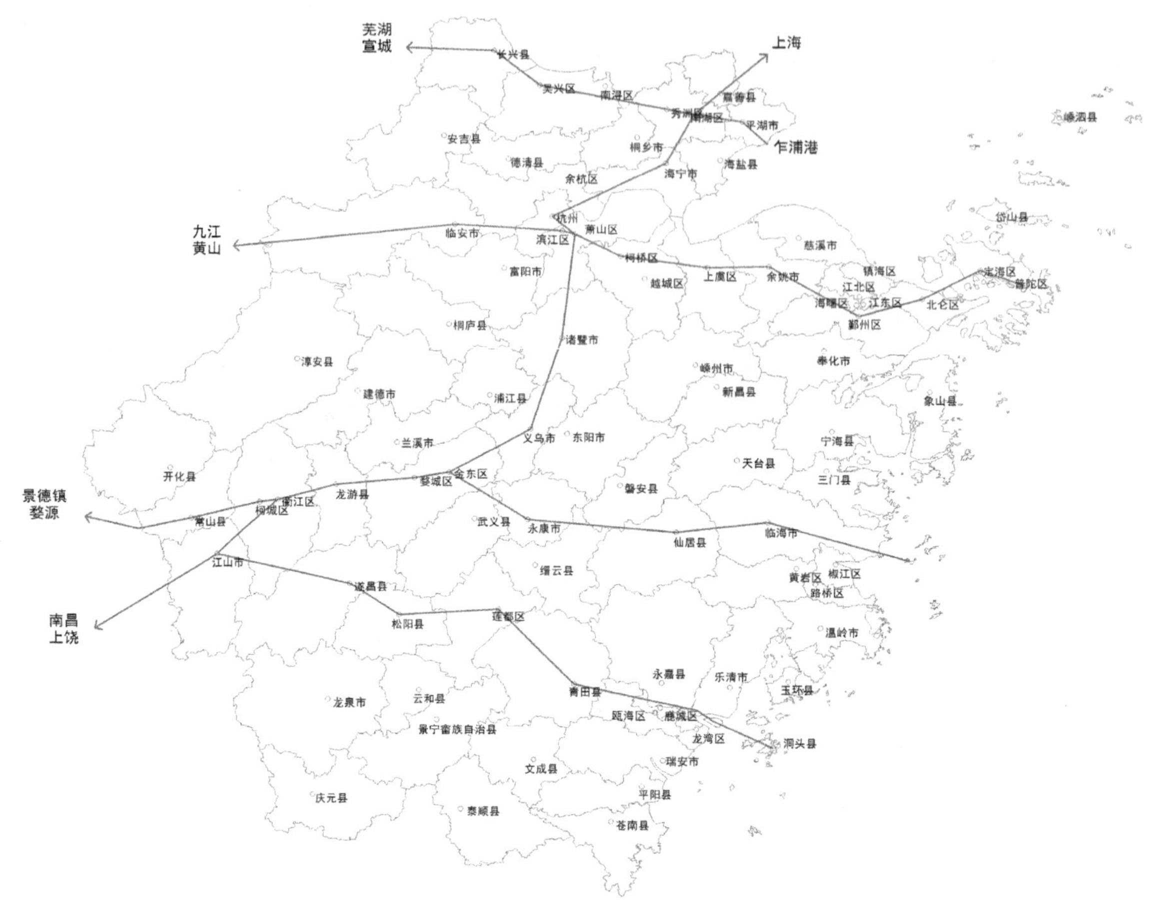

图 15-1　浙江海港腹地交通区位线示意图

15.5　浙江省行政交通区位线

15.5.1　行政交通区位线简介

行政交通区位线是满足国家及各级政府行政需求产生的交通区位线。国家的统一、民族的团结是国家最高利益。国家的统一依托两种力量的支撑:正常时期靠有效行政;非常时期靠军队捍卫。而行政与军事行动都需要靠交通来实现。

(1)行政交通区位线的格局。历史上国家(含诸侯国)最高行政等级的交通道路格局,都是由京城(首都或王城)出发,向国土的四面八方辐射,近直线地抵达版图最偏远的下一级政治中心城市。例如浙江省位于我国版图的东南方位,而我国版图东南方位最偏远的下一级行政中心(未来行政中心)就是台湾的台北市。也就是说这条行政区位线由北京至台北,中间要途经浙江省会杭州市。

(2)行政交通需求的特点。国家行政时,需求交通速度快(或高),反应及时,能门到门、安全、保密地抵达行政辖区内任一点。在历史上行政交通靠的是驿道加快马,今天是高速公路加汽车。但其交通量很小。由于国家行政交通线上的运量小、运输对象重要性高。因此在规划时,必须采取措施,增大运输规模,减少行政成本。方法就是尽可能多地把版图中同一方位上的下一级行政中心整合到一条行政交通线上。整合时要考虑近直线性(折线夹角大于120°可判据)要求。如果有困难,采用支线的方法解决。例如,根据国家行政区划产生的交通需求特点,在我国华东方位上可生成国家行政交通区位线。

(3)行政交通区位线的特点。

①各级行政交通区位线应与各级行政路径保持一致或者说是分形同构的 。如此,才能使行政成本最低、效率最高。古今中外国家各级行政,无一不是以上级的权威,强制要求下级无偿服从、照办。故各级行政交通径路的特点就是具有垂直性。故各级行政交通区位线都从上级行政中心向下一级以射线的方式展开,即辐射形垂直性的展开。这种展开模式实际上就是“树”形结构模式,能保证行政内容传递的全息性,这正是行政所苛求的特性。

②行政交通区位线是满足国家行政需求因素而产生的。当行政交通区位线上建设行政交通线时,说明这条交通线路的途经之处是国家行政的有效地区。因此,交通区位线途经之处就是法理所规定的国家版图之处。例如,在国家行政交通区位线区划中所区划的北京—台北交通区位线,就是从法理上反“台独”之必须。

15.5.2 浙江省行政交通区位线分析

(1)我国华东大行政区(自北向南)包括山东省、江苏省、安徽省、浙江省、江西省、福建省、未来还有台湾省。由于北京与华东地区最南端省会城市台北间不可能用一条“准直线”连接,将华东区内所有的省会城市节点串通,这里的“准直线”系指节点城市串联成的长折线,全部要由不小于120°的折线单元链成,因此可用支线方法加以解决。

(2)涉浙的国家行政交通区位线实际上就是国家背景中的涉及浙江省的国家行政交通区位线,也是浙江省的外部交通区位线。

①主要节点:北京、济南、南京、杭州、福州、台北。

支线:北京—济南—合肥—南昌。

②理由

a. 国家行政交通区位线是国家统一的保障。台湾不论在历史上,还是将来,都是中国的一个行省。它位于中国版图的东南隅,所以就必须有一条北京为始点,台北为讫点的行政交通区位线。同时,在这条线上应尽量地将途经地区的省会联上,故而这条线上有济南、南京、杭州、福州、台北。

b. 又因安徽与江苏相邻，江西与福建相邻，均在我国版图东南部分。因而上述交通区位线上还存在一条国家行政交通区位支线连接合肥和南昌。因前者涉 4 省故为主干线，后者涉两个省而为支线。主、支交汇点应在南昌—合肥的延长线与济南—南京国家华东行政交通区位线的交点上。此点就是今安徽省蚌埠市。

c. 北京与上海间有专门的国家行政交通区位线。这是因为北京是我国政治中心，上海为经济中心。从汉以来中国实行两京制，这也是两京制的"遗风"。历来两京间的交通线，就是国家最重要的交通线，故上海虽位于江苏省，但上述联系我国东南省份的行政交通区位线并不途经上海。根据行政交通区位线近直线原则，故这条交通区位线中的南京—杭州段应布线从太湖之西穿过。因东边有北京—上海国家行政交通区位线穿过。

(3) 浙江省省、市行政交通区位线（图 15-2）。这是浙江省第一层次的内部行政交通区位线，称浙江省内部交通区位线。其生成方法：以行政交通区位线须与国家规定的行政方式同构为主导，结合考虑行政规模经济效益，以及浙江省的地势图。综合可得 6 条省、市行政交通区位线。它们按顺时针方向排序分别是：

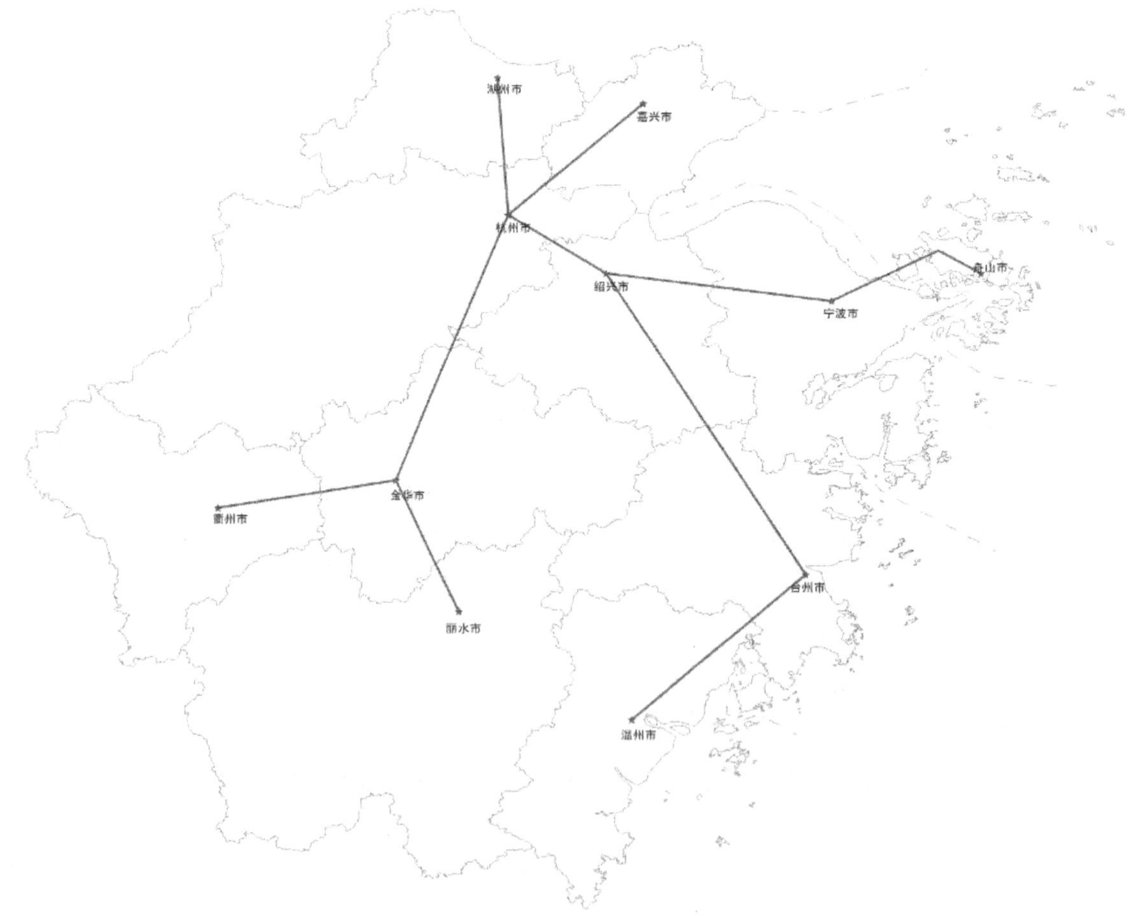

图 15-2 浙江省省、市行政交通区位线

①杭州—湖州；

②杭州—嘉兴；

③杭州—绍兴—宁波—舟山；

④杭州—台州—温州；

⑤杭州—金华—丽水；

⑥杭州—金华—衢州。

(4)浙江省市县行政交通区位线。同样根据上述生成方法，并结合市县行政区划可得图15-3所示的浙江省市县行政交通区位线。这些行政交通区位线称为市内部行政交通区位线。

图15-3 浙江省市县行政交通区位线

15.6 浙江省经济发展区交通区位线

浙江省经济圈交通区位线，是浙江省经济发展所需求的交通区位线，故是省域背景的内部交通区位线。

15.6.1 浙江省域空间发展框架简介

浙江省提出空间发展框架“一域四圈三带二翼”，就是以杭州湾为龙头，加快接轨上海，融入长三角区域经济一体化；以杭、甬、温和浙中城市群等“四圈”为发展核心区域，加快区域中心城市和城市群建设，进一步发挥中心城市的带动作用，推进城乡一体化发展，按照“35221”的城镇体系规划，形成特大城市、大城市、中等城市、小城市和中心镇协调发展的格局；根据区位条件和资源环境承载能力，建设分工合理、优势互补、特色鲜明的环杭州湾、温台沿海、金衢丽高速公路沿线3大产业带，推动产业集群化发展；重视保护和合理开发浙西南、浙西北丘陵山区与浙东沿海近海海域，形成主要森林资源，重要河流源头保护区为重点的“绿色屏障”和以海洋自然保护区、海洋特别保护区为重点的“蓝色屏障”两大生态屏障。简而言之：

“一域”——积极融入长江三角洲区域；

“四圈”——培育杭州、宁波、温州和浙中城市群等四大都市圈；

“三带”——构建环杭州湾、温台沿海、金衢丽高速公路沿线三大产业带；

“两翼”——保护开发浙西北和浙西南丘陵山区“绿色屏障”和浙东沿海近海海域的“蓝色屏障”。

15.6.2 支持“一域、四圈、三带、二翼”空间框架发展的交通区位线

(1)“一域”。指以杭州为龙头，融入长江三角区域的经济一体化。长江三角区域是经济地理概念。区域是面积属性概念，长三角区域的中心是上海，从经济角度看：浙江最重要的交通区位线是杭州—上海；从政治角度而言：浙江最重要的交通区位线是杭州—北京，而南京又是长三角区域中的第2大城市，因此满足“一域”发展需求的交通区位线有两条，如图15-4所示。

①杭州—嘉兴—上海；

②杭州—湖州—南京。

正是这两条交通区位线的重要性决定了在其上建设的交通线路沿线必然生成强大的工业区位，进而形成近沪经济走廊带。

(2)“四圈”。系指杭州、宁波、温州3个都市经济圈和浙中城市群(圈)。支持“四圈”发展中，每圈的内部都需求射环交通区位网络。射线可强化中心的集聚能力和对外开放

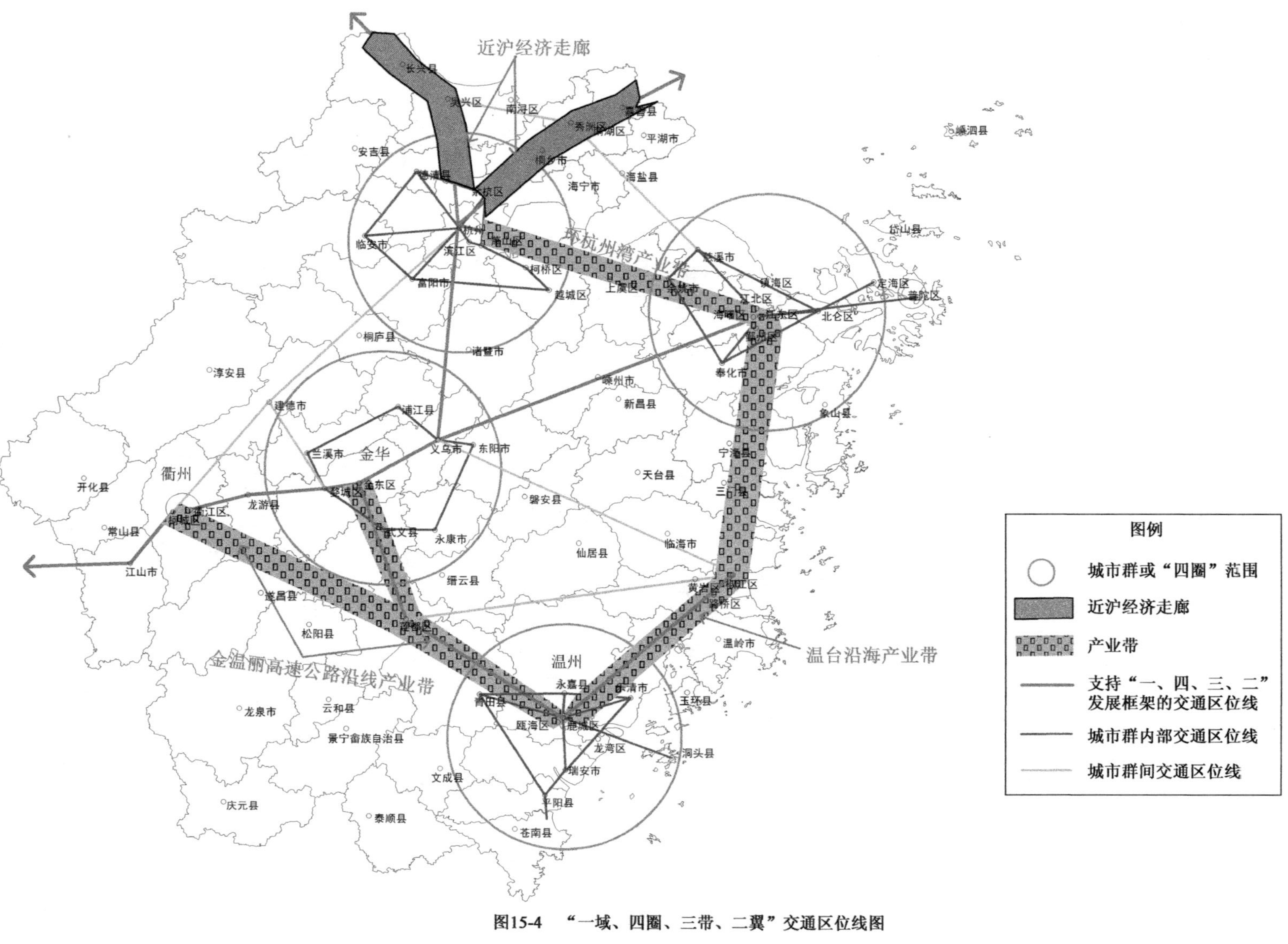

图15-4 “一域、四圈、三带、二翼”交通区位线图

的力度;环线可匀化城市集聚强度,使地方差异均质化。同时,每个经济圈射环路网结构的外环还应有一个加强路网,系统性地强化环线,使对应地域系统与外界环境间有一分明的界面。

(3)“三带”。三带是支撑“四圈”发展的衍生需求。故而支持三带发展的交通需求,亦是支持四圈发展的衍生需求。即支持三带发展的交通区位网络加上支持四圈发展的交通区位网络可构成一个以四圈中心城市为节点的完全图式的交通区位网络。通过这种完全图式的交通区位网络,可将“四圈”发展成浙江经济发展发达地区。由于完全图式的交通网络可生成强大的工业区位,所以连接四圈的交通区位线沿线地带将提升其工业区位,自然以后就会生成产业带。

①杭州湾产业带:杭州都市圈—宁波都市圈沿线。

②温台海产业带:宁波都市圈—温州都市圈沿线。

③金丽温高速公路沿线产业带:温州都市圈—浙中城市群沿线。

又因杭州—金华—衢州是国家综合运输通道的一小段,故而使衢州具有高的工业区位。这样一来,衢州与这种城群圈之间沿线亦可发展成产业带,即金丽温高速公路沿线产业带还可由金华延伸至衢州。

实际上,在上述支持三带四圈发展的完全图式的交通区位网络中,还存在一条宁波—嵊州—义乌交通区位线。未来这一线也会产生一条产业带。但先决条件就是先有强大的交通线,才会出现产业带。

(4)“两翼”的发展,无特别的重大交通需求,故不存在“两翼”交通区位线。

15.7 群岛半岛化交通区位线

群岛半岛化交通区位线是浙江省社会经济发展所特有的需求,是浙江省背景中的内部交通区位线。

15.7.1 问题的由来与意义

(1)有利于解决土地问题。全球人口急剧“膨胀”、耕地减少,全球气候变化,淡水资源短缺,都使粮食危机加剧。国家为确保粮食安全,设定耕地保有量18亿亩的红线。但是工业化、城市(城镇)化需求大量土地,农业用地和工业用地矛盾越来越严重。特别是对浙江省而言,人多地少,又临海、岛屿众多,故而解决问题的出路自然就转移到海洋。其主要措施必然是在生态可行的条件下,进行填海造地,以及实施荒岛有人化和有人海岛的人口高密度化。

实施荒岛有人化和有人海岛高密度化的前提:一是交通运输条件要与“大陆(含大海

岛)”无差别化或少差别化;二是生活、生产设施(水、能源等供给以及垃圾、污水处理等)完备化。其中交通运输条件又是生活、生产设施条件完备的基础。因此,将群岛半岛化就是将居民移住海上的必要条件。之所以强调群岛半岛化,这是因浙江所辖海岛无大岛,将群岛中的小岛半岛化后,就可增大规模效应(其中既包括交通规模、又包括人口规模等的效应)。

(2)有利于巩固领海权。根据国际法,如果远离一个国家大陆的岛屿有该国人员生活居住,可获得相应的领海和专属经济区。故我们将我国和浙江的荒岛有人化、群岛半岛化视为有利于巩固我国领海权的重要举措。

(3)有利于海洋资源的开发。有些岛屿虽是荒岛,但其自然景观的稀缺性使其成为了一种很好的旅游资源。例如,东矶岛的岩石地貌。

15.7.2 重要的半岛化交通区位线

半岛化交通区位线生成时,主要考虑4项主要的地理约束条件:

(1)岛屿或群岛的面积大小(即面积要大)。

(2)岛屿或群岛距大陆的距离远近(即距离要较近)。岛屿间存在岛礁,便于生成“蛙跳式”的交通。

(3)岛屿间海的深度(即深度要较浅)。

(4)尽可能满足生成的交通区位线属于同一行政区划区域,从而方便将来海岛土地开发利益归属的简单化。

在考虑上述4项约束条件后,可得出下述重要的半岛化交通区位线(如图4-1所示):

(1)线1:宁波镇海—金塘岛—册子岛—舟山—秀山岛—岱山岛—衢山岛—小衢山岛—(西马鞍岛、虎啸蛇岛、筲箕岛)—大洋山—小洋山—(上海市)芦潮港。

支线:小洋山—沈家湾岛—薄刀嘴岛—徐公岛—嵊泗岛—大黄龙岛—枸杞岛—嵊山岛。

(2)线2:岱山岛—大小长涂山岛—小大西塞岛—中街山列岛。

(3)线3:舟山岛—朱家尖岛—桃花岛—虾峙岛—六横岛—佛渡岛—梅山岛—宁波阳东。

(4)线4:(象山)坦塘—高塘岛—南田岛—对面山岛—东门岛—(象山石浦)向浦。

支线:高塘岛—花岙岛;对面山岛—檀头山岛。

(5)线5:(台州上盘)新建—(鹿峭山岛、大竹山岛)头门岛—田岙岛、长屿岛—雀儿岙岛。

(6)线6:(台州金清)白沙—百果山岛—黄礁岛—道士冠岛—北港山岛—南港山岛—九洞门岛—(温岭)石板殿。

(7)线7:(温岭)松门—直大山岛、南北沙镬岛—竹屿岛—上大陈岛。

(8)线8:(温岭)松门—隔海山岛—腊头山岛—牛山岛—内钓浜岛—外钓浜岛。

(9)线9:玉环—目鱼屿头岛—园屿岛—鸡山岛—大、小鹿山岛—小披山岛—披山岛。

支线:鸡山岛—洋屿岛。

(10)线10:(玉环)大龙湾—横趾山岛—大门岛—青山岛—笔架礁—状元岙岛—北小门岛—小门岛—鹿西岛。

支线:大龙湾—鹿西岛。

(11)线11:(温州)灵昆岛—霓屿岛—状元岙岛—大三盘岛—洞头岛—半屏岛—北策岛—南策岛—东策岛。

支线:大三盘岛—小瞿—中瞿、大瞿岛。

(12)线12:(瑞安)新村—上干山、凤凰山、下干山、长大山等岛—北龙山岛—东瓜屿、小明甫、大明甫等岛—北麂岛—大雷屿—南麂岛。

(13)线13:(苍南)舥艚北岭—琵琶山岛。

(14)线14:(苍南)赤溪、长岩—大门山岛—官山岛。

(15)线15:(苍南)渔寮、荷色田—大离岛、关岛、孝屿岛—顶草屿岛。

(16)线16:(苍南)霞关、长沙—草屿岛—弹棉屿岛—北关岛—南关岛—老鼠尾岛—霞关。

15.8 突发事件应急交通区位线

15.8.1 突发事件应急的交通需求

(1)突发事件及其特点、应对方法,突发事件系指各种自然灾害、工业灾害、交通大事故、社会动乱等涉及面广、后果严重、必须及时处置的事件。突发事件若不及时处置,则会不断产生新的随机干涉、扩大事态。这种事故最好的处理办法是将其消灭在萌芽状态,从而降低事故危害的发展等级。由此可知,突发事件是一种小概率事件,事件类型不确定、发生地点亦不确定。其处理方式需要快速、及时抵达现场,应急处置。而这对交通提出的需求就是:不管突发事件发生在什么地方,一旦事件发生,相关人员能够最快抵达事件现场。这就必须提高交通网络的可靠性,其核心就是增加路网的回路性,使路网结构能够最大限度地保障"东方不通,西方通;断了南方,有北方"。

(2)突发事件涉及层次。突发事件因波及面广,可能涉及影响地区中的多层次。本书仅站在省级层次讨论,而不涉及市县乡等层次。

(3)事件处理中的薄弱环节。最难处理的突发事件,是发生在同级别行政区划界面地区的事件,即管理方法论中所说的"凡接口(硬、软)部位均为管理中的薄弱环节"。因此,在行政区划的界面地带,也就是在地域(国、省、市、县等)的域境周边地带,需要有一条绕域境的交通区位环线。这就如同生物体(包括细胞)有表皮和真皮,表皮将生物体与环境隔离,真皮在生物体受外伤时,形成愈合机制、修复创伤。突发事件就是社会经济系统受到的外伤,应急处理就是使其迅速修复。行政系统的界面就如同生物“表皮”的域境线(国界、省界域境线),而“真皮”就是沿域境线的交通线。

15.8.2　浙江省应急交通区位环线的生成

浙江省东接大海,东边一段省界与国界重合。因此,浙江省沿海段的应急交通区位环线与国家应急交通区位环线基本重合。不重合处,应采用联络线将其与国家应急交通区位环线接通。如图 15-5 所示。

图 15-5　浙江省应急交通区位环线示意图

各市、县、乡均存在不同层次的绕境应急交通区位换线需求。生成方法、思路与省级相同,不同之处只是相应节点等级降低而已。因此此处仅讨论浙江省省级交通区位线,不讨论市县乡的应急交通区位环线。

15.9 浙江省交通区位线网络图

15.9.1 网络图的生成

(1)将前述求得的各种交通区位线图进行并集综合,求得交通区位线网络草图。再对草图进行网络系统性分析,进行补缺(增强回路性)、并邻(将吸引有效距离限内的平行线合并),就可求得有效、简明的交通区位线网络图。

(2)对交通区位线网络图再按重要性进行分层次处理,可求得浙江省交通区位通道线网络图和浙江省交通区位干线网络图。

15.9.2 浙江省交通区位通道网络图

(1)依据:国家对浙江省的交通需求(即国家背景的需求)。

(2)特点:

①以杭州为中心的 X 形射线网络。

②东北接长三角地区的中心城市上海(借势满足浙江省"一域"——融入长三角区域经济一体化的需求)。

③西北连首都北京及环渤海湾地区。

④西南抵横断山区以后,可去环孟加拉湾工业走廊地带。

⑤东南通台湾海峡两岸和珠三角地区(含港澳)。

浙江省交通区位通道网络如图 15-6 所示,明细如表 15-1 所示。

浙江交通区位通道线略况表 表 15-1

名　称	始讫及途经节点	理　由
通 1 (东北方位通道交通区位线)	(哈尔滨—上海)—嘉善—嘉兴—桐乡—余杭—杭州	(1)我国沿海通道交通区位线中浙北段; (2)长江下游发达城群圈中领衔城市上海与首位度城市(城群圈第 2 大城市)杭州间交通区位线; (3)上海—横断山东沿交通区位线中的东段部分; (4)"融入长江三角域"战略需求交通区位线; (5)"近江经济走廊"交通区位线
通 2 (西北方位通道交通区位线)	(北京—南京、无锡、宜兴)—长兴—湖州—杭州	(1)我国北京—台北国家行政交通区位中一段; (2)长江下游大城群圈与长江中游城市群、成渝城群圈北部交通区位线的一段; (3)湖州都市区与杭州大都市经济圈区间交通区位线
通 3 (西南方位通道交通区位线)	(上海)—杭州—诸暨—义乌—金华—龙游—衢州—(长沙、昆明、瑞丽)	(1)长江下游大城群圈中的杭州大都市区与长江中游城群圈、黔中城群圈、滇中城群圈的交通区位线; (2)东海—孟加拉湾大陆桥交通区位线的东端的一段; (3)横断山以东的南中国国土的交通区位线; (4)浙中城市群、周边邻省中心城市间交通区位线; (5)杭州城市经济圈与浙中城市群间交通区位线

续上表

名　　称	始讫及途经节点	理　　由
通 4 （东南方位通道交通区位线）	杭州—绍兴—上虞—余姚—宁波—宁海—三门—台州—温岭—玉环—乐清—温州—瑞安—平阳—苍南—（福州、广州、海口、三亚）	（1）我国沿海通道交通区位线中浙东、浙南段； （2）长江下游大城群圈、珠江三角洲城群圈、北部湾城群圈间的交通区位线； （3）长江口以南我国大、中海港一体化的交通区位线； （4）环杭州湾产业带、宁波都市经济圈、温台沿海产业带、温州都市经济圈间的交通区位线

图 15-6　浙江省交通区位通道线网络图

（3）浙江生成以杭州为中心的 X 形射线交通区位通道网络的理由如下：

①浙江省经济发达，且资金密集型产业发达。杭州是浙江省交通、行政、经济、金融等的中心，具有浙江发展中的“龙头”地位，龙头的发展需求射线型的通道交通区位线网络。

②以杭州为中心的 X 形射线通道交通区位线网络与国家综合运输大通道规划无悖、相容。

③浙江通道交通区位线网络中未纳入我国沿海运输大通道中的上海—宁波跨海段通道。这是基于浙江嘉兴市与上海市行政区的区划。浙江省行政区始于杭州湾内，故而上

海—宁波通道对国家、对宁波而言效益突出，但对浙江而言其通道效益不大。为发挥浙江交通建设的投资效益，浙江对其采取从动比主动，效益会更好。

④在国家综合运输大通道的规划中并没有图 15-6 中的通 2 线，但一旦温台港立为东海—孟加拉湾大陆桥运输线的桥头堡，和台湾海峡隧道建成，或台湾和平统一后，此线将具有大通道意义。

15.9.3　浙江省交通区位干线网络图

(1)依据：

①满足省内各地社会经济发展的需求，是公平的区划交通区位线和网络(纵横制式满足公平性，射环制式突出重点性)。

②为“四圈、三带”发展战略提供交通保障。

③为“一主二辅”港口发展战略提供经济腹地的支撑。

(2)特点：

①区划为“7 纵 7 横”的纵横制交通区位干线网络，如图 15-7、表 15-2 所示。

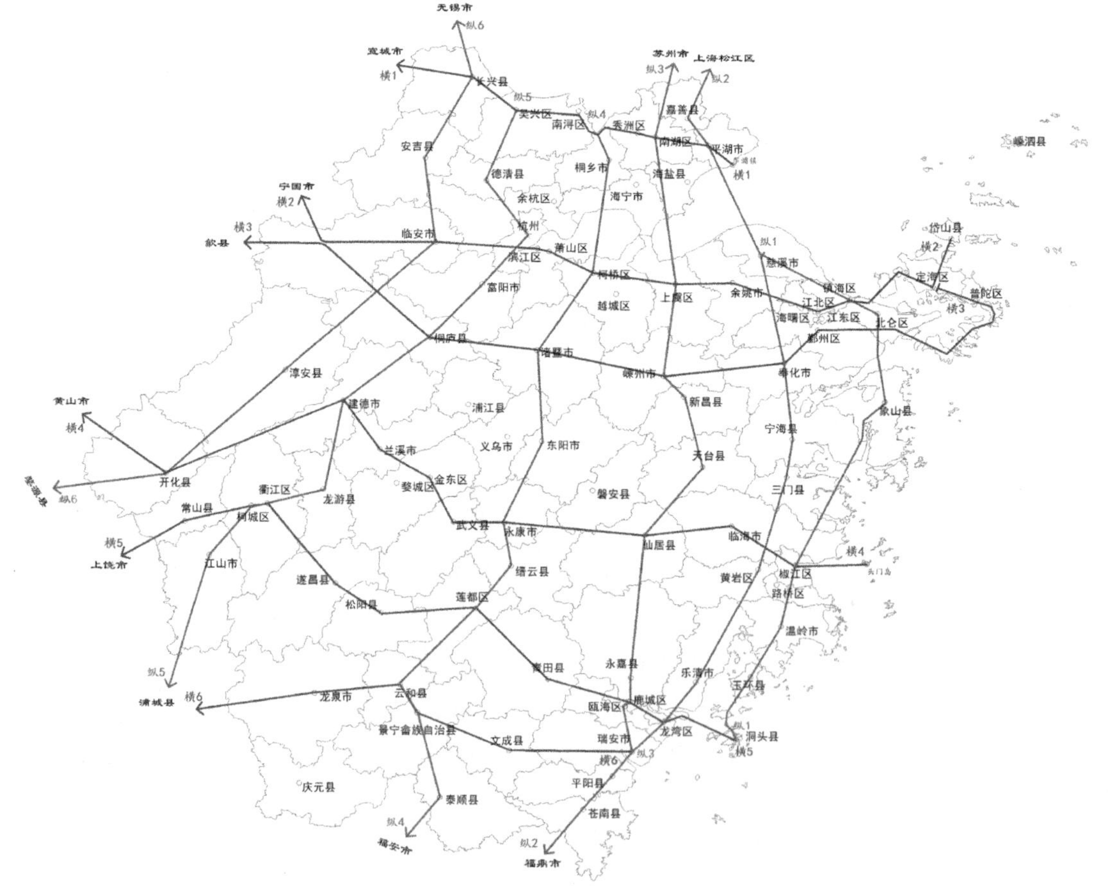

图 15-7　浙江省交通区位干线网络图

②纵线：东密西疏（由人口密度主因所致）。

③横线：北密南疏（由地形地貌主因所致）。

浙江交通区位干线略况表 表15-2

名　称	始讫及途经节点	理　由
纵1 慈溪—洞头	慈溪市—宁波镇江区—北仑区—象山县—台州市椒江区—温岭市—玉环县—洞头县	(1)慈溪—宁波—象山段为市县行政交通区位线； (2)杭州湾以南还港一体化交通区位线； (3)海防交通区位线； (4)通道东线的冗余备份交通区位线； (5)浙东沿海应急交通线
纵2 嘉善—苍南	(上海松江区)—嘉善—跨杭州湾—慈溪—奉化—宁海—三门—黄岩区—乐清—龙湾区—瑞安—平阳—苍南—(福建福鼎市)	(1)台州—温州段为省地行政交通区位线； (2)宁波城群圈与温州城群圈交通区位线； (3)北京—南京—杭州—福州—台北国家行政交通区位线上的一段
纵3 嘉兴—瑞安	(江苏苏州市)—南湖区—跨钱塘江—上虞—嵊州—新昌—天台—仙居—永嘉—温州—瑞安	(1)杭州湾南东、西两条通道交通区位线中间1—2处生成交通区位线； (2)旅游交通区位线
纵4 桐乡—泰顺	桐乡—跨钱塘江—绍兴—诸暨—东阳—永康—缙云—莲都区—云和—景宁—泰顺—(福建福安市)	(1)杭州湾西通道矫正交通区位线，由南北向转变为东西向交通区位线。“矫正”交通区位线是满足纵横制交通区位线正交性的纠偏区位线； (2)克服浙南交通区位线密度过稀，扭转浙南地区的交通机会偏少的不公正现象
纵5 杭州—江山	杭州—萧山区—诸暨—义乌—金华—龙游—衢州—江山—(江西上饶市)	(1)沪瑞综合运输大通道线上的一段； (2)上海港经济腹地交通区位线； (3)浙江省市行政交通区位线
纵6 长兴—江山	(江苏无锡市)—长兴—吴兴区—德清—杭州—富阳—桐庐—建德—龙游—衢江区—常山—(江西玉山)	(1)湖州—杭州段为省地行政交通区位线； (2)杭州—富阳—桐庐—建德段为市县行政交通区位线； (3)湖州—杭州段为近沪经济走廊交通区位线
纵7 长兴—开化	(江苏无锡市)—长兴—安吉—临安—淳安—开化—(江西婺源县)	(1)浙西应急交通区位线； (2)浙西资源开发(含旅游开发)交通区位线
横1 乍浦港—长兴	乍浦港—平湖—南湖区—吴兴区—长兴—(安徽宣城市)	(1)乍浦港经济腹地交通区位线； (2)平湖—嘉兴，南浔—湖州—长兴段为市县行政交通区位线； (3)旅游交通区位线； (4)浙江应急交通区位线
横2 岱山—临安	岱山—定海—镇海区—江北区—余姚—上虞—绍兴—萧山区—临安—(安徽宁国市)	(1)舟山港、宁波港经济腹地交通区位线； (2)杭州—宁波段为环杭州湾产业带交通区位线； (3)杭州—绍兴—宁波—舟山段，为省地行政交通区位线； (4)岱山—定海—宁波—余姚，上虞—绍兴，杭州—临安等段为市县行政交通区位线； (5)岱山—宁波海岛半岛化交通区位线

续上表

名 称	始讫及途经节点	理 由
横3 定海—桐庐	定海区—普陀区—鄞州区—奉化—嵊州—诸暨—桐庐—(安徽歙县)	(1)舟山港经济腹地交通区位线; (2)宁波—奉化段,为市县交通区位线; (3)定海区—鄞州区段为海岛半岛化交通区位线; (4)旅游交通区位线
横4 头门岛—开化	头门岛—椒江区—临海—仙居—永康—武义—金东区—兰溪—建德—开化—(江西婺源县)	(1)台州港经济腹地交通区位线; (2)台州—临海—仙居段,永康—武义—金华—兰溪段为市县行政交通区位线; (3)头门岛—椒江区段为海岛半岛化交通区位线
横5 洞头—衢州	洞头—龙湾区—鹿城区—青田—莲都区—松阳—遂昌—衢江区	(1)洞头(温州)港经济腹地交通区位线; (2)温州—丽水段,为金温丽高速公路沿线产业带交通区位线; (3)洞头—温州市段是海岛半岛化交通区位线和应急交通区位线
横6 瑞安—开化	瑞安—文成—景宁—云和—龙泉—江山—常山—开化	(1)瑞安—文成段,景宁—云和—龙泉段为市县行政交通区位线; (2)温州市、丽水市与衢州市间的东西交通区位线; (3)应急交通区位线
横7 苍南—龙泉	苍南—泰顺—庆元—龙泉	(1)应急交通区位线; (2)浙南众高山南麓地理闭塞地带开放交通区位线

(3)生成纵横制交通区位干线网络的理由:

①纵横制交通最突出的特性,可使其陆域面积上的交通强度均匀化,也就是使其发展均匀化,即可使地域发展机会公平化。

②网格的大小,由公路干线优化吸引带的宽度、地形、地貌、城市格局等综合而成。

③依据先进的桥隧技术,尽可能拓长交通区位线,以增长其上建成交通线后的规模效益和范围效益。

(4)交通区位线的始点、终点依据:

①海港城市。

②省界山口附近的市县。

③与外省最邻近的大、中城市所辖的市县城市。

15.9.4 通道网络制式与干线网络制式的关系

依据管理科学中,事物在相邻层次间存在价值、方法悖反的原理(例如羊和狼:在农业背景层次中两者之间是你死我活的关系,而在生态背景中,则是协同共进的合作关系)。浙江省的交通需求也如此,相邻背景层次需求是相左的。如此分层的结果,将会引起扬优抑劣的协同效应。在国家背景中交通需求是通道网络制式,省级背景是干线网络制式。一个地区如此区划和综合这两类网络制式就是系统科学中层次综合的科学方法。

15.10 浙江省交通区位分析中出现的问题

在研究浙江省应急交通区位线时,发现嘉兴市、湖州市与江苏省吴江市接口处的省界区划存在不合理的地方。吴江市最南端桃林镇所辖的一块三角形地区楔入到嘉兴市与湖州市之间,使浙江省版图在此地区形成凹形。因为无论是国家、省、市、县、乡等版图区划中忌凹形版图,而以凸形为佳。

例如:黑龙江为凸形国土,所以才显中长铁路的战略价值。

虽然吴江市所辖桃源镇划归江苏吴江是有历史渊源的,早在春秋战国时这里就为吴越两国边界,历史沿袭而使其固定下来了。但今有碍(≠有害)浙江交通区位线的近直线性要求。增大了浙北古镇(西塘、南浔和乌镇)一体化运营的成本,有碍旅游发展。为此,建议浙江省与江苏省协商,建议采用土地置换的方法,用嘉兴版图中北部方位的土地换取桃源镇归浙江嘉兴县管辖。此方案若成立,申嘉湖高速公路可北移:嘉兴新塍镇洛东—桃源镇—湖州双林镇。此段可缩短高速公路里程 20% 左右。

16 浙江运河区位分析

16.1 问 题 由 来

16.1.1 浙江实施大港口、大水运需求理论支持

(1)2012 年初时任浙江省委书记夏宝龙视察浙江交通运输厅时,指出:“……在大港口、大路网、大物流”的基础上,再加上“大航空、大水运……”,“大水运除了海运以外,还包括内河航运。浙江是水乡,有很好的自然条件发展水运,要利用好内河资源,把江河水系联网起来”。

有理论指导的实践才是有效的实践。本书将夏书记提出“把江河水系联网起来”作为水运发展目标,展开理论研究。

(2)环境保护、节能减排的需求。水运是 5 种运输方式中,最节能的一种运输方式。例如长航内燃拖轮能源单耗为 4.45kg(kt · km),铁路内燃机车单耗 7.47kg(kt · km)。之所以如此,是因水运坡度小,船货基本做水平运动,避免了垂直运动。水运要克服的变形能耗只是水变形。这比汽车克服轮胎等固体变形的能耗小。轮船的船速低,航行受到的空气阻力($f_{船空阻}$)与运动速度($V_{船速}$)的 1 ~2 次方呈正变关系。即

$$f_{船空阻} \propto V_{船速}^{1\sim2} \text{ 或 } f_{船空阻} = K_1 V_{船速}^{1\sim2} \tag{16-1}$$

而高速公路上的车速和高速铁路上的车速,行车时所受到的空气阻力($f_{车空阻}$)与车速 $V_{车速}$ 呈 2 ~3 次方的正变关系。即

$$f_{车空阻} \propto V_{车速}^{2\sim3} \text{ 或 } f_{车空阻} = K_2 V_{车速}^{2\sim3} \tag{16-2}$$

对于作超音速运动的物体,运动时受到的空气阻力呈 3 ~4 次方正变关系。即

$$f_{超空阻} \propto V_{超速}^{3\sim4} \text{ 或 } f_{超空阻} = K_3 V_{超速}^{3\sim4} \tag{16-3}$$

正因为如此,如果设计高超音速的火车,只有在真空的钢管中运行,才具有经济可行性。

故水运节能源自:无铅直运动能耗、克服的(水)变形能耗低、克服空气阻力消耗的能耗亦低。

水运轮船的运输规模大、治污难度小,故水运是一种较好的绿色运输方式。

16.1.2　浙江长远社会经济交通规划需求

(1)长远规划与近期规划最大的不同在于:近期规划对未来的预测采用的是趋势外推,即量变质不变之法。长远规划中要预测未来的新事物,故不太关心事物的量变,更多关心的是事物的质变。任何层次中地域的社会经济发展必须依托交通运输发展,故社会经济的创新(质变)发展,必须依托新格局(质变)的交通运输发展。最大的交通运输新格局是地理空间上的交通运输新格局,对地理空间中的交通运输新格局起支配性作用的因素是交通区位。

(2)前瞻性是任何经济地理属性学科项目规划的基本要求。前瞻性的获得能有效地预测地理空间上的必然格局。内河水运规划的前瞻性与运河有着强相关性。因为未来内河水运最大的效益将来自系统效应(即 1 +1 >2 效应)。对水运系统效应可作出持续大贡献的是航道的网络化程度。航道网络化的可能性、可行性是靠运河交通区位分析来完成,故航道网络化要以运河交通区位分析为基础。

16.2　运河区位与内河航道网络化概述

16.2.1　几个基本概念

(1)内河航道。系指河流、湖泊等内陆水域中,供规定尺度的运输船舶安全航行的通道。这种航道有的是利用天然河流或湖泊所形成的通道,有的是人工开凿的运河。运河只有开凿在具有运河区位的地带才最有效。

(2)内河航道比铁路、公路等线路的要求要严苛得多。最苛刻的条件是对河床的纵向坡度要求(河床坡度大于 3‰,就会形成激流,而铁路上火车爬 3‰坡,属正常)。次之是河床要有一定深度。也就是说,对内河航道,人能发挥能动性的空间很小,只能严苛顺势而为地开发利用。

(3)内河航道网。系指由天然水系中的一些航道和把它们连接起来的运河所组成的水路运输网络。它可以与其他运输方式的网络共同构成综合运输网络系统。对于内河航道通常采用疏浚天然水系干流中的中下游,渠化上游和主要支流的方式,使它们达到一定的通航标准,并在水系之间的运河区位地带开凿运河使其连接,逐步形成内河航道网。

沟通不通水系的运河,在内河航道网形成和发展中具有非凡的意义,它不仅可拓远航道里程,更重要的是可改变内河网络的结构,即变树形网络为回路形网络,而使内河航道的经济效益倍增。

(4)内河、近海航运一体化。在这种运输模式中,主要是有来自海上气象造成的风险,故船舶要尽可能地近海岸航行。

浙江省的海岸为岩岸、海湾鳞次栉比。在两相邻的海湾间,有时就具有运河区位。若在这些地带开凿运河,可使近海变“内河”。

16.2.2 运河

(1)运河是人工开凿的航运渠道,用以沟通不同水系的河流、湖泊、海洋,以缩短通航里程、改善航道通航条件。运河名词始于宋代,在此前称为:沟、渠、漕渠等。

运河是为社会、经济和军事服务的人工(工程)系统,其服务功能不仅有航运,还有灌溉、排洪涝、输水、发电等。

(2)运河可分为有闸运河和无闸运河。有闸运河由若干级水面、高程不等的水平河段组成,在相邻两级河段衔接处设置船闸或升船机,可使船舶从一个水级进入另一水级。运河中以有闸运河居多。无闸运河又称开敞式运河,全线所连接的水域都处在同一个连续的水平面上,沿程不设船闸与升船机。

(3)运河按连通水域的不同还可分为通海运河和内陆运河。通海运河可直接联通海洋,其中的无闸运河又称为海平面运河。内陆运河连接内河水系。

还有一类运河是为避开险滩、恶流或风浪,在原有水路旁开凿的运河,称之为旁侧运河。

16.2.3 运河交通区位因素

(1)分类:遵循陆路交通区位因素的分类法。

(2)驱动类运河交通区位因素:

①经济属性:通航、排洪涝、输水、发电等。

②环境属性:节能、减碳等。

③军事属性:舰队的机动性等。

(3)约束类运河交通区位因素。

①山文因素:运河连通两水系间的分水岭高度、长度及两水系的水平高差。

②水文因素:运河翻越分水岭之处,是否存在足够水源(原有河流、湖泊)供运河通航使用(有闸运河尤为重要)。

16.2.4 京杭运河区位的大背景分析

形成京杭运河的驱动因素:古今中国统一王朝的政治中心(或京城)均在北方。隋唐之前,长安京畿地区(今西安)丰产粮食。但隋唐之后,由于人口剧增,所产粮食已不足以满足京城和京畿使用，需从外地经漕运运粮进京，弥补短缺。漕运运粮进京始于汉，盛于隋，炽于元、明、清。汉代产粮中心在中原，隋唐转移至以扬州为中心的淮南一带，元明清更南移至以苏州为中心的太湖流域。也就是说，从汉至清，我国的经济中心是不断向东南方向转移的，即从关中→中原→淮南→太湖流域。与此同时，我国的政治中心则是不断向东北方位移动：长安→洛阳→开封→北京。隋唐始，京城与产粮中心分布在不同水系流域的地域中。粮食进京的漕运就必须跨水系进行，这样一来就提出开凿不同水系间的运河问题。又因古代中国的主要敌人均在北方，例如汉是匈奴，魏晋是柔然，隋唐是突厥，宋明是蒙古。可见，宋之前主要敌人是西北方位，唐宋始转向东北方位。隋唐以前，作战用的军粮主要靠屯田解决，从隋唐开始要靠漕运解决。这时主战场更远离产粮中心（经济中心），漕运粮食须跨越更多的不同水系。在不同水系间的运河区位上开凿运河就更为迫切，这也就成就了举世闻名的京杭大运河。综上所述，中国南北大运河演变成今日之京杭大运河，起主导作用的是京城位置、产粮中心位置和主要敌人位置三大因素。演变过程：隋代由永济渠、通济渠构成呈“人”字形结构的南北大运河，这时东都为洛阳，经济中心是扬州，主要敌人在涿郡（今河北省保定市涿州市）之北；元、明、清，京城在北京，经济中心是苏州，主要敌人在阴山以北（明代更是天子守国门），这 3 点在一条直线上，致使南北大运河裁弯取直而成为京杭大运河。

京杭大运河中跨水系的难题（制约因素）较易解决，这是因为介于黄河、长江之间的淮河支流多、分布广，主河长度短、水量大，且其与黄河、长江分水岭的高差极小，相距又极近。所以春秋战国时，吴国就凿通了沟通长江与淮河的邗沟。而且历史上屡见不鲜出现黄河夺淮、夺海的事件，以及蒋介石很容易挖开花园口，以水代兵等，都说明京杭大运河中的跨水系工程并不难，工程量也不大。难点就在于黄河水的泥沙太多，淤塞运河河床，海河水径流小，北京附近没有可满足京杭大运河通到北京段所需的水源。

16.3　运河区位类型

16.3.1　河流水系运河区位

两水系之间可能存在运河区位：

（1）在两条（或多条）平行、可航运的水系的出水口或流经山林平原地带之间存在运河区位。

例 1：京杭运河。因在我国东部大横断山山文线以东地区已无严重制约运河区位的山文因素。其前的永济渠、其后的通济渠等古代运河都是在这一地区。

例 2：杭甬运河就是在从南向北流的钱塘江、曹娥江和甬江流出会稽山、四明山山口后，在山麓平原间的运河区位地带开凿的。

此类运河区位在河流之间的山麓平原地带，是因为山麓平原上一定存在连接各条平行通航河流的等高线。古代，在此类区位上开凿的运河，可使流域文明或流域经济开放、发展成更大的文明体系和经济体系。

(2)在两通航水系之间的分水岭地带，满足某些运河区位条件、存在沟通两水系的运河区位。

其中最著名的案例就是广西的灵渠。它就是在湘江和漓江的分水岭上开凿而成的运河。至于“某些运河区位条件”主要是指运输经济学的可行条件、有无足够的水源及技术可行条件。

(3)同一水系通航河流的两支流之间或存在裁弯取直的运河区位。

①其典型案例是：位于湖北长江边的沙市，与汉水江边的沙洋之间的两沙运河。长江边的沙市距汉水边的沙洋仅 60km，如图 16-1 所示。修此运河后，使沙市至襄樊间的长江/汉水航道缩短了 192 ~ 225km。这条两沙运河是我国最早开凿的运河之一，距今已有2 500多年历史。该运河先后被开挖过 9 次，每次开凿后的运河称谓都不相同。其中规模最大的两次：一是西晋

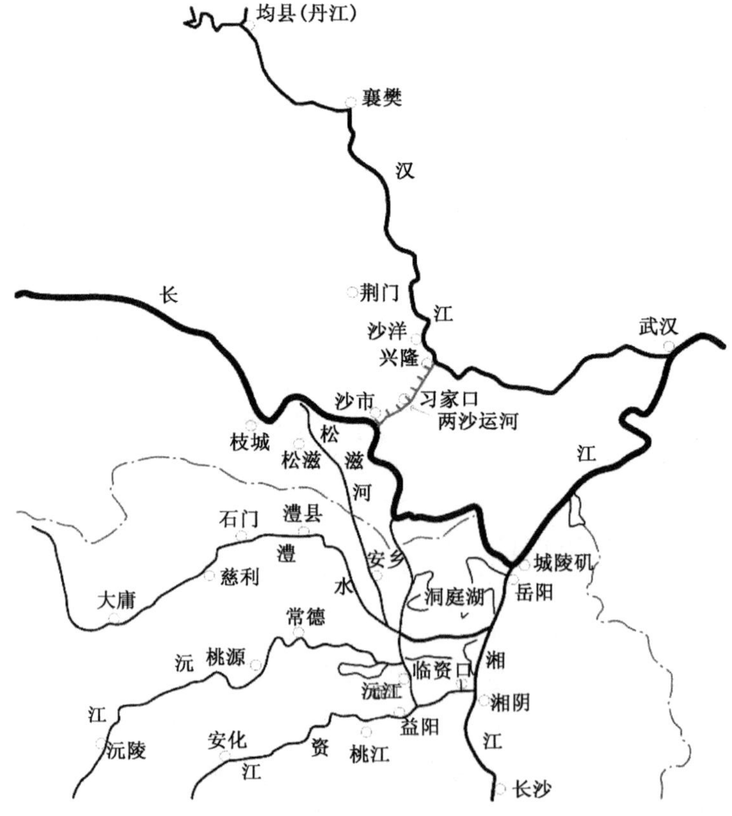

图 16-1 两沙运河区位示意图

太康年间(280 年)杜预开挖扬水运河;二是北宋瑞拱年间(908 年)开挖荆湘漕路。此运河航道可行载200 斛(≈100t)的木船。直到1909 年汉水发洪水,李公堤溃决,两沙运河才废弃,淡出水运界。

②在同一水系的两条支流间的运河区位上开凿运河。历史上最古老、学界名气最大的、开凿最早的运河,就是今伊拉克境内(历史上称美索不达米亚或两河流域)的底格里斯河与幼发拉底河之间的巴格达南边不远的运河。这里有极好的运河区位(图 16-2):“底”“幼”两河相距很近(受伊朗扎格罗斯山脉的“山嘴”挤压所致);两河海拔高差满足自流条件;分水岭呈地平,为沙土。因此在青铜器时代就能开凿成运河。正因如此,这里成就了历史上真实的伊甸园(今日西方神话伊甸园的原型)。但由于此运河不具备可持续发展条件,今日终变成了沙漠。

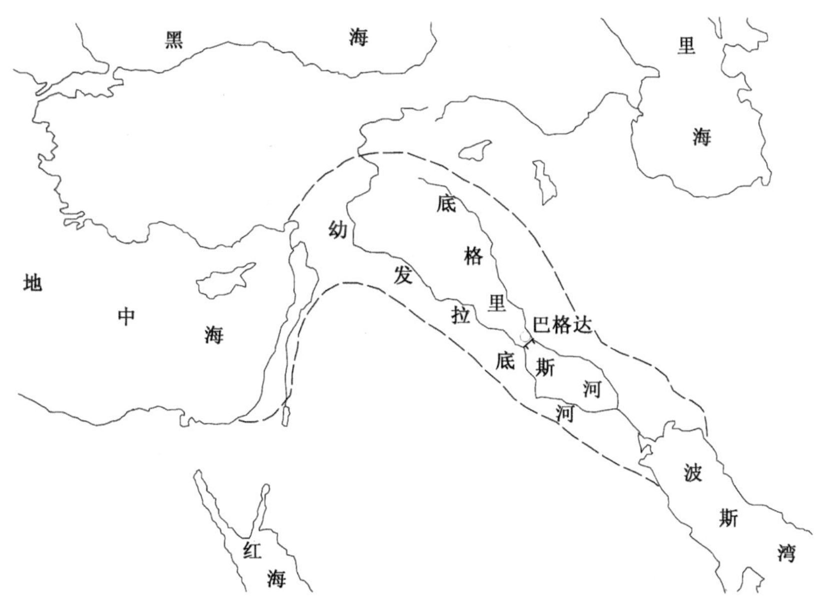

图 16-2 阿拉伯河两大支流间的运河区位示意图

(4)在通海河流的下游、河床突然大转弯之处,可能存在使其直接通海的运河区位。

例如:多瑙河在罗马尼亚境内自西向东流至克勒拉布市后,突然 90°急转弯向北流到加拉茨后,又 90°大拐弯向东注入黑海。故在克勒拉布市以北的地带,存在多瑙河—黑海的运河区位。并早已在具有这种运河区位的地区,开发了一条具有重大国际、商贸和国际内河航道意义的多瑙河—黑海运河。它位于罗马尼亚切尔纳沃德、康斯坦察之间,长64km,宽 110 ~ 150m,可双向通过 5 000t 级的货船,或总载重为 1.8 万 t 的驳船队。可使多瑙河至黑海的航程缩短 380km。具有此类区位的地方很多,且多已开发,如北美的圣劳伦斯河与纽约港之间的运河也是此类运河。

16.3.2 沟通半岛形地域两侧海湾的通海运河区位

(1)沟通半岛两侧海湾的通海运河。此类运河很多,最典型的是德国的基尔运河。它可直接沟通波罗的海与北海。需指出的是,此类运河中,军事需求的强度与经济需求的强度常不分伯仲。例如俄罗斯的芬兰湾与奥家湾之间的运河,就可直联波罗的海与白海,其军事意义不亚于经济意义,甚至更大。

(2)沟通洲际间海洋的通洋运河。除已建成的苏伊士运河、巴拿马运河外,还有一条急待开凿的运河——科拉运河。2013 年,中国提出建设 21 世纪"海上丝绸之路",已得到东南亚、南亚、欧洲、非洲等地许多国家的赞同和推进。其核心内容就是通过新建或改造港口和海上基础设施,从海路将中国与欧洲连接起来。为此,作者认为,其中有两项海上基础设施必须早日完成,且也只可能由中国来完成。其一是在南沙填海建设一个现代化的海岛,二是在具有沟通马来半岛两侧海域的通海运河区位的科拉地峡,建筑一条通航吨位赛苏伊士运河、巴拿马运河的大通海运河(图 16-3)。此举可大大改善马六甲海峡海运的拥挤、安全状况;有利于中国在印度洋的航行安全;可使泰国国民经济增收。科拉地峡(又称克拉地峡)宽 40km,海拔 0 ~ 50m,跨越地峡的公路海拔 7.5m。在此介绍此运河区位,不仅可清晰此类运河区位概念,也是浙江建设"海上丝绸之路"要想到的内容。

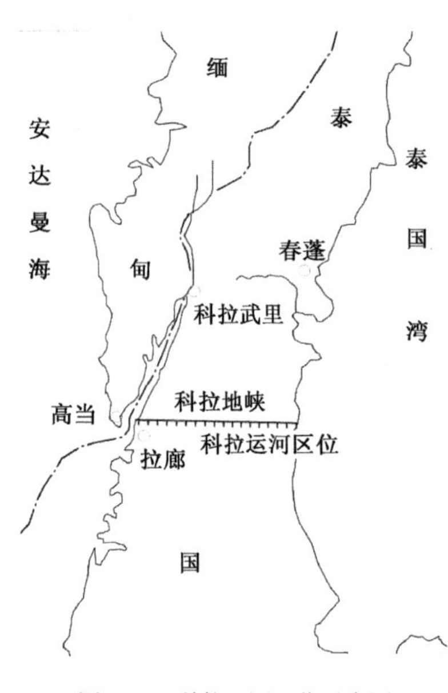

图 16-3 科拉运河区位示意图

16.3.3 旁侧运河区位

旁侧类运河不是由地理分类提出的运河区位,而是由运输受制提出的一类运河区位。在原有内河或海洋水运航线上,因船舶航行受制,受制因素可以是运输条件(如通航能力不够)、安全(如风浪过大)等,需求开凿旁侧运河解决。

16.4 钱塘江入海口及杭州湾与太湖间的运河区位

本节中的钱塘江入海口及杭州湾、与太湖间的范围,系指的是钱塘江、杭州湾以北,长兴、德清、杭州三点一线以东的太湖流域、浙北平原地区。

16.4.1 太湖与杭州湾的运河区位分析

(1)太湖与杭州湾之间是浙北平原地区,地势平坦、湖泊众多、水网密布、海拔很低。其间不存在开凿运河的地势约束,只存在需求驱动问题。

(2)需求分析:凡事物都存在生命周期,运河区位也不例外。一般而言,运河区位的生命周期应用人类文明史的尺度来表征,而陆路交通区位线则是以产业史的尺度来表征。这是由于生成这两种交通区位的支配因素(需求因素)的生命周期不同造成的(即运河需求因素是用人类文明史尺度去测度,陆路交通需求因素则是用产业史尺度测度)。因此,运河区位的需求分析不但要站在地域社会经济发展史的角度来分析(近期需求),还应站在文明史发展的历史角度来分析(长远需求)。

①春秋战国时期,位于这一带的越国需求向北通太湖的运河,还有通向西北方向长江的运河。因越国的主要敌人:一是北面的吴国,二是西北方的楚国。这是军事需求。

②秦汉至隋之前,统一王朝的京都都是长安、洛阳,此时的经济中心仍在关中、中原一带。

到隋唐之交时,中原王朝的经济中心已由上述地带逐渐南移至江淮之间,扬州成为了中心,也就有了“烟花三月下扬州”的诗句。这时对浙江而言,最重要的陆路交通需求趋势线是洛阳—杭州直连线,多从芜湖—镇江一段渡长江,故而这里就有了江东之说。

从唐朝开始,中原王朝的经济中心又逐渐南移至太湖流域,苏州取代扬州成为经济中心。这时,关中因地区狭小,人口密度和总数大增,自产粮食严重不足,需求从南方经济中心运粮抵长安,因此,运河漕运有了大的发展。漕运进长安的两条线:一是北线——过长江,行淮河,抵洛阳,再经陆路或黄河水路转运至长安;二是西线——溯长江、汉水抵秦岭南麓,再翻秦岭入长安(唐曾几次试图开凿翻越秦岭的运河,但困于技术水平,未成功)。这一段历史可说明,京城在长安、洛阳的王朝,需求太湖地区有一条向西沟通太湖至长江的运河。

③北宋开始,中原王朝的京城东移,到开封、北京,不过太湖流域仍是这一历史时期的粮仓和经济中心。因京城都在浙江省正北方位,而保证南方至北方漕运通畅,是这些中原王朝“维稳”的核心工程之一(另一工程就是黄河水患的治理),因此需求从太湖水网南端向北直接连接京城的运河。其中,北宋需求的是太湖—开封的漕运,元、明、清需求的是太湖—北京的漕运。由于太湖西岸坡陡,东岸平畴则是数百里,且水网密布,所以苏州杭州间存在运河区位,江南运河的浙江省境内段的运河自然定在杭州—苏州之间。

④第二次鸦片战争以后,上海开辟为通商口岸并借其巨大的区位优势,逐渐成为我国

最大的资源密集型产业中心及商业中心。资源密集型产业的海港需求内河水运、铁路运输大规模的运输方式。于是,此时的社会经济发展需求杭州—上海间的运河。

通过上述历史需求分析,浙北平原,北向存在几条运河区位:东北指向上海;正北指向苏州、北京;西北指向芜湖。以下是这3条区位的简介。

1)杭州—苏州运河区位

这段区位上开凿的运河是京杭大运河江南段运河中最南的一段,即杭州—苏州段。江南运河已有1400多年历史(隋炀帝大业六年,或公元610年开挖),千余年来,其走向并无多大变化,说明此段运河开凿时,没有偏离区位的现象。

2)杭州—上海运河区位

这是运河区位上的杭州至上海松江府的运河,是在清初盛世时凿通的,途经:(杭州)北星桥、塘栖镇、崇福镇、(桐乡)东阳庙、嘉兴、嘉善、红旗塘、(上海)松山区分水龙王庙,在此与黄浦江沟通。今天这条运河仍是浙江水运繁忙的航道线,可说明此运河也是在其区位凸显的情况下开凿的。

3)杭州—芜湖运河区位

此运河区位由芜湖—太湖与太湖—钱塘江两段组成。前者是核心段,不在浙江境内。后者是次要的、派生的,在浙江境内,但其必须依托核心段存在,两者是“皮与毛”的关系。

(1)芜湖—太湖段。此运河区位上开凿的运河称为胥河,又称胥溪、胥溪河。实际上胥溪运河最初是一条自然河流,源出江苏南京市辖的高淳固城湖,上游连接安徽芜湖的长江支流阳江,下游连接太湖水系荆溪,荆溪发源于胥溪这条自然河,但因胥溪的流经地水流易泄,故古时称胥溪为濑水(东汉许慎《说文》注释“濑,水流沙上也”)。由于水在沙上流淌自然会下渗,故干旱时胥溪常断流,所以需要在其基础上开挖成运河。还有一点值得我们注意的是:胥溪或胥溪运河到今天仍是太湖的最大水源之一,但太湖的洪灾却并不影响胥溪,这是因为胥溪河位于茅山山脉南端,西连固城、石臼、丹阳、诸湖,地面海拔40~50m。而太湖周边地面海拔仅2~6m。这也是长江为何不从芜湖直接经胥溪、到太湖至杭州湾入海的原因。因为芜湖—太湖段的地势较高,太湖北边地势较低洼,故形成现在长江入海情况。也正因为如此,芜湖—太湖段具有使长江裁弯取直入海的运河区位线。

胥溪运河,传说(因为在《左传》《国语》《史记》中均无线索性记载)是公元前506年,吴王阖闾根据伍子胥的谋划,沿荆溪上游向西开河运粮以拒楚而修(此运河是我国开凿第二早的运河,第一是公元前613年的两沙运河、第三是公元前486年的邗沟),后来此运河因吴伐楚而彪炳史册。吴伐楚是分两路进攻楚国都城郢(今湖北江陵县北):一路溯长江直攻郢;另一路由芜湖渡江,向西挺进、越大别山,由汉水攻郢。芜湖是吴伐楚的“大本营”或军事基地,其粮食供应就是沿胥溪由东运来的,故开此运河乃伍子胥良策。之所以介绍此传说,则是从今日中国之地缘政治关系出发,芜湖—太湖—乍浦这条运河区位有着重大的国防意义。因为它是乍浦—(广西)钦州港航道区位线上的一段。如果这整条航道区位线开凿成5 000 ~6 000t级,或更高等级的航道,就可使5 000 ~6 000t级的水面或水下船舰机动于东海与南海之间,而绕开风云突变的台湾海峡对舰船自由航行的干扰,使东海、南海舰队快速集中力量在东海或南海实施狼群战术的海战。

(2)太湖—杭州段。这段运河区位已开发为杭湖锡运河。早年开凿时的东苕溪运河,就是对这条区位的偏离性开发,但也是对这条运河区位的开发利用。

一般而言,古人开发最早的运河、道路等,一定是在区位条件最好的地区。而且只要自然环境无多大变化,一定可持续存在或发展下去。胥溪运河就属此类运河。

16.4.2 京杭运河中的"西二通道"运河区位

见12.5.1,不复述。

16.5 (浙江)常山与(江西)上饶间的运河区位

16.5.1 地理位置

在钱塘江水系的常山港与鄱阳湖水系信江的上游之间,水位高差不是很大,且距离较近,而具有运河区位。

也就是说,从常山港沿马金溪方向至常山县的上将村,再对龙绕溪进行渠化航道工程至球川镇,在这一带就可建设龙绕溪至江西信江上游支流球川溪之间的有闸运河。而有闸运河的水源可利用浙江龙绕溪上游千家排、红旗岗水库的水以及江西球川溪七一水库的水。

16.5.2 需求分析

江西省是内陆省,借此运河可将其水运航道与钱塘江的内河航线沟通,而加强江西通江达海的能力,大大增强其开放性,促进江西经济全球化的进程。

浙江省可借此更好地拓展乍浦港、宁波港的经济腹地。

16.5.3 困难之处

这是一条跨省运河,需江西对信江航道线由上饶向玉山拓展,其工程量大大多于浙江,这就是此运河区位开发的困难。

16.6 杭州与宁波间的运河区位

16.6.1 位置

此运河区位在杭州与宁波之间,沿四明山北麓山前平原东西向展开。其走向从钱塘江的浦阳江入口沿杭州与绍兴市界经绍兴、上虞、余姚、余姚江到宁波入甬江。

其实在这条运河区位上开凿运河由来已早。在《越绝书》卷八《越绝外传记地传》就有记载:"山阴古故陆道,出东郭,隋直渎阳春亭;山阴故水道,出东廓,从郡阳春,去县五十里。"阳春亭在今绍兴五云门外。由上述古记载可见,这条水道当时已建,是从绍兴城东郭门通往上虞练塘的。它与今杭甬运河段大致重合。经考证,该古水道建成于越王勾践"十年生聚十年教训"(公元前 493 ~ 前 473 年)的前期,是我国开凿最早的运河之一。

不过,这条运河最早只是供农业灌溉用的几条渠道,这也是浙江最古老的文明始于浙东平原而早于太湖平原的原因。在石器或青铜器时代,需求水利灌溉又能开凿灌渠的地区,其文明一定是早发的。无论是埃及的尼罗河下游文明、两河文明、印度河文明,还是我国的黄河文明,莫不如此。浙东平原也如此。浙东平原中的四明山山麓平原与修筑郑国渠的山麓平原地形、地貌相似,故在此修渠与修郑国渠一样,都可获"踩着椅子就可摘到果子的效益"。因而这里因修渠所获灌溉之利而早发于太湖平原。后来越国为沟通战略后方基地各条河道间的航运,同时也是为了越国各聚居区中心的发展,为了拦蓄山水、抗拒咸潮,在建设山麓水利工程等农田水利工程(如吴塘、苦竹塘、秦望塘、塘城塘等)的基础上,开挖发展而逐步建成此运河。

16.6.2 需求分析

(1)杭甬运河可将钱塘江航道所覆盖的范围都纳入宁波港的经济腹地。

(2)拓长京杭大运河,再次提升京杭大运河的经济、人文价值。

16.7 其他两水系间的运河区位

16.7.1 永康、缙云间的运河区位

见 12.5.2 不复述。

16.7.2 温岭(温峤镇)与乐清湾间运河区位

见 12.5.2 不复述。

16.8 浙江海湾通海运河区位

16.8.1 海湾通海运河的意义

(1)运输:可裁弯取直,缩短两相邻海湾港口间航线距离,增强减灾防灾能力。
(2)军事:战时,可增大敌方对我军民港口布雷、封锁的难度。
(3)生态:强化海湾海水的流动性。

16.8.2 海湾运河区位案例

(1)金清港—温峤镇—乐清湾运河区位。
(2)象山湾黄墩港—三门湾力洋港运河区位。
(3)浙江主要运河交通区位。

16.9 杭州湾—钦州湾内河水运通道区位

16.9.1 通道简介

(1)通道航道等级现状:

①乍浦港—嘉兴—太湖	五级航道
②太湖—芜湖	现在建千吨级航道
③芜湖—(湖南)城陵矶	一级航道(5 000t 级)
④城陵矶—衡阳	现为千吨级航道
⑤衡阳—永州	现为六级航道(规划为四级,500t 级)
⑥永州—全州/桂林—融安	有运河区位,唐代开凿过“相思埭”运河,现无航道(规划无航道)
⑦融安—柳州	现为六级航道(规划为五级航道,300t 级)
⑧柳州—桂平	现为六级航道(规划为三级航道,1 000t 级)
⑨桂平—横县	现为三级航道(规划为三级航道,1 000t 级)
⑩横县—灵山县	有运河区位现无航道(规划无航道)
⑪灵山县—钦州港	有运河区位现无航道(规划为六级及三级航道)

(2)将上述①~⑪依次连接为内河水运通道区位。

16.9.2 立论理由

通过从我国腹地开辟一条深水航道(从上述内河水运通道区位),使北海/东海、南海的中小型船舰能“全天候”的通过此腹地航道，而穿梭于台湾海峡的北、南两端，分合自如地组成联合舰队，避免因东海、台湾海峡局势动荡而航道受阻。

现代战争制胜的努力方向：军队（及其武器）的机动性和火力打击的准确性。这条内河通道就可以大大增强海军的机动性，为实施新形势下的“狼群战术”提供交通支持。

一条千吨级的航道相当于20多条铁路的运输规模。和平年代，我国的重型产业可布局此通道沿岸。也就是说，这条内河通道的沿岸还将形成世上独一无二的工业区位带。

16.9.3 通道等级及技术可行问题

（1）全通道的航道等级，理想状态可通行6 000t级船舰。若只要求中小型船舰能全天候地往来于杭州湾与钦州湾之间，就至少要满足3 000t级船只的通行。

（2）难度：其中难度最大的是永州—全州—桂林—融安段。通过建设船闸等方式渠化湘江上游和柳江上游河道，开凿湘江与柳江间的运河（湘江—柳江间存在运河区位，因湘江与漓江间的运河区位已开发过灵渠）。又漓江与柳江的运河区位，在唐代就开凿过运河（《新唐书·地理志》曾记载）。长寿元年（公元692年武则天时期）在支流洛清江开凿的“相思埭”运河就是东连漓江、西接柳江的。

（3）横县—钦州湾运河区位长约90km，若这里开凿运河对广西的意义重大。不但可将钦州湾变成西江河口港，将广西境内的西江千吨级航道都纳入钦州港的经济腹地范围，还可彻底解决北海市的缺水问题。而且有朝一日海南岛缺水时也可通过此运河输西江水至海南岛。

17　浙江交通区位分析应用案例

为落实浙江省委主要领导提出的,“一主两辅”浙江港口发展战略指导思想,“一主两辅”的“一主”指的是由宁波舟山港和嘉兴港组成的港口群(以下暂简称宁波港群)。“两辅”系指台州港和温州港。我们依据交通运输发展长效机制,提出“一主”采取“藤攀树”模式的发展策略,而“两辅”则采取将温台港打造为西太平洋—孟加拉湾大陆桥桥头堡港的发展策略。也就是说,浙江省将通过上述发展策略达到实现“打造世界一流强港”的目标。

17.1　“一主”发展战略——“藤攀树”

17.1.1　“藤攀树”发展模式概念

自然界的现有物种,都是亿万年自然选择的结果,是一种独立于人类思维以外的大自然的大智慧体现。这就是经济、管理、工程等学科倡导向自然学习深刻哲理的依据,仿生学就是一显例。如各种柔弱的藤类植物就是靠着其特有的“攀缘术”,在地球上生存了亿万年,我们在研究中,亦可以“借其理”。将生物、生理、生态学科中生存、持续发展之原理、机制移植过来,破解一些现实中的难题。藤这种攀缘植物须附着直立高大的物体(例如树木、峭石等)攀爬向上,获得阳光,得以存活、生长、持续发展。由生态学知,大树之下,不可能再生长出大树,只能生长灌木丛和小草。这是因为乔木类大树的树冠,犹如一把大“遮阳伞”,且是一把有“千孔百洞的遮阳伞”。从孔洞可漏射缕缕阳光到地上,正是这些不足成就乔木的阳光,成活了灌木丛或小草。但有一例外,那就是藤类植株,可依附大树,不断与大树跻高,去分享大树的顶端优势,获得充足阳光,生长发育。

宁波港群在采用“藤攀树”的发展模式中,“树”为上海港,“藤”为宁波港群。

今日上海港已经发展成为世界港航界中的一株参天大树。它利用其“顶端优势”吸收全球化经济发展中的阳光(航运市场);又利用其巨干枝,即千吨级的长江航道,将交通运输学科视域中的长江流域拓展为经济腹地;还有铁路、高速公路,这些大干枝将其周边(非长江水系)地区纳为经济腹地。也就是说:上海港有世界无与伦比的广袤经济腹地。宁波港群距上海港仅有咫尺之遥,要想发展成为与上海可称伯仲之港,就必须学习“藤”的生存发展之道。

既要借助上海港生成运量,又要将上海港形成的腹地为我所用。这种"藤攀树"发展战略不仅是一种取长补短的战略,更是一种取长接长的战略。因此,这是一种共生、共荣、双赢、可持续发展的战略。

17.1.2 "藤攀树"战略实施方案

(1)将独立强大的宁波港、舟山港、嘉兴港建成一体化程度甚高的港口群(为消祛汉语中所潜藏不显的语义定序规则。建议用"明州港群"的称谓替代"宁波港群"的称谓,以释谁为龙头老大的悬念。但本书仍从俗采用"宁波港群"的称谓)。一体化应包括三港地区的电话区号、公交、信息、税费、金融、经营等的一体化。在市场经济体制条件下,并不苛求行政一体化,亦不反对行政一体化,因为政治(含行政)是经济的集中表现之故。但本方案中的一体化最高形态,仅规定为经营一体化。

(2)依据"先打弱小孤立之敌,后打强大集中之敌"的普适军事战略原理,先期应将嘉兴海港与河港两套独立的管理系统合并为统一的港航局。

(3)舟山港与宁波港的关系,必然是前者为"鱼"后者为"水"的关系。水阔才能任鱼跃。这是由舟山港位于海中,宁波港位于海畔,两港隔海相望,都辖属于浙江省的结构所规定的。这种结构所决定其间的利害关系,早在希腊神话故事中得到阐释,其哲理至今仍使人们念念不忘。古希腊大力士安泰俄斯,打遍天下无敌手,是源于其母亲盖亚是大地女神。只要安泰俄斯脚不离大地,就能从大地获得无穷无尽、不可战胜的力量。然一旦脚离地,其力量迅速耗尽❶。舟山港与宁波港的关系,就如同前者是安泰俄斯神,后者为盖亚女神,明白此哲理,有利于宁波港群的可持续发展。

(4)宁波、舟山两港要加大开发长江高等级航道建设的力度。因为支配港口做大、做强的因素就是经济腹地。上海之所以成为大上海,超过中国所有的港口和城市,就是因其位于长江口,可将交通运输视域中的长江流域都纳为经济腹地之故。

(5)嘉兴市地域与上海市地域毗邻。因此,嘉兴港在本战略中充当"照亮灯下黑"的角色,十分有利,而且可持续发展。上海港如同一盏巨灯,灯下存在"灯下黑"是一种普遍现象。消除"灯下黑"通常要借助他物、他力。嘉兴的内河航运就是"照亮灯下黑"的他物、他力。嘉兴港与上海港诸码头距离均在250km范围内,这正是内河航运优势运距范围。嘉兴地域航道密布,有利于物流物的疏与散,易做到门到门或门近门。

---

❶ 安泰俄斯是古希腊神话中,大地女神盖亚和海神波塞冬的儿子,居住于利比亚。安泰俄斯力大无穷,而且只要他保持与大地的接触,他就是不可战胜的(因为这样他就可以从他的母亲那里持续获取无限的力量)。他强迫所有经过他的土地的人与他摔跤,并把他们杀死;这么做的目的是收集死者的头骨好为他的父亲波塞冬建立一座神庙。当希腊神话中最伟大的英雄赫拉克勒斯经过利比亚时,他发现了安泰俄斯的秘密:安泰俄斯的无穷力量来自于与大地的接触。在两人的战斗中,赫拉克勒斯将安泰俄斯举到空中使其无法从盖亚那里获取力量,最后把他扼死了。现在人们常用安泰俄斯的故事来比喻任何一种力量都不能脱离力量来源的基础。

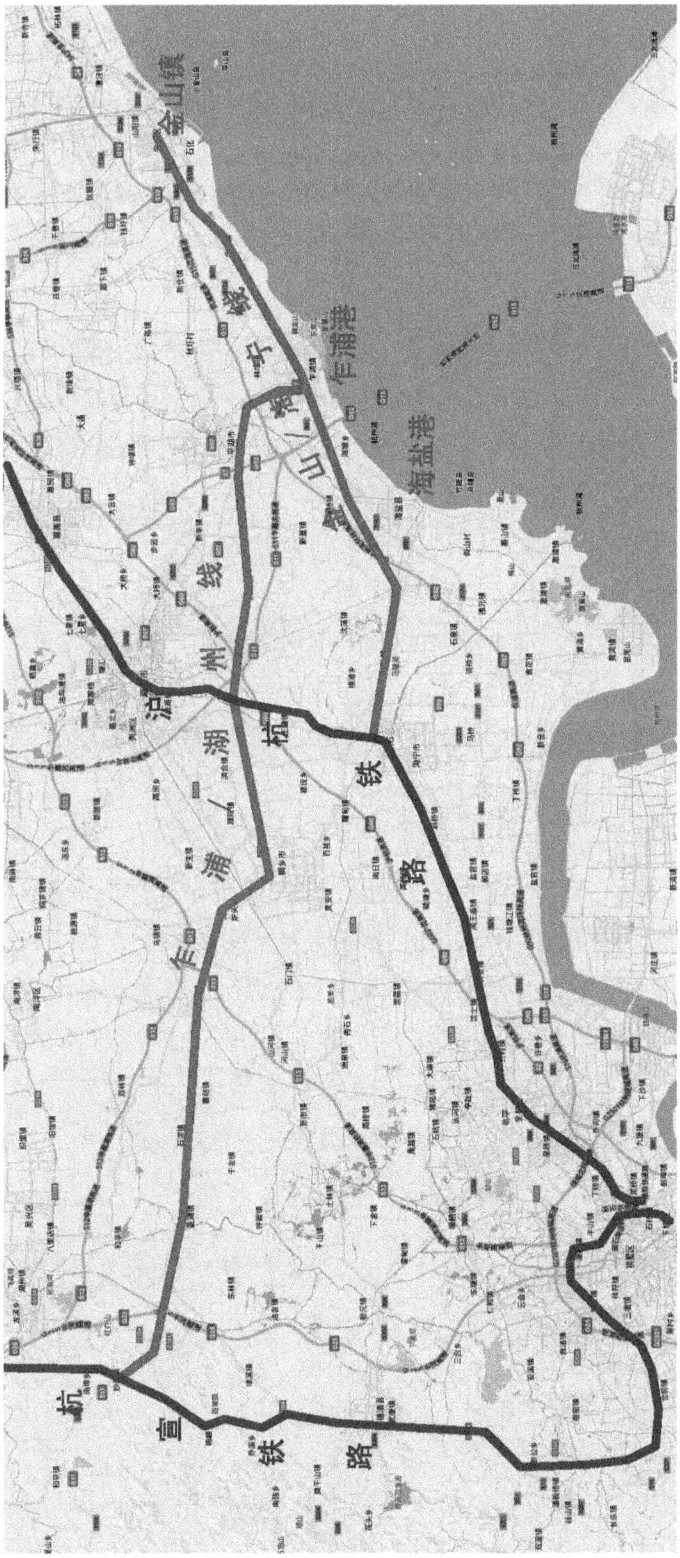

图17-1 金山—海宁线、乍浦—湖州线铁路走向示意图

(6)嘉兴港航发展方针:建设强大的通江达海或东联西出的内河干线航道。“通江”系通长江和钱塘江;“达海”为达杭州湾。如此,才能进一步拓展嘉兴港的内河航运市场。而“东联西出”是为了将湖州地区通过嘉兴港有效地纳入上海港的经济腹地。

(7)建设(上海)金山区—独山港区—乍浦港区—海盐港区—海宁市、乍浦港区—湖州市两条铁路。前者可促进杭州湾北岸诸港口一体化,后者可将皖南以及鄂豫皖交界地区纳入乍浦港的经济腹地。

①规划建设线一:金山—海宁线。

线路走向:(上海金山)金山卫镇—(浙江)金丝娘桥—全塘镇—新兴镇—乍浦镇(嘉兴港)—西塘桥镇—于城镇—何家浜村,与沪杭铁路接轨。布设理由如下:

a. 沟通了嘉兴市的独山港、乍浦港、海盐港,使其东接上海港、西连浙赣线;

b. 尽可能沿海布线,节约耕地,降低征地费用;

c. 铁路近港而不进港,进港的专用线由港口自行设计建设。

②规划线路二:乍浦—湖州线。

线路走向:乍浦镇—沿乍浦塘河北上至平湖市南郊的大胜村—曹桥街道—凤桥镇—余新镇—嘉兴市南郊的马桥村与四联村间,建设铁路枢纽站与浙赣线接轨(此枢纽规划发展为嘉兴南站)—梧桐街道(选址为桐乡市火车站)—龙翔街道—练市镇—石淙镇—菱湖镇—菁山与百亩山中间通过—湖州南郊妙西镇,与杭宣铁路接轨(妙西镇可规划为湖州市铁路枢纽站)。理由如下:

a. 铁路将平湖、嘉兴、桐乡、湖州 4 个地县市连成一体,有利于乍浦港运量的可持续增长。

b. 此铁路将湖州地区、皖南地区纳入乍浦港群的经济腹地。

c. 选线尽可能沿河流展开,通过山麓、湖区陆地,这是为了节约土地和征地成本:

a)选线时避开铁路、高速公路的密集分布地带,以提高各种铁路网的可靠性和抗互扰性;

b)选线与旅游景区保持合理的距离以保持旅游业可持续发展。

两条铁路走向示意图如图 17-1 所示。

17.2 “二辅”发展战略——立温台港为西太平洋—孟加拉湾大陆桥东桥头堡

17.2.1 由来

2012 年 2 月 2 日时任浙江省委书记夏宝龙同志在视察浙江交通运输厅时的讲话中指出:“因为浙江省的市场经济发达、市场众多、物流发达”。“尽快把它做大、做强、做久。

如何做大、做强、做久,走到全国、甚至世界前列,是摆在你们面前的一个十分紧迫的任务。要尽快将平台建成一个世界物流信息中心,成为世界性的大品牌,就要有干大事的气势和决心。""二要提高平台的知名度和影响力,一定要把平台做成全国全世界著名,尽量地覆盖包括西藏、青海在内的全国各地,覆盖更多的国家。""'十二五'要大发展,要建设大平台,大物流、大项目、大企业,实现经济大腾飞。""实业要发展就要靠大物流带动。如何支撑大物流呢? 这就要靠大港口、大路网,要有大投入。""近平同志在浙江的时候讲过:浙江有大作为的可能就是港口,大港口的发展需要大交通的支撑"。

我们认为此项目的设想既能紧扣时任浙江省委书记夏宝龙等领导同志对浙江省交通发展战略的指示,又有坚实的理论作依据,还能有效地反制美国对中国的 U 形大围堵。

17.2.2 将温台湾设为桥头堡的理由

(1)西太平洋—孟加拉湾需求大陆桥运输。大陆桥运输兴起、发展的驱动是资金密集型产业的大发展。在资金密集型产业的生产中,不再是以降低生产成本为指向,而是以降低资金成本为指向。降低资金成本的方法就是加速商品的流通,特别是缩短商品运输的在途时间。

(2)东亚地区是世界经济发达地区,孟加拉湾地区则是世界经济迅速发展地区。由于印支半岛锥入太平洋、印度洋之中,而使东亚到南亚的海路航线被极大的延长,资金密集型产业产品运输在途时间的加长,使其商贸严重受掣肘。而利用大陆桥裁弯取直的集装箱运输不但可使这种商品运输里程缩短(比通过中国东南沿海绕道马六甲海峡到达印度洋缩短 3 000km 以上),还可使陆桥运输速度倍增于海运速度。

(3)通过西太平洋—孟加拉湾大陆桥开展集装箱运输有巨大效益。资金密集型产品体积小、重量轻、价值高,采用集装箱运输是最合适的。特别是在经贸全球化的今天,采用集装箱运输,可使商品在游走多国的过程中通关手续简单、安全可靠。使途经多国的大陆桥运输不存在技术瓶颈问题。而用巨型的集装箱船绕印支半岛通过马六甲海峡运输不仅大大增加运距、运时,而且受到国际形势很大的制约,因此开通西太平洋—孟加拉湾大陆桥具有巨大的效益。

17.2.3 西太平洋—孟加拉湾间存在大陆桥交通区位线

(1)西太平洋—孟加拉湾大陆桥的东桥头堡港择取温台港的依据。西太平洋的长江三角洲地区是世界经济增长极,核心是上海。因上海港强大的聚集效应所致的规模扩展会出现规模边际效益递减,产生港口规模不经济效应。解决此问题的方法,就是上海港要向上海周边港群的方向发展,即要向上海港经济发达峦形高地的边缘地带发展。宁波、舟山港口纳入上海港群已是先声,继后必瞄上温台港口。这就是适时推出温台港口作为西太平洋—孟加拉湾大陆桥桥头堡港的运输经济学依据。换言之，西太平洋—孟加拉湾大陆桥东桥头堡名义上为上海港(群)，事实上，先选择温台港为桥头堡是最为合理的。这与新亚欧大陆桥运输线的桥头堡港先择连云港而不马上就选青岛港是同一道理，即采用的是先通后优化的原则，先通可先占先机，谁要改变就要付出改制成本。

(2)西太平洋—孟加拉湾大陆桥的西桥头堡暂择缅甸实兑港，终结为加尔各答港。凡大海港的湾域顶端(或底端)位置都具有众多大海港区位(同时，也具有大工业城市、商贸城市区位)，加尔各答、达卡、吉大、实兑、皎漂就是具有这种区位。因为这些城市分属不同国家，各国都会为了国家利益、民族利益，尽量地发挥自身积极性去开发这种优势资源，将其转化为经济优势。因此，实兑—达卡—加尔各答具有孟加拉湾经济走廊的区位，或者说这一地带将成为孟加拉湾的经济走廊。

(3)西太平洋—孟加拉湾大陆桥交通区位线：[中国上海港群]温台港—金华—南昌—株洲—贵阳—昆明—大理—保山—瑞丽—[缅甸]腊戍—曼德勒—实兑港(向南延伸至皎漂港)—(向北延伸至)[孟加拉]吉大港—达卡—[印度]加尔各答港。其中杭州—株洲—昆明—大理段自南宋以来就是中国长江以南的南中国部分最重要的国家行政干线(官道)、西南各土司部落国的贡使线、茶马(主要选大理马作为军马)贸易线。而昆明—大理—保山—曼德勒段则自古就是南方丝绸之路上的交通线。中国境内段也是我国“五纵五横”综合运输大通道中的上海至瑞丽大通道。上述路段均已通铁路，现只有大理—瑞丽—腊戍—曼德勒—实兑段需建设铁路，而此段铁路正在建设中，建成指日可待。故大陆桥运输只待“渠成”了。为此，我们认为浙江省应抓住这大好时机，顺应形势为此大陆桥运输的开通抢得作桥头堡的先机。

17.2.4 温台港具有立为西太平洋—孟加拉湾大陆桥桥头堡的区位

(1)温台港位于中国海岸集合趋势线的重要位置，具有聚集近海和远洋航线的优势。

(2)温台港距台湾海峡的距离不远亦不近，与第一岛链中的诸国际航道直对、均近距，具有抗国际地缘政治危机的地缘优势。

(3)海岸线为岩岸，深水岸线长，可为供不时之需的港口码头建设提供广阔的发展空间。

(4)相对上海、宁波港而言，温台两港的发展滞后，故而具有后发优势。

17.2.5 效益

(1)大陆桥运输，必导致大陆桥沿线工业区位的提升。而沿线工业区位的提升，又可逐步推进大陆桥沿线工业、经济和城市的大发展。其大发展又可加速大陆桥桥头堡港的大发展。即这种发展是一种良性循环的可持续发展。

(2)大陆桥运输存在和发展的基础是其广义运输成本(供方成本、需方成本和社会成本之和)较对应地区海洋运输的运输成本低,所节约的成本为大陆桥运输效益。因此,西太平洋—孟加拉湾大陆桥运输与温州—新加坡—实兑港海洋运输间效益比较测算,将在规划研究中做详细比较分析。

17.2.6　风险与制约

(1)西太平洋—孟加拉湾大陆桥的成立是必然的,而启动则会受到地缘政治格局的影响,故戒因缅甸政治欠稳而不考虑,导致因噎废食。

(2)启动西太平洋—孟加拉湾大陆桥运输,目前浙江省最大的制约是温州与金华间需求复线铁路(图17-2)。此铁路虽不长(300余km),但其间的地形、地貌、地质条件使其建设十分困难,但不是不可克服的,只是投资相对较大。

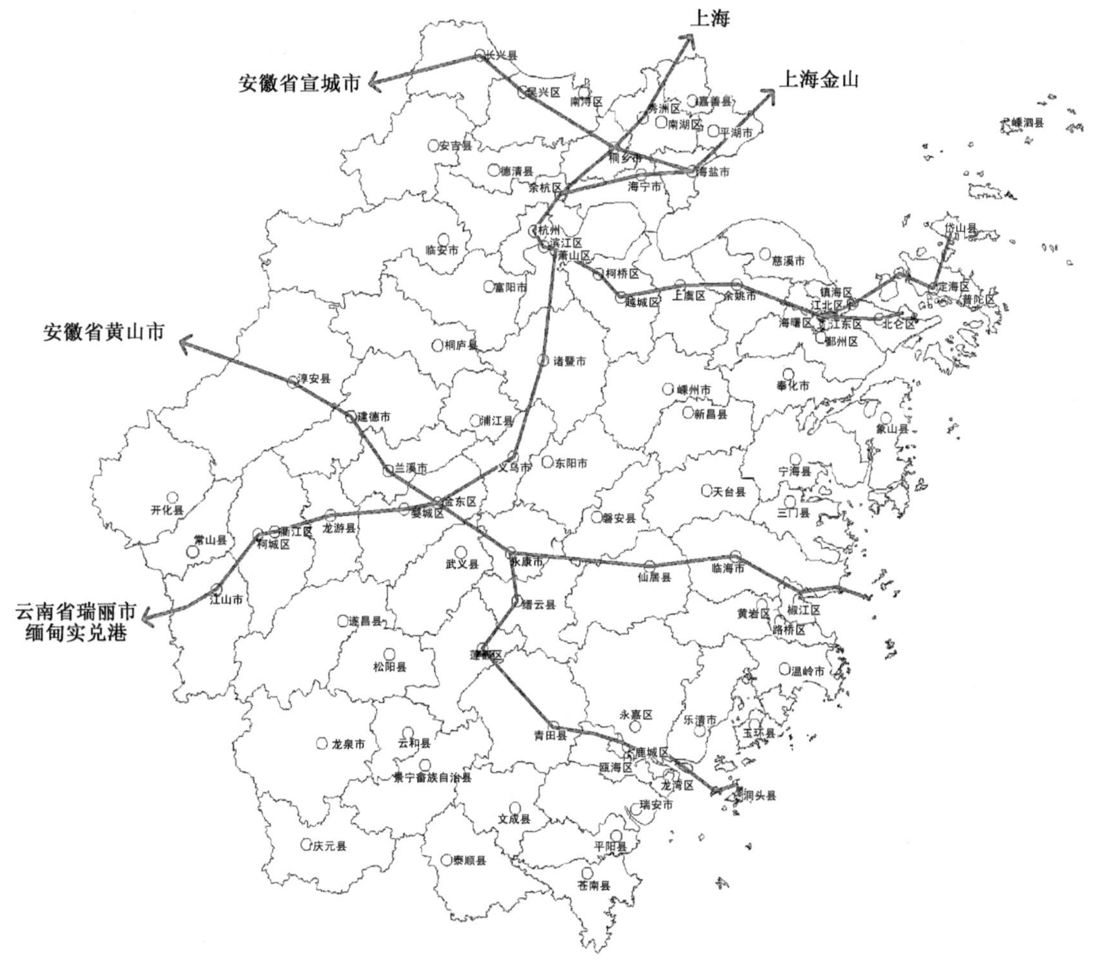

图17-2　西太平洋—孟加拉湾大陆桥东亚桥头堡港及集疏运铁路示意图

17.2.7 温台港还有拓展经济腹地的空间

(1)建设金华—建德—黄山铁路,将皖南、赣北纳入温州港的经济腹地。

(2)金华—黄山铁路,与金华—温州铁路的建设,有可能使温州港发展成为新亚欧大陆桥的第二(或南)桥头堡港。因此,这两条铁路的贯通,再与现有铁路网结合。可使温州港从多处与新亚欧大陆桥接轨,从而提高与新亚欧大陆桥去东南亚物流畅通的可靠性,降低去东南亚的物流成本,这些是大优势条件下的小优势。大优势、具体条件下的小优势,都是优势。

18 浙江、广东与“一带一路”战略对接建议

18.1 实施“人”字通道战略对接国家战略

2002 年时任浙江省委书记习近平在回答媒体提问时指出,“新世纪新阶段浙江经济进一步发展的天地在哪里? 在海上!”“浙江有什么可以做成全世界和全国之最的? 港口可以发展成全国之最甚至世界之最”,浙江发展最大的优势在于港口! 浙江位于我国海岸线中腰位置,紧邻上海,位于长江出海口附近,且浙江港口自然条件优越,多为岩岸(长江口以北地区港口多为沙岸),具有对接“一路一带”和长江经济带的最佳区位和条件,同时也是我国综合运输体系中,多样性最丰富的省(海陆空交通均十分发达),这为浙江构建宜路、宜水、宜空的现代综合交通运输体系提供了良好基础。因此,浙江要充分发挥港口优势,必须要进一步拓展港口群经济发展腹地,并建立强大的可覆盖世界的物流信息平台。要在现有国家通道的基础上,实施“人”字通道战略来对接国家战略(图 18-1),即在西北方向构建杭州—合肥—西安国家综合运输大通道,直接打通海上丝绸之路与陆上丝绸之

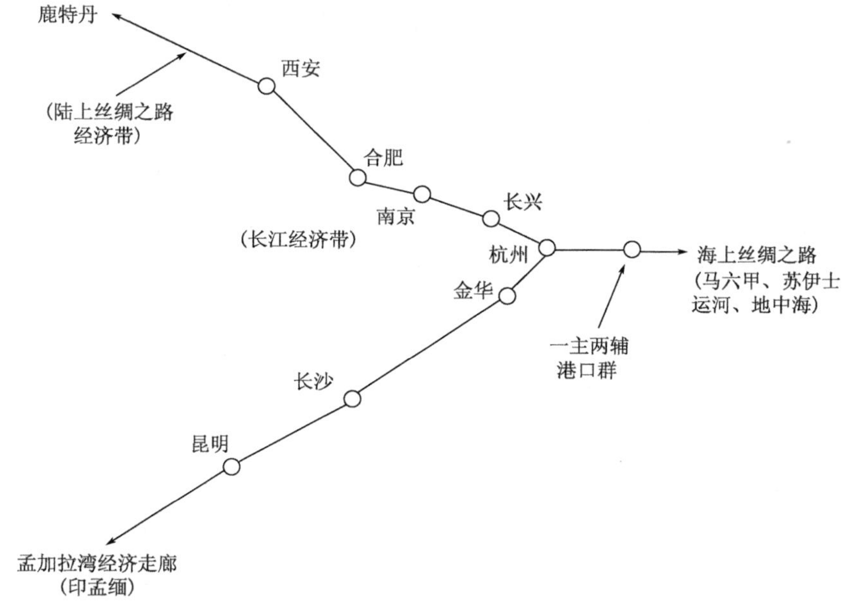

图 18-1 “人”字通道战略图解

路经济带、长江经济带，进一步拓展浙江西北方向经济腹地；西南方向通过沪瑞运输大通道与孟加拉湾经济走廊联通，借助中孟缅印经济走廊，拓展西南方向经济发展腹地。同时，要继续拓展国家交通物流公共信息平台的服务范围，在深化东北亚物流信息互联共享、推动中国与东盟十国港口物流信息共享等国际交流合作的基础上，配合国家战略，大力实施“西进”战略，使浙江通过国家交通物流公共信息平台，成为更多西部地区乃至中亚国家的出海口。

18.2 将宁波—杭州—西安规划成国家大通道线

宁波—杭州—西安规大通道线控制节点连线如下：

宁波—杭州—长兴—南京—合肥—信阳—南阳—武关—西安。

理由：

(1)国家发改委颁布的综合运输大通道规划中，在银川、兰州、武威之间很小的范围内规划了3条大通道，而长江以南、台湾海峡以北(或福州以北)的广大东部地区是我国经济发达地区，在这片国土上却没有纵向的大通道线通过。宁波—舟山港已是我国吞吐量最大的港口，却没有大通道线与其相连，故规划这条大通道线是迫切需求的。

(2)宁波、杭州、南京经济发达，公铁水线路密集，客货运量巨大，规划成大通道线后可匀化我国大通道网。

(3)合肥—信阳—南阳段是必要的通道联络线，必要含义是可裁弯取直。

(4)南阳—武关—西安段。汉唐时这条线路是第二重要的行政大道，唐代称为武关道，仅次于函谷道，为唐代开发江汉平原和太湖流域平原作出了重要贡献，修此道，可解决兰州有5条大通道线通过，而西北首府西安只有4条通过的逻辑上的悖论，至少使西安的大枢纽地位与兰州平起平坐。

(5)可弥补新规划中四大通道围城的郑州、西安、重庆、武汉之间的大片国土面积上通道布局空白范围太大的缺陷。

18.3 广东与“一带一路”战略对接建议

(1)广州对接“一带一路”采用“云梯”发展战略，如图18-2所示。

(2)联合沿线各省共同提议。

如果浙江、广东联合提议规划信阳—南阳—武关—西安的大通道，则受益不仅是浙江、广东，还将包括河南、湖北、湖南等省份。这些都是推动这条通道实现可以借用的重要力量。

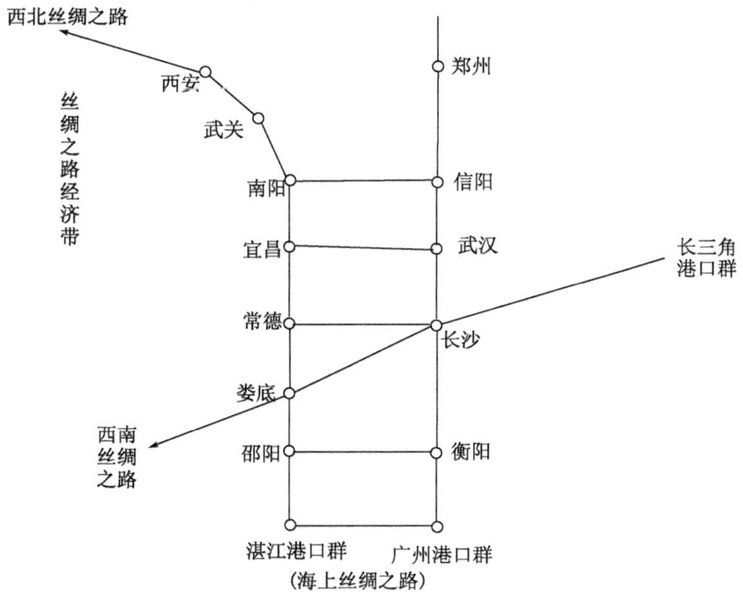

图 18-2 广东“云梯”发展战略图解

18.4 开凿“江东大运河”(乍浦—宜兴—高淳—芜湖)

18.4.1 项目简介

1)释名

(1)“江东”。长江在芜湖、南京间为西南—东北流向。隋唐前,这一段是南北往来主要渡口汇聚地带,习惯上称自此以下的长江南岸地区为江东。三国时江东是孙吴的根据地,故当时又称孙吴统治下的全部地区为江东。此运河定名为“江东大运河”可谓准恰。“准”指运河所在位置及其运河效应辐射范围都与江东概念扣合。“恰”指说到江东大运河,自然会联想历史就会联想到楚汉、三国,如同说京杭大运河就会联想到隋唐一样。如此,可借历史的光芒,照亮今日之大工程,宣传上可古为今用。而这个称谓还抹去了省际观念,有利于省间合作。

(2)“大”。有两层含义:一指运河航道等级高(万吨级);二指运河里程长(仅次于京杭大运河)。

2)基本技术参数

(1)运河航道等级:一级航道。

(2)长度:约 322km(含太湖航道)。

(3)始—终点港:始点浙江乍浦港,终点安徽芜湖港。

(4)途经省市:浙江、江苏、安徽。

(5)途径重要节点。

①浙江:乍浦、平湖市、嘉兴市、平望、太湖(沿太湖南岸水域);

②江苏:(太湖边)大浦口、宜兴市、溧阳市、庆丰、定埠、穿固城湖、高淳(由丹农砖瓦厂之处进入安徽省);

③安徽:乌溪镇、黄池镇、清水镇、荆山镇、澛港新镇(附近建设新芜湖港)。

18.4.2 项目意义

1)国家意义

(1)可使南京长江一桥以东长江航道上建设的万吨级港口码头充分发挥效益,使长江航道再次成为黄金航道。

(2)增强了四川、重庆、湖南、湖北、江西、安徽等省市通江达海的能力;亦增强了长江内河水运与近海海运的一体化。

(3)使江东大运河沿岸具有国家重型产业基地的区位(有水、有煤、可大型水运)。

(4)未来还可再开凿上海吴泾—竖潦泾—平湖市的一级航道,可使上海黄浦江航道成为“单行道”,以缓解黄浦江面巨轮拥挤的现象。

(5)可为安徽、江西、湖北、湖南的钢铁生产商,降低购买进口铁矿砂的运输成本。

(6)有利于太湖蓝藻治理和泄洪。

2)浙江省意义

(1)极大地提升了浙北地区的港口区位(因上海市巨型海港产生的“遮阴”效应,使浙北地区难有大港的区位)。

(2)极大地拓展了乍浦港的经济腹地,使乍浦能成为大海港。上海之所以是中国最大的海港,是因其位于长江口,又位于中国海岸线的中腰处,可将整个长江航道及其周边地区变成经济腹地。而江东大运河则可使乍浦成为长江的第二出海口,分享上海港一部分利益。

(3)使湖州市、长兴县成为河、海兼容型港口。

(4)大大地提升了浙北各县市的工业区位与城市区位。

(5)有利于“三西”(山西、陕西、蒙西)煤炭入浙。三西煤炭由铁路运至三峡以下长江沿岸诸煤炭码头后,由长江水运捷径入浙。

3)江苏省意义

(1)江苏太湖沿岸城市(无锡、宜兴)成为河海兼容型港口。

(2)大大增进了苏南隅地区的开放性。

(3)江东大运河通航后,使得锡澄运河(江阴—无锡)具有一级航道区位。

4)安徽省意义

(1)加强了皖南地区的开放性,特别是可使芜湖市位于“Y”形一级航道的交汇点上,其河港区位可媲美武汉。

(2)使芜湖的造船工业区位陡增。

(3)大大提升芜湖的城市区位[如同芦汉(卢沟桥—汉口)铁路经郑州建黄河大桥提升郑州城市区位;石太线铁路未在正定接轨,改在石家庄接轨,提升了石家庄的城市区位一样]。

(4)马鞍山的钢铁工业区位大大加强。

18.4.3 项目可行性

1)技术可行性

(1)乍浦—太湖间现有五级航道。

(2)芜湖—宜兴段为“芜申运河”一段,安徽段已于2009年开工,规划为三级,通航1 000t级,若要开建“江东大运河”,只需在现基础上扩建既可。

(3)此运河基本上位于同一等高线上,仅东坝—丹农砖瓦厂北的杨家湾段海拔略高,建成平面运河,会增大工程难度和投资。

(4)运河建设需求增加的土地供应量有限。

(5)可采用大型乃至巨型的机械施工,可大大降低开凿施工成本。

2)财务、经济、社会可行性

(1)对国家扩大内需、扩大就业十分有利、有效。

(2)经济效益(见项目意义)。

3)环保可行性

(1)由于江东大运河基本是在原有的小运河基础上升级扩容,不会大改变其所涉及范围的水环境格局。

(2)运河开凿后,长江水大进大出太湖,对生物多样性的影响还需专题评估研究。

参 考 文 献

[1] 管楚度. 交通区位论及其应用[M]. 北京:人民交通出版社,2000.
[2] 管楚度. 交通区位分析范型例说[M]. 北京:人民交通出版社,2004.
[3] 浙江省公路水路民用机场交通运输发展"十二五"规划及相关地市规划[R].
[4] 樊华. 我国交通运输业发展的有利因素和约束条件分析[J],2008.
[5] 黄伟,张宇岳. 成品油价税费改革对港口企业的影响[J]. 中国水运, 2009(2).
[6] 何力. 成品油价税费改革对水运业的影响[J]. 中国水运,2009(1).
[7] 高晖. 开征燃油税对我国公路货运业的影响及对策[J]. 港口经济,2009(1).
[8] 龙传华. 公路水路交通可持续发展的科技战略分析[J]. 交通科技,2010(1).
[9] 樊桦. 关于交通运输资源配置的若干思考[J]. 综合运输,2009(07).
[10] 金永宁. 国内外对港口建设实行的优惠政策[J]. 中国水运,1994(6).
[11] 尹杰,等. 发达国家可持续交通发展战略研究[J]. 交通与运输(学术版),2009,(1).
[12] 李盛霖. 着力转变交通运输业发展方式[R].
[13] 张于良. 浅谈太原市城市交通发展的制约因素[J]. 山西交通科技,2000(6).
[14] 王凤莲. 浅析我国城市交通发展的制约因素[J]. 山西交通科技 1998(5).
[15] 周伟. 燃油税费改革下中国交通运输业的机遇与挑战[J]. 交通建设与管理 2009(1).
[16] 林莺. 综合交通运输发展制约因素分析[C]. 江苏省公路学会优秀论文集,2008.
[17] 杨菲. 制约区域综合交通运输网可持续发展因素分析[J]. 山西交通科技,2006(1).
[18] 彭学峰. 在建高速公路的融资问题及对策分析. 财经界(学术版). 2009(8).
[19] 童伍华. 在改革开放中积极探索以电养航的新路[C]. 中国航海学会 1999 年度学术交流会优秀论文集,1999 年.
[20] 周伟. 新时期中国可持续交通发展战略与政策选择. 长安大学学报. 2007(2).
[21] 罗志文. 我国优先发展城市公共交通的制约因素和对策研究[D]. 成都:电子科技大学硕士论文,2009.
[22] 陈海兵. 收费公路何去何从[J]. 观察与思考,2011(3).
[23] 龙传华. 实施成品油价格和税费改革后交通财务工作的思考[J]. 消费导刊,2010(1).
[24] 谢雨蓉. 国外交通增长阶段的分析及对我国的启示[J]. 综合运输,2007(2).
[25] 王庆云. 中国交通发展的演进过程及问题思考[J]. 交通运输系统工程与信息 2007(1).